T&P BOOKS

I0211803

ESTÔNIO
VOCABULÁRIO

PORTUGUÊS BRASILEIRO

PORTUGUÊS
ESTÔNIO

Para alargar o seu léxico e apurar
as suas competências linguísticas

9000 palavras

Vocabulário Português Brasileiro-Estônio - 9000 palavras

Por Andrey Taranov

Os vocabulários da T&P Books destinam-se a ajudar a aprender, a memorizar, e a rever palavras estrangeiras. O dicionário é dividido em temas, cobrindo todas as principais esferas de atividades quotidianas, negócios, ciência, cultura, etc.

O processo de aprendizagem, utilizando os dicionários baseados em temáticas da T&P Books dá-lhe as seguintes vantagens:

- Informação de origem corretamente agrupada predetermina o sucesso em fases subsequentes da memorização de palavras
- Disponibilização de palavras derivadas da mesma raiz, o que permite a memorização de unidades de texto (em vez de palavras separadas)
- Pequenas unidades de palavras facilitam o processo de estabelecimento de vínculos associativos necessários para a consolidação do vocabulário
- O nível de conhecimento da língua pode ser estimado pelo número de palavras aprendidas

T&P Books Publishing
www.tpbooks.com

ISBN: 978-1-78767-308-3

Este livro também está disponível em formato E-book.
Por favor visite www.tpbooks.com ou as principais livrarias on-line.

VOCABULÁRIO ESTÔNIO
palavras mais úteis

Os vocabulários da T&P Books destinam-se a ajudar a aprender, a memorizar, e a rever palavras estrangeiras. C vocabulário contém mais de 9000 palavras de uso comum organizadas tematicamente.

O vocabulário contém as palavras mais comummente usadas

Recomendado como adicional para qualquer curso de línguas

Satisfaz as necessidades dos iniciados e dos alunos avançados de línguas estrangeiras

Conveniente para o uso diário, sessões de revisão e atividades de auto-teste

Permite avaliar o seu vocabulário

Características especias co vocabulário

- As palavras estão organizadas de acordo com o seu significado, e não por ordem alfabética
- As palavras são apresentadas em três colunas para facilitar os processos de revisão e auto-teste
- As palavras compostas são divididas em pequenos blocos para facilitar o processo de aprendizagem
- O vocabulário oferece uma transcrição simples e adequada de cada palavra estrangeira

O vocabulário contém 256 tópicos incluindo:

Conceitos básicos, Números, Cores, Meses, Estações do ano, Unidades de medida, Roupas & Acessórios, Alimentos & Nutrição, Restaurante, Membros da Família, Parentes, Caráter, Sentimentos, Emoções, Doenças, Cidade, Passeios, Compras, Dinheiro, Casa, Lar, Escritório, Trabalho no Escritório, Importação & Exportação, Marketing, Pesquisa de Emprego, Esportes, Educação, Computador, Internet, Ferramentas, Natureza, Países, Nacionalidades e muito mais ...

TABELA DE CONTEÚDOS

GUIA DE PRONUNCIAÇÃO

Letra	Exemplo Estônio	Alfabeto fonético T&P	Exemplo Português
a	vana	[ɑ]	chamar
aa	poutaa	[ɑ:]	rapaz
e	ema	[e]	metal
ee	Ameerika	[e:]	plateia
i	ilus	[i]	sinônimo
ii	viia	[i:]	cair
o	orav	[o]	lobo
oo	antiloop	[o:]	albatroz
u	surma	[u]	bonita
uu	arbuus	[u:]	blusa
õ	võõras	[ɔu]	chow-chow
ä	pärn	[æ]	semana
ö	köha	[ø]	orgulhoso
ü	üks	[y]	questionar

Consoantes

b	tablett	[b]	barril
d	delfiin	[d]	dentista
f	faasan	[f]	safári
g	flamingo	[g]	gosto
h	haamer	[h]	[h] aspirada
j	harjumus	[j]	Vietnã
k	helikopter	[k]	aquilo
l	ingel	[l]	libra
m	magnet	[m]	magnólia
n	nöör	[n]	natureza
p	poolsaar	[p]	presente
r	ripse	[r]	riscar
s	sõprus	[s]	sanita
š	šotlane	[ʃ]	mês
t	tantsima	[t]	tulipa
v	pilves	[ʋ]	fava
z	zookauplus	[z]	sésamo
ž [1]	žonglöör	[ʒ]	voz

Comentários

[1]   apenas em estrangeirismos

ABREVIATURAS
usadas no vocabulário

Abreviaturas do Português

adj	-	adjetivo
adv	-	advérbio
anim.	-	animado
conj.	-	conjunção
desp.	-	esporte
etc.	-	Etcetera
ex.	-	por exemplo
f	-	nome feminino
f pl	-	feminino plural
fem.	-	feminino
inanim.	-	inanimado
m	-	nome masculino
m pl	-	masculino plural
m, f	-	masculino, feminino
masc.	-	masculino
mat.	-	matemática
mil.	-	militar
pl	-	plural
prep.	-	preposição
pron.	-	pronome
sb.	-	sobre
sing.	-	singular
v aux	-	verbo auxiliar
vi	-	verbo intransitivo
vi, vt	-	verbo intransitivo, transitivo
vr	-	verbo reflexivo
vt	-	verbo transitivo

CONCEITOS BÁSICOS

Conceitos básicos. Parte 1

1. Pronomes

eu	mina	[mina]
você	sina	[sina]
ele	tema	[tema]
ela	tema	[tema]
ele, ela (neutro)	see	[se:]
nós	meie	[meje]
vocês	teie	[teje]
eles, elas	nemad	[nemat]

2. Cumprimentos. Saudações. Despedidas

Oi!	Tere!	[tere!]
Olá!	Tere!	[tere!]
Bom dia!	Tere hommikust!	[tere hommikusʲt!]
Boa tarde!	Tere päevast!	[tere pæəuasʲt!]
Boa noite!	Tere õhtust!	[tere ɜhtusʲt!]
cumprimentar (vt)	teretama	[teretama]
Oi!	Tervist!	[teruisʲt!]
saudação (f)	tervitus	[teruitus]
saudar (vt)	tervitama	[teruitama]
Tudo bem?	Kuidas läheb?	[kuidas lʲæheb?]
E aí, novidades?	Mis uudist?	[mis u:disʲt?]
Tchau! Até logo!	Nägemist!	[næɡemisʲt!]
Até breve!	Kohtumiseni!	[kohtumiseni!]
Adeus!	Hüvasti!	[huʋasʲti!]
despedir-se (dizer adeus)	hüvasti jätma	[huʋasʲti jætma]
Até mais!	Hüva!	[huʋa!]
Obrigado! -a!	Aitäh!	[aitæh!]
Muito obrigado! -a!	Suur tänu!	[su:r tænu!]
De nada	Palun.	[palun]
Não tem de quê	Pole tänu väärt.	[pole tænu ʋæ:rt]
Não foi nada!	Pole tänu väärt.	[pole tænu ʋæ:rt]
Desculpa!	Vabanda!	[ʋabanda!]
Desculpe!	Vabandage!	[ʋabandage!]
desculpar (vt)	vabandama	[ʋabandama]

desculpar-se (vr)	vabandama	[ʋabandama]
Me desculpe	Minu kaastunne	[minu ka:sʲtunne]
Desculpe!	Andke andeks!	[andke andeks!]
perdoar (vt)	andeks andma	[andeks andma]
Não faz mal	Pole hullu!	[pole hulʲu]
por favor	palun	[palun]
Não se esqueça!	Pidage meeles!	[pidage me:les!]
Com certeza!	Muidugi!	[mujdugi!]
Claro que não!	Muidugi mitte!	[mujdugi mitte!]
Está bem! De acordo!	Ma olen nõus!	[ma olen nɜus!]
Chega!	Aitab küll!	[aitab kʉlʲ!]

3. Como se dirigir a alguém

Desculpe ...	Vabandage, ...	[ʋabandage, ...]
senhor	Härra	[hærra]
senhora	Proua	[proua]
senhorita	Preili	[prejli]
jovem	Noormees	[no:rme:s]
menino	Poiss	[pojss]
menina	Tüdruk	[tʉdruk]

4. Números cardinais. Parte 1

zero	null	[nulʲ]
um	üks	[ʉks]
dois	kaks	[kaks]
três	kolm	[kolʲm]
quatro	neli	[neli]
cinco	viis	[ʋi:s]
seis	kuus	[ku:s]
sete	seitse	[sejtse]
oito	kaheksa	[kaheksa]
nove	üheksa	[ʉheksa]
dez	kümme	[kʉmme]
onze	üksteist	[ʉksʲtejsʲt]
doze	kaksteist	[kaksʲtejsʲt]
treze	kolmteist	[kolʲmtejsʲt]
catorze	neliteist	[nelitejsʲt]
quinze	viisteist	[ʋi:sʲtejsʲt]
dezesseis	kuusteist	[ku:sʲtejsʲt]
dezessete	seitseteist	[sejtsetejsʲt]
dezoito	kaheksateist	[kaheksatejsʲt]
dezenove	üheksateist	[ʉheksatejsʲt]
vinte	kakskümmend	[kakskʉmment]
vinte e um	kakskümmend üks	[kakskʉmment ʉks]
vinte e dois	kakskümmend kaks	[kakskʉmment kaks]

vinte e três	kakskümmend kolm	[kakskʉmment kolʲm]
trinta	kolmkümmend	[kolʲmkʉmment]
trinta e um	kolmkümmend üks	[kolʲmkʉmment ʉks]
trinta e dois	kolmkümmend kaks	[kolʲmkʉmment kaks]
trinta e três	kolmkümmend kolm	[kolʲmkʉmment kolʲm]
quarenta	nelikümmend	[nelikʉmment]
quarenta e um	nelikümmend üks	[nelikʉmment ʉks]
quarenta e dois	nelikümmend kaks	[nelikʉmment kaks]
quarenta e três	nelikümmend kolm	[nelikʉmment kolʲm]
cinquenta	viiskümmend	[ʋiːskʉmment]
cinquenta e um	viiskümmend üks	[ʋiːskʉmment ʉks]
cinquenta e dois	viiskümmend kaks	[ʋiːskʉmment kaks]
cinquenta e três	viiskümmend kolm	[ʋiːskʉmment kolʲm]
sessenta	kuuskümmend	[kuːskʉmment]
sessenta e um	kuuskümmend üks	[kuːskʉmment ʉks]
sessenta e dois	kuuskümmend kaks	[kuːskʉmment kaks]
sessenta e três	kuuskümmend kolm	[kuːskʉmment kolʲm]
setenta	seitsekümmend	[sejtsekʉmment]
setenta e um	seitsekümmend üks	[sejtsekʉmment ʉks]
setenta e dois	seitsekümmend kaks	[sejtsekʉmment kaks]
setenta e três	seitsekümmend kolm	[sejtsekʉmment kolʲm]
oitenta	kaheksakümmend	[kaheksakʉmment]
oitenta e um	kaheksakümmend üks	[kaheksakʉmment ʉks]
oitenta e dois	kaheksakümmend kaks	[kaheksakʉmment kaks]
oitenta e três	kaheksakümmend kolm	[kaheksakʉmment kolʲm]
noventa	üheksakümmend	[ʉheksakʉmment]
noventa e um	üheksakümmend üks	[ʉheksakʉmment ʉks]
noventa e dois	üheksakümmend kaks	[ʉheksakʉmment kaks]
noventa e três	üheksakümmend kolm	[ʉheksakʉmment kolʲm]

5. Números cardinais. Parte 2

cem	sada	[sada]
duzentos	kakssada	[kakssada]
trezentos	kolmsada	[kolʲmsada]
quatrocentos	nelisada	[nelisada]
quinhentos	viissada	[ʋiːssada]
seiscentos	kuussada	[kuːssada]
setecentos	seitsesada	[sejtsesada]
oitocentos	kaheksasada	[kaheksasada]
novecentos	üheksasada	[ʉheksasada]
mil	tuhat	[tuhat]
dois mil	kaks tuhat	[kaks tuhat]
três mil	kolm tuhat	[kolʲm tuhat]
dez mil	kümme tuhat	[kʉmme tuhat]
cem mil	sada tuhat	[sada tuhat]

| um milhão | miljon | [miljon] |
| um bilhão | miljard | [miljart] |

6. Números ordinais

primeiro (adj)	esimene	[esimene]
segundo (adj)	teine	[tejne]
terceiro (adj)	kolmas	[kolʲmas]
quarto (adj)	neljas	[neljas]
quinto (adj)	viies	[ʋiːes]
sexto (adj)	kuues	[kuːes]
sétimo (adj)	seitsmes	[sejtsmes]
oitavo (adj)	kaheksas	[kaheksas]
nono (adj)	üheksas	[ʉheksas]
décimo (adj)	kümnes	[kʉmnes]

7. Números. Frações

fração (f)	murd	[murt]
um meio	pool	[poːlʲ]
um terço	kolmandik	[kolʲmandik]
um quarto	neljandik	[neljandik]
um oitavo	kaheksandik	[kaheksandik]
um décimo	kümnendik	[kʉmnendik]
dois terços	kaks kolmandikku	[kaks kolʲmandikku]
três quartos	kolm neljandikku	[kolʲm neljandikku]

8. Números. Operações básicas

subtração (f)	lahutamine	[lahutamine]
subtrair (vi, vt)	lahutama	[lahutama]
divisão (f)	jagamine	[jagamine]
dividir (vt)	jagama	[jagama]
adição (f)	liitmine	[liːtmine]
somar (vt)	liitma	[liːtma]
adicionar (vt)	lisama	[lisama]
multiplicação (f)	korrutamine	[korrutamine]
multiplicar (vt)	korrutama	[korrutama]

9. Números. Diversos

algarismo, dígito (m)	number	[number]
número (m)	arv	[arʋ]
numeral (m)	arvsõna	[arʋsɜna]
menos (m)	miinus	[miːnus]

mais (m)	pluss	[pluss]
fórmula (f)	valem	[ʋalem]

cálculo (m)	arvutamine	[arʋutamine]
contar (vt)	lugema	[lugema]
calcular (vt)	arvestama	[arʋesʲtama]
comparar (vt)	võrdlema	[ʋɜrtlema]

Quanto?	Kui palju?	[kui palju?]
Quantos? -as?	Mitu?	[mitu?]

soma (f)	summa	[summa]
resultado (m)	tulemus	[tulemus]
resto (m)	jääk	[jæ:k]

alguns, algumas ...	mõni	[mɜni]
pouco (~ tempo)	natuke	[natuke]
resto (m)	ülejäänud	[ʉlejæ:nut]
um e meio	poolteist	[po:lʲtejsʲt]
dúzia (f)	tosin	[tosin]

ao meio	pooleks	[po:leks]
em partes iguais	võrdselt	[ʋɜrdselʲt]
metade (f)	pool	[po:lʲ]
vez (f)	üks kord	[ʉks kort]

10. Os verbos mais importantes. Parte 1

abrir (vt)	lahti tegema	[lahti tegema]
acabar, terminar (vt)	lõpetama	[lɜpetama]
aconselhar (vt)	soovitama	[so:ʋitama]
adivinhar (vt)	ära arvama	[æra arʋama]
advertir (vt)	hoiatama	[hojatama]

ajudar (vt)	aitama	[aitama]
almoçar (vi)	lõunat sööma	[lɜunat sø:ma]
alugar (~ um apartamento)	üürima	[ʉ:rima]
amar (pessoa)	armastama	[armasʲtama]
ameaçar (vt)	ähvardama	[æhʋardama]

anotar (escrever)	üles kirjutama	[ʉles kirjutama]
apressar-se (vr)	kiirustama	[ki:rusʲtama]
arrepender-se (vr)	kahetsema	[kahetsema]
assinar (vt)	allkirjastama	[alʲkirjasʲtama]
brincar (vi)	nalja tegema	[nalja tegema]

brincar, jogar (vi, vt)	mängima	[mæŋgima]
buscar (vt)	otsima ...	[otsima ...]
caçar (vi)	jahil käima	[jahilʲ kæjma]
cair (vi)	kukkuma	[kukkuma]
cavar (vt)	kaevama	[kaeʋama]
chamar (~ por socorro)	kutsuma	[kutsuma]
chegar (vi)	saabuma	[sa:buma]
chorar (vi)	nutma	[nutma]

começar (vt)	alustama	[alusˈtama]
comparar (vt)	võrdlema	[ʋ3rtlema]
concordar (dizer "sim")	nõustuma	[n3usˈtuma]

confiar (vt)	usaldama	[usalˈdama]
confundir (equivocar-se)	segi ajama	[segi ajama]
conhecer (vt)	tundma	[tundma]
contar (fazer contas)	lugema	[lugema]
contar com ...	lootma ...	[lo:tma ...]
continuar (vt)	jätkama	[jætkama]

controlar (vt)	kontrollima	[kontrolʲima]
convidar (vt)	kutsuma	[kutsuma]
correr (vi)	jooksma	[jo:ksma]
criar (vt)	looma	[lo:ma]
custar (vt)	maksma	[maksma]

11. Os verbos mais importantes. Parte 2

dar (vt)	andma	[andma]
dar uma dica	vihjama	[uihjama]
decorar (enfeitar)	ehtima	[ehtima]
defender (vt)	kaitsma	[kaitsma]
deixar cair (vt)	pillama	[pilʲæma]

descer (para baixo)	laskuma	[laskuma]
desculpar (vt)	vabandama	[uabandama]
desculpar-se (vr)	vabandama	[uabandama]
dirigir (~ uma empresa)	juhtima	[juhtima]
discutir (notícias, etc.)	arutama	[arutama]

disparar, atirar (vi)	tulistama	[tulisˈtama]
dizer (vt)	ütlema	[ɥtlema]
duvidar (vt)	kahtlema	[kahtlema]
encontrar (achar)	leidma	[lejdma]
enganar (vt)	petma	[petma]

entender (vt)	aru saama	[aru sa:ma]
entrar (na sala, etc.)	sisse tulema	[sisse tulema]
enviar (uma carta)	saatma	[sa:tma]
errar (enganar-se)	eksima	[eksima]
escolher (vt)	valima	[ualima]

esconder (vt)	peitma	[pejtma]
escrever (vt)	kirjutama	[kirjutama]
esperar (aguardar)	ootama	[o:tama]
esperar (ter esperança)	lootma	[lo:tma]
esquecer (vt)	unustama	[unusˈtama]

estudar (vt)	uurima	[u:rima]
exigir (vt)	nõudma	[n3udma]
existir (vi)	olemas olema	[olemas olema]
explicar (vt)	seletama	[seletama]
falar (vi)	rääkima	[ræ:kima]

faltar (a la escuela, etc.)	puuduma	[pu:duma]
fazer (vt)	tegema	[tegema]
ficar em silêncio	vaikima	[ʋaikima]
gabar-se (vr)	kiitlema	[ki:tlema]

gostar (apreciar)	meeldima	[me:lʲdima]
gritar (vi)	karjuma	[karjuma]
guardar (fotos, etc.)	säilitama	[sæjlitama]
informar (vt)	teavitama	[teaʋitama]
insistir (vi)	nõudma	[nɜudma]

insultar (vt)	solvama	[solʲʋama]
interessar-se (vr)	huvi tundma	[huʋi tundma]
ir (a pé)	minema	[minema]
ir nadar	suplema	[suplema]
jantar (vi)	õhtust sööma	[ɜhtusʲt sø:ma]

12. Os verbos mais importantes. Parte 3

ler (vt)	lugema	[lugema]
libertar, liberar (vt)	vabastama	[ʋabasʲtama]
matar (vt)	tapma	[tapma]
mencionar (vt)	meelde tuletama	[me:lʲde tuletama]
mostrar (vt)	näitama	[næjtama]

mudar (modificar)	muutma	[mu:tma]
nadar (vi)	ujuma	[ujuma]
negar-se a ... (vr)	keelduma	[ke:lʲduma]
objetar (vt)	vastu vaidlema	[ʋasʲtu ʋaitlema]

observar (vt)	jälgima	[jælʲgima]
ordenar (mil.)	käskima	[kæskima]
ouvir (vt)	kuulma	[ku:lʲma]
pagar (vt)	maksma	[maksma]
parar (vi)	peatuma	[peatuma]

parar, cessar (vt)	katkestama	[katkesʲtama]
participar (vi)	osa võtma	[osa ʋɜtma]
pedir (comida, etc.)	tellima	[telʲima]
pedir (um favor, etc.)	paluma	[paluma]
pegar (tomar)	võtma	[ʋɜtma]

pegar (uma bola)	püüdma	[pʉ:dma]
pensar (vi, vt)	mõtlema	[mɜtlema]
perceber (ver)	märkama	[mærkama]
perdoar (vt)	andeks andma	[andeks andma]
perguntar (vt)	küsima	[kʉsima]

permitir (vt)	lubama	[lubama]
pertencer a ... (vi)	kuuluma	[ku:luma]
planejar (vt)	planeerima	[plane:rima]
poder (~ fazer algo)	võima	[ʋɜima]
possuir (uma casa, etc.)	valdama	[ʋalʲdama]
preferir (vt)	eelistama	[e:lisʲtama]

preparar (vt)	süüa tegema	[sʉ:a tegema]
prever (vt)	ette nägema	[ette næegema]
prometer (vt)	lubama	[lubama]
pronunciar (vt)	hääldama	[hæ:lʲdama]
propor (vt)	pakkuma	[pakkuma]
punir (castigar)	karistama	[karisʲtama]
quebrar (vt)	murdma	[murdma]
queixar-se de ...	kaebama	[kaebama]
querer (desejar)	tahtma	[tahtma]

13. Os verbos mais importantes. Parte 4

ralhar, repreender (vt)	sõimama	[sɜimama]
recomendar (vt)	soovitama	[so:ʋitama]
repetir (dizer outra vez)	kordama	[kordama]
reservar (~ um quarto)	reserveerima	[reserʋe:rima]
responder (vt)	vastama	[ʋasʲtama]
rezar, orar (vi)	palvetama	[palʲʋetama]
rir (vi)	naerma	[naerma]
roubar (vt)	varastama	[ʋarasʲtama]
saber (vt)	teadma	[teadma]
sair (~ de casa)	välja tulema	[ʋæelja tulema]
salvar (resgatar)	päästma	[pæ:sʲtma]
seguir (~ alguém)	järgnema ...	[jærgnema ...]
sentar-se (vr)	istuma	[isʲtuma]
ser necessário	tarvis olema	[tarʋis olema]
ser, estar	olema	[olema]
significar (vt)	tähendama	[tæhendama]
sorrir (vi)	naeratama	[naeratama]
subestimar (vt)	alahindama	[alahindama]
surpreender-se (vr)	imestama	[imesʲtama]
tentar (~ fazer)	proovima	[pro:ʋima]
ter (vt)	omama	[omama]
ter fome	süüa tahtma	[sʉ:a tahtma]
ter medo	kartma	[kartma]
ter sede	juua tahtma	[ju:a tahtma]
tocar (com as mãos)	puudutama	[pu:dutama]
tomar café da manhã	hommikust sööma	[hommikusʲt sø:ma]
trabalhar (vi)	töötama	[tø:tama]
traduzir (vt)	tõlkima	[tɜlʲkima]
unir (vt)	ühendama	[ʉhendama]
vender (vt)	müüma	[mʉ:ma]
ver (vt)	nägema	[næegema]
virar (~ para a direita)	pöörama	[pø:rama]
voar (vi)	lendama	[lendama]

14. Cores

cor (f)	värv	[ʋæru]
tom (m)	varjund	[ʋarjunt]
tonalidade (m)	toon	[to:n]
arco-íris (m)	vikerkaar	[uikerka:r]
branco (adj)	valge	[ʋalʲge]
preto (adj)	must	[musʲt]
cinza (adj)	hall	[halʲ]
verde (adj)	roheline	[roheline]
amarelo (adj)	kollane	[kolʲæne]
vermelho (adj)	punane	[punane]
azul (adj)	sinine	[sinine]
azul claro (adj)	helesinine	[helesinine]
rosa (adj)	roosa	[ro:sa]
laranja (adj)	oranž	[oranʒ]
violeta (adj)	violetne	[uioletne]
marrom (adj)	pruun	[pru:n]
dourado (adj)	kuldne	[kulʲdne]
prateado (adj)	hõbedane	[hɜbedane]
bege (adj)	beež	[be:ʒ]
creme (adj)	kreemjas	[kre:mjas]
turquesa (adj)	türkiissinine	[turki:ssinine]
vermelho cereja (adj)	kirsipunane	[kirsipunane]
lilás (adj)	lilla	[lilʲæ]
carmim (adj)	vaarikpunane	[ua:rikpunane]
claro (adj)	hele	[hele]
escuro (adj)	tume	[tume]
vivo (adj)	erk	[erk]
de cor	värvipliiats	[ʋæruipli:ats]
a cores	värvi-	[ʋærui-]
preto e branco (adj)	must-valge	[musʲt-ʋalʲge]
unicolor (de uma só cor)	ühevärviline	[uheuæruiline]
multicolor (adj)	mitmevärviline	[mitmeuæruiline]

15. Questões

Quem?	Kes?	[kes?]
O que?	Mis?	[mis?]
Onde?	Kus?	[kusʲ?]
Para onde?	Kuhu?	[kuhu?]
De onde?	Kust?	[kusʲt?]
Quando?	Millal?	[milʲæl?]
Para quê?	Milleks?	[milʲeks?]
Por quê?	Miks?	[miks?]
Para quê?	Mille jaoks?	[milʲe jaoks?]

Como?	Kuidas?	[kuidas?]
Qual (~ é o problema?)	Missugune?	[missugune?]
Qual (~ deles?)	Mis?	[mis?]
A quem?	Kellele?	[kelʲele?]
De quem?	Kellest?	[kelʲesʲt?]
Do quê?	Millest?	[milʲesʲt?]
Com quem?	Kellega?	[kelʲega?]
Quantos? -as?	Mitu?	[mitu?]
Quanto?	Kui palju?	[kui palju?]
De quem (~ é isto?)	Kelle?	[kelʲe?]

16. Preposições

com (prep.)	koos	[ko:s]
sem (prep.)	ilma	[ilʲma]
a, para (exprime lugar)	sisse	[sisse]
sobre (ex. falar ~)	kohta	[kohta]
antes de ...	enne	[enne]
em frente de ...	ees	[e:s]
debaixo de ...	all	[alʲ]
sobre (em cima de)	kohal	[kohalʲ]
em ..., sobre ...	peal	[pealʲ]
de, do (sou ~ Rio de Janeiro	seest	[se:sʲt]
de (feito ~ pedra)	millest tehtud	[milʲesʲt tehtut]
em (~ 3 dias)	pärast	[pærasʲt]
por cima de ...	läbi	[lʲæbi]

17. Palavras funcionais. Advérbios. Parte 1

Onde?	Kus?	[kus?]
aqui	siin	[si:n]
lá, ali	seal	[sealʲ]
em algum lugar	kuskil	[kuskilʲ]
em lugar nenhum	mitte kuskil	[mitte kuskilʲ]
perto de ...	juures	[ju:res]
perto da janela	akna juures	[akna ju:res]
Para onde?	Kuhu?	[kuhu?]
aqui	siia	[si:a]
para lá	sinna	[sinna]
daqui	siit	[si:t]
de lá, dali	sealt	[sealʲt]
perto	lähedal	[lʲæhedalʲ]
longe	kaugel	[kaugelʲ]
perto de ...	kõrval	[kɜrʋalʲ]

à mão, perto	lähedal	[lʲæhedalʲ]
não fica longe	lähedale	[lʲæhedale]
esquerdo (adj)	vasak	[ʋasak]
à esquerda	vasakul	[ʋasakulʲ]
para a esquerda	vasakule	[ʋasakule]
direito (adj)	parem	[parem]
à direita	paremal	[paremalʲ]
para a direita	paremale	[paremale]
em frente	eest	[e:sʲt]
da frente	eesmine	[e:smine]
adiante (para a frente)	edasi	[edasi]
atrás de ...	taga	[taga]
de trás	tagant	[tagant]
para trás	tagasi	[tagasi]
meio (m), metade (f)	keskkoht	[keskkoht]
no meio	keskel	[keskelʲ]
do lado	kõrvalt	[kɜrʋalʲt]
em todo lugar	igal pool	[igalʲ po:lʲ]
por todos os lados	ümberringi	[ʉmberringi]
de dentro	seest	[se:sʲt]
para algum lugar	kuhugi	[kuhugi]
diretamente	otse	[otse]
de volta	tagasi	[tagasi]
de algum lugar	kuskilt	[kuskilʲt]
de algum lugar	kuskilt	[kuskilʲt]
em primeiro lugar	esiteks	[esiteks]
em segundo lugar	teiseks	[tejseks]
em terceiro lugar	kolmandaks	[kolʲmandaks]
de repente	äkki	[ækki]
no início	alguses	[alʲguses]
pela primeira vez	esimest korda	[esimesʲt korda]
muito antes de ...	enne ...	[enne ...]
de novo	uuesti	[u:esʲti]
para sempre	päriseks	[pæriseks]
nunca	mitte kunagi	[mitte kunagi]
de novo	jälle	[jælʲe]
agora	nüüd	[nʉ:t]
frequentemente	sageli	[sageli]
então	siis	[si:s]
urgentemente	kiiresti	[ki:resʲti]
normalmente	tavaliselt	[taʋaliselʲt]
a propósito, ...	muuseas, ...	[mu:seas, ...]
é possível	võimalik	[ʋɜimalik]
provavelmente	tõenäoliselt	[tɜenæoliselʲt]

talvez	võib olla	[uɜib olʲæ]
além disso, ...	peale selle ...	[peale selʲe ...]
por isso ...	sellepärast	[selʲepærasʲt]
apesar de ...	... vaatamata	[... ʋa:tamata]
graças a ...	tänu ...	[tænu ...]

que (pron.)	mis	[mis]
que (conj.)	et	[et]
algo	miski	[miski]
alguma coisa	miski	[miski]
nada	mitte midagi	[mitte midagi]

quem	kes	[kes]
alguém (~ que ...)	keegi	[ke:gi]
alguém (com ~)	keegi	[ke:gi]

ninguém	mitte keegi	[mitte ke:gi]
para lugar nenhum	mitte kuhugi	[mitte kuhugi]
de ninguém	ei kellegi oma	[ej kelʲegi oma]
de alguém	kellegi oma	[kelʲegi oma]

tão	nii	[ni:]
também (gostaria ~ de ...)	samuti	[samuti]
também (~ eu)	ka	[ka]

18. Palavras funcionais. Advérbios. Parte 2

Por quê?	Miks?	[miks?]
por alguma razão	millegi pärast	[milʲegi pærasʲt]
porque ...	sest ...	[sesʲt ...]
por qualquer razão	millekski	[milʲekski]

e (tu ~ eu)	ja	[ja]
ou (ser ~ não ser)	või	[uɜi]
mas (porém)	kuid	[kuit]
para (~ a minha mãe)	jaoks	[jaoks]

muito, demais	liiga	[li:ga]
só, somente	ainult	[ainulʲt]
exatamente	täpselt	[tæpselʲt]
cerca de (~ 10 kg)	umbes	[umbes]

aproximadamente	ligikaudu	[ligikaudu]
aproximado (adj)	ligikaudne	[ligikaudne]
quase	peaaegu	[pea:egu]
resto (m)	ülejäänud	[ʉlejæ:nut]

o outro (segundo)	teine	[tejne]
outro (adj)	teiste	[tejsʲte]
cada (adj)	iga	[iga]
qualquer (adj)	mis tahes	[mis tahes]
muito, muitos, muitas	palju	[palju]
muitas pessoas	paljud	[paljut]
todos	kõik	[kɜik]

em troca de ...	... vastu	[... ʋasⁱtu]
em troca	asemele	[asemele]
à mão	käsitsi	[kæsitsi]
pouco provável	vaevalt	[ʋaeʋalⁱt]

provavelmente	vist	[ʋisⁱt]
de propósito	meelega	[me:lega]
por acidente	juhuslikult	[juhuslikulⁱt]

muito	väga	[ʋæga]
por exemplo	näiteks	[næjteks]
entre	vahel	[ʋahelⁱ]
entre (no meio de)	keskel	[keskelⁱ]
tanto	niipalju	[ni:palju]
especialmente	eriti	[eriti]

Conceitos básicos. Parte 2

19. Opostos

rico (adj)	rikas	[rikas]
pobre (adj)	vaene	[ʋaene]
doente (adj)	haige	[haige]
bem (adj)	terve	[terʋe]
grande (adj)	suur	[su:r]
pequeno (adj)	väike	[ʋæjke]
rapidamente	kiiresti	[ki:resʲti]
lentamente	aeglaselt	[aeglaselʲt]
rápido (adj)	kiire	[ki:re]
lento (adj)	aeglane	[aeglane]
alegre (adj)	lõbus	[lɜbus]
triste (adj)	kurb	[kurb]
juntos (ir ~)	koos	[ko:s]
separadamente	eraldi	[eralʲdi]
em voz alta (ler ~)	valjusti	[ʋaljusʲti]
para si (em silêncio)	omaette	[omaette]
alto (adj)	kõrge	[kɜrge]
baixo (adj)	madal	[madalʲ]
profundo (adj)	sügav	[sʉgaʋ]
raso (adj)	madal	[madalʲ]
sim	jaa	[ja:]
não	ei	[ej]
distante (adj)	kauge	[kauge]
próximo (adj)	lähedane	[lʲæhedane]
longe	kaugel	[kaugelʲ]
à mão, perto	lähedal	[lʲæhedalʲ]
longo (adj)	pikk	[pikk]
curto (adj)	lühike	[lʉhike]
bom (bondoso)	hea	[hea]
mal (adj)	kuri	[kuri]
casado (adj)	abielus	[abielus]

27

solteiro (adj)	vallaline	[ʋalʲæline]

| proibir (vt) | keelama | [keːlama] |
| permitir (vt) | lubama | [lubama] |

| fim (m) | lõpp | [lɜpp] |
| início (m) | algus | [alʲgus] |

| esquerdo (adj) | vasak | [ʋasak] |
| direito (adj) | parem | [parem] |

| primeiro (adj) | esimene | [esimene] |
| último (adj) | viimane | [ʋiːmane] |

| crime (m) | kuritegu | [kuritegu] |
| castigo (m) | karistus | [karisʲtus] |

| ordenar (vt) | käskima | [kæskima] |
| obedecer (vt) | alluma | [alʲuma] |

| reto (adj) | sirge | [sirge] |
| curvo (adj) | kõver | [kɜʋer] |

| paraíso (m) | paradiis | [paradiːs] |
| inferno (m) | põrgu | [pɜrgu] |

| nascer (vi) | sündima | [sʉndima] |
| morrer (vi) | surema | [surema] |

| forte (adj) | tugev | [tugeʋ] |
| fraco, débil (adj) | nõrk | [nɜrk] |

| velho, idoso (adj) | vana | [ʋana] |
| jovem (adj) | noor | [noːr] |

| velho (adj) | vana | [ʋana] |
| novo (adj) | uus | [uːs] |

| duro (adj) | kõva | [kɜʋa] |
| macio (adj) | pehme | [pehme] |

| quente (adj) | soe | [soe] |
| frio (adj) | külm | [kʉlʲm] |

| gordo (adj) | paks | [paks] |
| magro (adj) | kõhn | [kɜhn] |

| estreito (adj) | kitsas | [kitsas] |
| largo (adj) | lai | [lai] |

| bom (adj) | hea | [hea] |
| mau (adj) | halb | [halʲb] |

| valente, corajoso (adj) | vapper | [ʋapper] |
| covarde (adj) | arg | [arg] |

20. Dias da semana

segunda-feira (f)	esmaspäev	[esmaspææʊ]
terça-feira (f)	teisipäev	[tejsipææʊ]
quarta-feira (f)	kolmapäev	[kolʲmapææʊ]
quinta-feira (f)	neljapäev	[neljapææʊ]
sexta-feira (f)	reede	[reːde]
sábado (m)	laupäev	[laupææʊ]
domingo (m)	pühapäev	[pʉhapææʊ]
hoje	täna	[tæna]
amanhã	homme	[homme]
depois de amanhã	ülehomme	[ʉlehomme]
ontem	eile	[ejle]
anteontem	üleeile	[ʉleːjle]
dia (m)	päev	[pææʊ]
dia (m) de trabalho	tööpäev	[tøːpææʊ]
feriado (m)	pidupäev	[pidupææʊ]
dia (m) de folga	puhkepäev	[puhkepææʊ]
fim (m) de semana	nädalavahetus	[nædalaʊahetus]
o dia todo	terve päev	[terʊe pææʊ]
no dia seguinte	järgmiseks päevaks	[jærgmiseks pææʊaks]
há dois dias	kaks päeva tagasi	[kaks pææʊa tagasi]
na véspera	eile õhtul	[ejle ɜhtulʲ]
diário (adj)	igapäevane	[igapææʊane]
todos os dias	iga päev	[iga pææʊ]
semana (f)	nädal	[nædalʲ]
na semana passada	möödunud nädalal	[møːdunut nædalalʲ]
semana que vem	järgmisel nädalal	[jærgmiselʲ nædalalʲ]
semanal (adj)	iganädalane	[iganædalane]
toda semana	igal nädalal	[igalʲ nædalalʲ]
duas vezes por semana	kaks korda nädalas	[kaks korda nædalas]
toda terça-feira	igal teisipäeval	[igalʲ tejsipææʊalʲ]

21. Horas. Dia e noite

manhã (f)	hommik	[hommik]
de manhã	hommikul	[hommikulʲ]
meio-dia (m)	keskpäev	[keskpææʊ]
à tarde	pärast lõunat	[pærasʲt lɜunat]
tardinha (f)	õhtu	[ɜhtu]
à tardinha	õhtul	[ɜhtulʲ]
noite (f)	öö	[øː]
à noite	öösel	[øːselʲ]
meia-noite (f)	kesköö	[keskøː]
segundo (m)	sekund	[sekunt]
minuto (m)	minut	[minut]
hora (f)	tund	[tunt]

meia hora (f)	pool tundi	[po:lʲ tundi]
quarto (m) de hora	veerand tundi	[ʋe:rant tundi]
quinze minutos	viisteist minutit	[ʋi:sʲtejsʲt minutit]
vinte e quatro horas	ööpäev	[ø:pæeʋ]
nascer (m) do sol	päikesetõus	[pæjkesetɜus]
amanhecer (m)	koit	[kojt]
madrugada (f)	varahommik	[ʋarahommik]
pôr-do-sol (m)	loojang	[lo:jang]
de madrugada	hommikul vara	[hommikulʲ ʋara]
esta manhã	täna hommikul	[tæna hommikulʲ]
amanhã de manhã	homme hommikul	[homme hommikulʲ]
esta tarde	täna päeval	[tæna pæeʋalʲ]
à tarde	pärast lõunat	[pærasʲt lɜunat]
amanhã à tarde	homme pärast lõunat	[homme pærasʲt lɜunat]
esta noite, hoje à noite	täna õhtul	[tæna ɜhtulʲ]
amanhã à noite	homme õhtul	[homme ɜhtulʲ]
às três horas em ponto	täpselt kell kolm	[tæpselʲt kelʲ kolʲm]
por volta das quatro	umbes kell neli	[umbes kelʲ neli]
às doze	kella kaheteistkümneks	[kelʲæ kahetejsʲtkumneks]
em vinte minutos	kahekümne minuti pärast	[kahekumne minuti pærasʲt]
em uma hora	tunni aja pärast	[tunni aja pærasʲt]
a tempo	õigeks ajaks	[ɜigeks ajaks]
... um quarto para	kolmveerand	[kolʲmʋe:rant]
dentro de uma hora	tunni aja jooksul	[tunni aja jo:ksulʲ]
a cada quinze minutos	iga viieteist minuti tagant	[iga ʋi:etejsʲt minuti tagant]
as vinte e quatro horas	terve ööpäev	[terʋe ø:pæeʋ]

22. Meses. Estações

janeiro (m)	jaanuar	[ja:nuar]
fevereiro (m)	veebruar	[ʋe:bruar]
março (m)	märts	[mærts]
abril (m)	aprill	[aprilʲ]
maio (m)	mai	[mai]
junho (m)	juuni	[ju:ni]
julho (m)	juuli	[ju:li]
agosto (m)	august	[augusʲt]
setembro (m)	september	[september]
outubro (m)	oktoober	[okto:ber]
novembro (m)	november	[noʋember]
dezembro (m)	detsember	[detsember]
primavera (f)	kevad	[keʋat]
na primavera	kevadel	[keʋadelʲ]
primaveril (adj)	kevadine	[keʋadine]
verão (m)	suvi	[suʋi]

| no verão | suvel | [suʋelʲ] |
| de verão | suvine | [suʋine] |

outono (m)	sügis	[sʉgis]
no outono	sügisel	[sʉgiselʲ]
outonal (adj)	sügisene	[sʉgisene]

inverno (m)	talv	[talʲʋ]
no inverno	talvel	[talʲʋelʲ]
de inverno	talvine	[talʲʋine]
mês (m)	kuu	[ku:]
este mês	selles kuus	[selʲes ku:s]
mês que vem	järgmises kuus	[jærgmises ku:s]
no mês passado	möödunud kuus	[mø:dunut ku:s]

um mês atrás	kuu aega tagasi	[ku: aega tagasi]
em um mês	kuu aja pärast	[ku: aja pærasʲt]
em dois meses	kahe kuu pärast	[kahe ku: pærasʲt]
todo o mês	terve kuu	[terʋe ku:]
um mês inteiro	terve kuu	[terʋe ku:]

mensal (adj)	igakuine	[igakuine]
mensalmente	igas kuus	[igas ku:s]
todo mês	iga kuu	[iga ku:]
duas vezes por mês	kaks korda kuus	[kaks korda ku:s]

ano (m)	aasta	[a:sʲta]
este ano	sel aastal	[selʲ a:sʲtalʲ]
ano que vem	järgmisel aastal	[jærgmiselʲ a:sʲtalʲ]
no ano passado	möödunud aastal	[mø:dunut a:sʲtalʲ]
há um ano	aasta tagasi	[a:sʲta tagasi]
em um ano	aasta pärast	[a:sʲta pærasʲt]
dentro de dois anos	kahe aasta pärast	[kahe a:sʲta pærasʲt]
todo o ano	kogu aasta	[kogu a:sʲta]
um ano inteiro	terve aasta	[terʋe a:sʲta]

cada ano	igal aastal	[igalʲ a:sʲtalʲ]
anual (adj)	iga-aastane	[iga-a:sʲtane]
anualmente	igal aastal	[igalʲ a:sʲtalʲ]
quatro vezes por ano	neli korda aastas	[neli korda a:sʲtas]

data (~ de hoje)	kuupäev	[ku:pæəʋ]
data (ex. ~ de nascimento)	kuupäev	[ku:pæəʋ]
calendário (m)	kalender	[kalender]

meio ano	pool aastat	[po:lʲ a:sʲtat]
seis meses	poolaasta	[po:la:sʲta]
estação (f)	hooaeg	[ho:aeg]
século (m)	sajand	[sajant]

23. Tempo. Diversos

| tempo (m) | aeg | [aeg] |
| momento (m) | hetk | [hetk] |

instante (m)	silmapilk	[silʲmapilʲk]
instantâneo (adj)	silmapilkselt	[silʲmapilʲkselʲt]
lapso (m) de tempo	ajavahemik	[ajaʋahemik]
vida (f)	elu	[elu]
eternidade (f)	igavik	[igaʋik]

época (f)	ajastu	[ajasʲtu]
era (f)	ajajärk	[ajajærk]
ciclo (m)	tsükkel	[tsʉkkelʲ]
período (m)	periood	[perio:t]
prazo (m)	tähtaeg	[tæhtaeg]

futuro (m)	tulevik	[tuleʋik]
futuro (adj)	tulevane	[tuleʋane]
da próxima vez	järgmine kord	[jærgmine kort]
passado (m)	minevik	[mineʋik]
passado (adj)	möödunud	[mø:dunut]
na última vez	eelmine kord	[e:lʲmine kort]
mais tarde	hiljem	[hiljem]
depois de ...	pärast	[pærasʲt]
atualmente	praegu	[praegu]
agora	nüüd	[nʉ:t]
imediatamente	kohe	[kohe]
em breve	varsti	[ʋarsʲti]
de antemão	varakult	[ʋarakulʲt]

há muito tempo	ammu	[ammu]
recentemente	hiljuti	[hiljuti]
destino (m)	saatus	[sa:tus]
recordações (f pl)	mälestused	[mælesʲtuset]
arquivo (m)	arhiiv	[arhi:ʋ]
durante ...	... ajal	[... ajalʲ]
durante muito tempo	kaua	[kaua]
pouco tempo	lühikest aega	[lʉhikesʲt aega]
cedo (levantar-se ~)	vara	[ʋara]
tarde (deitar-se ~)	hilja	[hilja]

para sempre	alatiseks	[alatiseks]
começar (vt)	alustama	[alusʲtama]
adiar (vt)	edasi lükkama	[edasi lʉkkama]

ao mesmo tempo	üheaegselt	[ʉheaegselʲt]
permanentemente	pidevalt	[pideʋalʲt]
constante (~ ruído, etc.)	pidev	[pideʋ]
temporário (adj)	ajutine	[ajutine]

às vezes	mõnikord	[mɜnikort]
raras vezes, raramente	harva	[harʋa]
frequentemente	sageli	[sageli]

24. Linhas e formas

quadrado (m)	ruut	[ru:t]
quadrado (adj)	kandiline	[kandiline]

círculo (m)	ring	[ring]
redondo (adj)	ümmargune	[ummargune]
triângulo (m)	kolmnurk	[kolʲmnurk]
triangular (adj)	kolmnurkne	[kolʲmnurkne]
oval (f)	ovaal	[oʋa:lʲ]
oval (adj)	ovaalne	[oʋa:lʲne]
retângulo (m)	ristkülik	[risʲtkʉlik]
retangular (adj)	ristkülikuline	[risʲtkʉlikuline]
pirâmide (f)	püramiid	[pʉrami:t]
losango (m)	romb	[romb]
trapézio (m)	trapets	[trapets]
cubo (m)	kuup	[ku:p]
prisma (m)	prisma	[prisma]
circunferência (f)	ringjoon	[ringjo:n]
esfera (f)	sfäär	[sfæ:r]
globo (m)	kera	[kera]
diâmetro (m)	diameeter	[diame:ter]
raio (m)	raadius	[ra:dius]
perímetro (m)	ümbermõõt	[umbermɜ:t]
centro (m)	keskpunkt	[keskpunkt]
horizontal (adj)	horisontaalne	[horisonta:lʲne]
vertical (adj)	vertikaalne	[ʋertika:lʲne]
paralela (f)	paralleel	[paralʲe:lʲ]
paralelo (adj)	paralleelne	[paralʲe:lʲne]
linha (f)	joon	[jo:n]
traço (m)	joon	[jo:n]
reta (f)	sirgjoon	[sirgjo:n]
curva (f)	kõver	[kɜʋer]
fino (linha ~a)	peenike	[pe:nike]
contorno (m)	kontuur	[kontu:r]
interseção (f)	lõbilõige	[lʲæbilɜige]
ângulo (m) reto	täisnurk	[tæjsnurk]
segmento (m)	segment	[segment]
setor (m)	sektor	[sektor]
lado (de um triângulo, etc.)	külg	[kʉlʲg]
ângulo (m)	nurk	[nurk]

25. Unidades de medida

peso (m)	kaal	[ka:lʲ]
comprimento (m)	pikkus	[pikkus]
largura (f)	laius	[laius]
altura (f)	kõrgus	[kɜrgus]
profundidade (f)	sügavus	[sʉgaʋus]
volume (m)	maht	[maht]
área (f)	pindala	[pindala]
grama (m)	gramm	[gramm]
miligrama (m)	milligramm	[milʲigramm]

quilograma (m)	kilogramm	[kilogramm]
tonelada (f)	tonn	[tonn]
libra (453,6 gramas)	nael	[naelʲ]
onça (f)	unts	[unts]

metro (m)	meeter	[me:ter]
milímetro (m)	millimeeter	[milʲime:ter]
centímetro (m)	sentimeeter	[sentime:ter]
quilômetro (m)	kilomeeter	[kilome:ter]
milha (f)	miil	[mi:lʲ]

polegada (f)	toll	[tolʲ]
pé (304,74 mm)	jalg	[jalʲg]
jarda (914,383 mm)	jard	[jart]

metro (m) quadrado	ruutmeeter	[ru:tme:ter]
hectare (m)	hektar	[hektar]

litro (m)	liiter	[li:ter]
grau (m)	kraad	[kra:t]
volt (m)	volt	[ʋolʲt]
ampère (m)	amper	[amper]
cavalo (m) de potência	hobujõud	[hobujɜut]

quantidade (f)	hulk	[hulʲk]
um pouco de ...	veidi ...	[ʋejdi ...]
metade (f)	pool	[po:lʲ]
dúzia (f)	tosin	[tosin]
peça (f)	tükk	[tʉkk]

tamanho (m), dimensão (f)	suurus	[su:rus]
escala (f)	mastaap	[masʲta:p]

mínimo (adj)	minimaalne	[minima:lʲne]
menor, mais pequeno	kõige väiksem	[kɜige ʋæjksem]
médio (adj)	keskmine	[keskmine]
máximo (adj)	maksimaalne	[maksima:lʲne]
maior, mais grande	kõige suurem	[kɜige su:rem]

26. Recipientes

pote (m) de vidro	klaaspurk	[kla:spurk]
lata (~ de cerveja)	plekkpurk	[plekkpurk]
balde (m)	ämber	[æmber]
barril (m)	tünn	[tʉnn]

bacia (~ de plástico)	pesukauss	[pesukauss]
tanque (m)	paak	[pa:k]
cantil (m) de bolso	plasku	[plasku]
galão (m) de gasolina	kanister	[kanisʲter]
cisterna (f)	tsistern	[tsisʲtern]

caneca (f)	kruus	[kru:s]
xícara (f)	tass	[tass]

pires (m)	alustass	[alusⁱtass]
copo (m)	klaas	[kla:s]
taça (f) de vinho	veiniklaas	[ʋejnikla:s]
panela (f)	pott	[pott]

garrafa (f)	pudel	[pudelʲ]
gargalo (m)	pudelikael	[pudelikaelʲ]

jarra (f)	karahvin	[karahʋin]
jarro (m)	kann	[kann]
recipiente (m)	nõu	[nɜu]
pote (m)	pott	[pott]
vaso (m)	vaas	[ʋa:s]

frasco (~ de perfume)	pudel	[pudelʲ]
frasquinho (m)	rohupudel	[rohupudelʲ]
tubo (m)	tuub	[tu:b]

saco (ex. ~ de açúcar)	kott	[kott]
sacola (~ plastica)	kilekott	[kilekott]
maço (de cigarros, etc.)	pakk	[pakk]

caixa (~ de sapatos, etc.)	karp	[karp]
caixote (~ de madeira)	kast	[kasⁱt]
cesto (m)	korv	[korʋ]

27. Materiais

material (m)	materjal	[materjalʲ]
madeira (f)	puu	[pu:]
de madeira	puust	[pu:sⁱt]

vidro (m)	klaas	[kla:s]
de vidro	klaas-	[kla:s-]

pedra (f)	kivi	[kiʋi]
de pedra	kivist	[kiʋisⁱt]

plástico (m)	plastik	[plasⁱtik]
plástico (adj)	plastik-	[plasⁱtik-]

borracha (f)	kumm	[kumm]
de borracha	kummi-	[kummi-]

tecido, pano (m)	kangas	[kangas]
de tecido	riidest	[ri:desⁱt]

papel (m)	paber	[paber]
de papel	paber-	[paber-]

papelão (m)	papp	[papp]
de papelão	papp-	[papp-]
polietileno (m)	polüetüleen	[poluetule:n]
celofane (m)	tsellofaan	[tselʲofa:n]

madeira (f) compensada	vineer	[ʋine:r]
porcelana (f)	portselan	[portselan]
de porcelana	portselan-	[portselan-]
argila (f), barro (m)	savi	[saʋi]
de barro	savi-	[saʋi-]
cerâmica (f)	keraamika	[kera:mika]
de cerâmica	keraamiline	[kera:miline]

28. Metais

metal (m)	metall	[metalʲ]
metálico (adj)	metall-	[metalʲ-]
liga (f)	sulam	[sulam]

ouro (m)	kuld	[kulʲt]
de ouro	kuldne	[kulʲdne]
prata (f)	hõbe	[hɜbe]
de prata	hõbedane	[hɜbedane]

ferro (m)	raud	[raut]
de ferro	raudne	[raudne]
aço (m)	teras	[teras]
de aço (adj)	teras-	[teras-]
cobre (m)	vask	[ʋask]
de cobre	vaskne	[ʋaskne]

alumínio (m)	alumiinium	[alumi:nium]
de alumínio	alumiinium-	[alumi:nium-]
bronze (m)	pronks	[pronks]
de bronze	pronks-	[pronks-]

latão (m)	valgevask	[ʋalʲgeʋask]
níquel (m)	nikkel	[nikkelʲ]
platina (f)	plaatina	[pla:tina]
mercúrio (m)	elavhõbe	[elaʋhɜbe]
estanho (m)	tina	[tina]
chumbo (m)	seatina	[seatina]
zinco (m)	tsink	[tsink]

O SER HUMANO

O ser humano. O corpo

29. Humanos. Conceitos básicos

ser (m) humano	**inimene**	[inimene]
homem (m)	**mees**	[me:s]
mulher (f)	**naine**	[naine]
criança (f)	**laps**	[laps]
menina (f)	**tüdruk**	[tʉdruk]
menino (m)	**poiss**	[pojss]
adolescente (m)	**nooruk**	[no:ruk]
velho (m)	**vanamees**	[ʋaname:s]
velha (f)	**vanaeit**	[ʋanaejt]

30. Anatomia humana

organismo (m)	**organism**	[organism]
coração (m)	**süda**	[sʉda]
sangue (m)	**veri**	[ʋeri]
artéria (f)	**arter**	[arter]
veia (f)	**veen**	[ʋe:n]
cérebro (m)	**aju**	[aju]
nervo (m)	**närv**	[nærʋ]
nervos (m pl)	**närvid**	[nærʋit]
vértebra (f)	**selgroolüli**	[selʲgro:lʉli]
coluna (f) vertebral	**selgroog**	[selʲgro:g]
estômago (m)	**magu**	[magu]
intestinos (m pl)	**soolestik**	[so:lesʲtik]
intestino (m)	**soolikas**	[so:likas]
fígado (m)	**maks**	[maks]
rim (m)	**neer**	[ne:r]
osso (m)	**luu**	[lu:]
esqueleto (m)	**luukere**	[lu:kere]
costela (f)	**roie**	[roje]
crânio (m)	**pealuu**	[pealu:]
músculo (m)	**lihas**	[lihas]
bíceps (m)	**biitseps**	[bi:tseps]
tríceps (m)	**kolmpealihas**	[kolʲmpealihas]
tendão (m)	**kõõlus**	[kɜ:lus]
articulação (f)	**liiges**	[li:ges]

pulmões (m pl)	kops	[kops]
órgãos (m pl) genitais	suguelundid	[suguelundit]
pele (f)	nahk	[nahk]

31. Cabeça

cabeça (f)	pea	[pea]
rosto, cara (f)	nägu	[nægu]
nariz (m)	nina	[nina]
boca (f)	suu	[su:]

olho (m)	silm	[silʲm]
olhos (m pl)	silmad	[silʲmat]
pupila (f)	silmatera	[silʲmatera]
sobrancelha (f)	kulm	[kulʲm]
cílio (f)	ripse	[ripse]
pálpebra (f)	silmalaug	[silʲmalaug]

língua (f)	keel	[ke:lʲ]
dente (m)	hammas	[hammas]
lábios (m pl)	huuled	[hu:let]
maçãs (f pl) do rosto	põsesarnad	[pɜsesarnat]
gengiva (f)	ige	[ige]
palato (m)	suulagi	[su:lagi]

narinas (f pl)	sõõrmed	[sɜ:rmet]
queixo (m)	lõug	[lɜug]
mandíbula (f)	lõualuu	[lɜualu:]
bochecha (f)	põsk	[pɜsk]

testa (f)	laup	[laup]
têmpora (f)	meelekoht	[me:lekoht]
orelha (f)	kõrv	[kɜrʊ]
costas (f pl) da cabeça	kukal	[kukalʲ]
pescoço (m)	kael	[kaelʲ]
garganta (f)	kõri	[kɜri]

cabelo (m)	juuksed	[ju:kset]
penteado (m)	soeng	[soeng]
corte (m) de cabelo	juukselõikus	[ju:kselɜikus]
peruca (f)	parukas	[parukas]

bigode (m)	vuntsid	[ʊuntsit]
barba (f)	habe	[habe]
ter (~ barba, etc.)	kandma	[kandma]
trança (f)	pats	[pats]
suíças (f pl)	bakenbardid	[bakenbardit]

ruivo (adj)	punapea	[punapea]
grisalho (adj)	hall	[halʲ]
careca (adj)	kiilas	[ki:las]
calva (f)	kiilaspea	[ki:laspea]
rabo-de-cavalo (m)	hobusesaba	[hobusesaba]
franja (f)	tukk	[tukk]

32. Corpo humano

| mão (f) | käelaba | [kæəlaba] |
| braço (m) | käsi | [kæsi] |

dedo (m)	sõrm	[sɜrm]
dedo (m) do pé	varvas	[ʋarʋas]
polegar (m)	pöial	[pøialʲ]
dedo (m) mindinho	väike sõrm	[ʋæjke sɜrm]
unha (f)	küüs	[kʉ:s]

punho (m)	rusikas	[rusikas]
palma (f)	peopesa	[peopesa]
pulso (m)	ranne	[ranne]
antebraço (m)	küünarvars	[kʉ:narʋars]
cotovelo (m)	küünarnukk	[kʉ:narnukk]
ombro (m)	õlg	[ɜlʲg]

perna (f)	säär	[sæ:r]
pé (m)	jalalaba	[jalalaba]
joelho (m)	põlv	[pɜlʲʋ]
panturrilha (f)	sääremari	[sæ:remari]
quadril (m)	puus	[pu:s]
calcanhar (m)	kand	[kant]

corpo (m)	keha	[keha]
barriga (f), ventre (m)	kõht	[kɜht]
peito (m)	rind	[rint]
seio (m)	rind	[rint]
lado (m)	külg	[kʉlʲg]
costas (dorso)	selg	[selʲg]
região (f) lombar	ristluud	[risʲtlu:t]
cintura (f)	talje	[talje]

umbigo (m)	naba	[naba]
nádegas (f pl)	tuharad	[tuharat]
traseiro (m)	tagumik	[tagumik]

sinal (m), pinta (f)	sünnimärk	[sʉnnimærk]
sinal (m) de nascença	sünnimärk	[sʉnnimærk]
tatuagem (f)	tätoveering	[tætoʋe:ring]
cicatriz (f)	arm	[arm]

Vestuário & Acessórios

33. Roupa exterior. Casacos

roupa (f)	riided	[ri:det]
roupa (f) exterior	üleriided	[ɥleri:det]
roupa (f) de inverno	talveriided	[talʲʋeri:det]
sobretudo (m)	mantel	[mantelʲ]
casaco (m) de pele	kasukas	[kasukas]
jaqueta (f) de pele	poolkasukas	[po:lʲkasukas]
casaco (m) acolchoado	sulejope	[sulejope]
casaco (m), jaqueta (f)	jope	[jope]
impermeável (m)	vihmamantel	[ʋihmamantelʲ]
a prova d'água	veekindel	[ʋe:kindelʲ]

34. Vestuário de homem & mulher

camisa (f)	särk	[særk]
calça (f)	püksid	[pʉksit]
jeans (m)	teksapüksid	[teksapʉksit]
paletó, terno (m)	pintsak	[pintsak]
terno (m)	ülikond	[ʉlikont]
vestido (ex. ~ de noiva)	kleit	[klejt]
saia (f)	seelik	[se:lik]
blusa (f)	pluus	[plu:s]
casaco (m) de malha	villane jakk	[ʋilʲæne jakk]
casaco, blazer (m)	pluus	[plu:s]
camiseta (f)	T-särk	[t-særk]
short (m)	põlvpüksid	[pɜlʲʋupʉksit]
training (m)	dress	[dress]
roupão (m) de banho	hommikumantel	[hommikumantelʲ]
pijama (m)	pidžaama	[pidʒa:ma]
suéter (m)	sviiter	[sʋi:ter]
pulôver (m)	pullover	[pulʲoʋer]
colete (m)	vest	[ʋesʲt]
fraque (m)	frakk	[frakk]
smoking (m)	smoking	[smoking]
uniforme (m)	vormiriietus	[ʋormiri:etus]
roupa (f) de trabalho	tööriietus	[tø:ri:etus]
macacão (m)	kombinesoon	[kombineso:n]
jaleco (m), bata (f)	kittel	[kittelʲ]

35. Vestuário. Roupa interior

roupa (f) íntima	pesu	[pesu]
cueca boxer (f)	trussikud	[trussikut]
calcinha (f)	trussikud	[trussikut]
camiseta (f)	alussärk	[alussærk]
meias (f pl)	sokid	[sokit]
camisola (f)	öösärk	[ø:særk]
sutiã (m)	rinnahoidja	[rinnahojdja]
meias longas (f pl)	põlvikud	[pɜlʲuikut]
meias-calças (f pl)	sukkpüksid	[sukkpʉksit]
meias (~ de nylon)	sukad	[sukat]
maiô (m)	trikoo	[triko:]

36. Adereços de cabeça

chapéu (m), touca (f)	müts	[mʉts]
chapéu (m) de feltro	kaabu	[ka:bu]
boné (m) de beisebol	pesapallimüts	[pesapalʲimʉts]
boina (~ italiana)	soni	[soni]
boina (ex. ~ basca)	barett	[barett]
capuz (m)	kapuuts	[kapu:ts]
chapéu panamá (m)	panama	[panama]
touca (f)	kootud müts	[ko:tut mʉts]
lenço (m)	rätik	[rætik]
chapéu (m) feminino	kübar	[kʉbar]
capacete (m) de proteção	kiiver	[ki:ʋer]
bibico (m)	pilotka	[pilotka]
capacete (m)	lendurimüts	[lendurimʉts]
chapéu-coco (m)	kübar	[kʉbar]
cartola (f)	silinder	[silinder]

37. Calçado

calçado (m)	jalatsid	[jalatsit]
botinas (f pl), sapatos (m pl)	poolsaapad	[po:lʲsa:pat]
sapatos (de salto alto, etc.)	kingad	[kingat]
botas (f pl)	saapad	[sa:pat]
pantufas (f pl)	sussid	[sussit]
tênis (~ Nike, etc.)	tossud	[tossut]
tênis (~ Converse)	ketsid	[ketsit]
sandálias (f pl)	sandaalid	[sanda:lit]
sapateiro (m)	kingsepp	[kingsepp]
salto (m)	konts	[konts]

par (m)	paar	[pa:r]
cadarço (m)	kingapael	[kingapaelʲ]
amarrar os cadarços	kingapaelu siduma	[kingapaelu siduma]
calçadeira (f)	kingalusikas	[kingalusikas]
graxa (f) para calçado	kingakreem	[kingakre:m]

38. Têxtil. Tecidos

algodão (m)	puuvill	[pu:ʋilʲ]
de algodão	puuvillane	[pu:ʋilʲæne]
linho (m)	lina	[lina]
de linho	linane	[linane]

seda (f)	siid	[si:t]
de seda	siidi-	[si:di-]
lã (f)	vill	[ʋilʲ]
de lã	villane	[ʋilʲæne]

veludo (m)	samet	[samet]
camurça (f)	seemisnahk	[se:misnahk]
veludo (m) cotelê	velvet	[ʋelʲʋet]

nylon (m)	nailon	[nailon]
de nylon	nailonist	[nailonisʲt]
poliéster (m)	polüester	[polʉesʲter]
de poliéster	polüestrist	[polʉesʲtrisʲt]

couro (m)	nahk	[nahk]
de couro	nahast	[nahasʲt]
pele (f)	karusnahk	[karusnahk]
de pele	karusnahkne	[karusnahkne]

39. Acessórios pessoais

luva (f)	sõrmkindad	[sɜrmkindat]
mitenes (f pl)	labakindad	[labakindat]
cachecol (m)	sall	[salʲ]

óculos (m pl)	prillid	[prilʲit]
armação (f)	prilliraamid	[prilʲira:mit]
guarda-chuva (m)	vihmavari	[ʋihmaʋari]
bengala (f)	jalutuskepp	[jalutuskepp]
escova (f) para o cabelo	juuksehari	[ju:ksehari]
leque (m)	lehvik	[lehʋik]

gravata (f)	lips	[lips]
gravata-borboleta (f)	kikilips	[kikilips]
suspensórios (m pl)	traksid	[traksit]
lenço (m)	taskurätik	[taskurætik]

pente (m)	kamm	[kamm]
fivela (f) para cabelo	juukseklamber	[ju:kseklamber]

grampo (m)	juuksenõel	[ju:ksenзelʲ]
fivela (f)	pannal	[pannalʲ]

cinto (m)	vöö	[ʋø:]
alça (f) de ombro	rihm	[rihm]

bolsa (f)	kott	[kott]
bolsa (feminina)	käekott	[kæəkott]
mochila (f)	seljakott	[seljakott]

40. Vestuário. Diversos

moda (f)	mood	[mo:t]
na moda (adj)	moodne	[mo:dne]
estilista (m)	moekunstnik	[moekunsʲtnik]

colarinho (m)	krae	[krae]
bolso (m)	tasku	[tasku]
de bolso	tasku-	[tasku-]
manga (f)	varrukas	[ʋarrukas]
ganchinho (m)	tripp	[tripp]
bragueta (f)	püksiauk	[pʉksiauk]

zíper (m)	tõmblukk	[tзmblukk]
colchete (m)	kinnis	[kinnis]
botão (m)	nööp	[nø:p]
botoeira (casa de botão)	nööpauk	[nø:pauk]
soltar-se (vr)	eest ära tulema	[e:sʲt æra tulema]

costurar (vi)	õmblema	[зmblema]
bordar (vt)	tikkima	[tikkima]
bordado (m)	tikkimine	[tikkimine]
agulha (f)	nõel	[nзelʲ]
fio, linha (f)	niit	[ni:t]
costura (f)	õmblus	[зmblus]

sujar-se (vr)	ära määrima	[æra mæ:rima]
mancha (f)	plekk	[plekk]
amarrotar-se (vr)	kortsu minema	[kortsu minema]
rasgar (vt)	katki minema	[katki minema]
traça (f)	koi	[koj]

41. Cuidados pessoais. Cosméticos

pasta (f) de dente	hambapasta	[hambapasʲta]
escova (f) de dente	hambahari	[hambahari]
escovar os dentes	hambaid pesema	[hambait pesema]

gilete (f)	pardel	[pardelʲ]
creme (m) de barbear	habemeajamiskreem	[habemeajamiskre:m]
barbear-se (vr)	habet ajama	[habet ajama]
sabonete (m)	seep	[se:p]

xampu (m)	šampoon	[ʃampoːn]
tesoura (f)	käärid	[kæːrit]
lixa (f) de unhas	küüneviil	[kʉːneʋiːlʲ]
corta-unhas (m)	küünekäärid	[kʉːnekæːrit]
pinça (f)	pintsett	[pintsett]

cosméticos (m pl)	kosmeetika	[kosmeːtika]
máscara (f)	mask	[mask]
manicure (f)	manaküür	[manikʉːr]
fazer as unhas	maniküüri tegema	[manikʉːri tegema]
pedicure (f)	pediküür	[pedikʉːr]

bolsa (f) de maquiagem	kosmeetikakott	[kosmeːtikakott]
pó (de arroz)	puuder	[puːder]
pó (m) compacto	puudritoos	[puːdritoːs]
blush (m)	põsepuna	[pɜsepuna]

perfume (m)	lõhnaõli	[lɜhnaɜli]
água-de-colônia (f)	tualettvesi	[tualettʋesi]
loção (f)	näovesi	[næoʋesi]
colônia (f)	odekolonn	[odekolonn]

sombra (f) de olhos	lauvärv	[lauʋærʋ]
delineador (m)	silmapliiats	[silʲmapliːats]
máscara (f), rímel (m)	ripsmetušš	[ripsmetuʃʃ]

batom (m)	huulepulk	[huːlepulʲk]
esmalte (m)	küünelakk	[kʉːnelakk]
laquê (m), spray fixador (m)	juukselakk	[juːkselakk]
desodorante (m)	desodorant	[desodorant]

creme (m)	kreem	[kreːm]
creme (m) de rosto	näokreem	[næokreːm]
creme (m) de mãos	kätekreem	[kætekreːm]
creme (m) antirrugas	kortsudevastane kreem	[kortsudeʋasʲtane kreːm]
creme (m) de dia	päevakreem	[pææʋakreːm]
creme (m) de noite	öökreem	[øːkreːm]
de dia	päeva-	[pææʋa-]
da noite	öö-	[øː-]

absorvente (m) interno	tampoon	[tampoːn]
papel (m) higiênico	tualettpaber	[tualettpaber]
secador (m) de cabelo	föön	[føːn]

42. Joalheria

joias (f pl)	väärtesemed	[ʋæːrtesemet]
precioso (adj)	väärtuslik	[ʋæːrtuslik]
marca (f) de contraste	proov	[proːʋ]

anel (m)	sõrmus	[sɜrmus]
aliança (f)	laulatussõrmus	[laulatussɜrmus]
pulseira (f)	käevõru	[kæeʋɜru]
brincos (m pl)	kõrvarõngad	[kɜrʋarɜngat]

colar (m)	kaelakee	[kaelake:]
coroa (f)	kroon	[kro:n]
colar (m) de contas	helmed	[helʲmet]

diamante (m)	briljant	[briljant]
esmeralda (f)	smaragd	[smaragt]
rubi (m)	rubiin	[rubi:n]
safira (f)	safiir	[safi:r]
pérola (f)	pärlid	[pærlit]
âmbar (m)	merevaik	[mereʋaik]

43. Relógios de pulso. Relógios

relógio (m) de pulso	käekell	[kæəkelʲ]
mostrador (m)	sihverplaat	[sihʋerpla:t]
ponteiro (m)	osuti	[osuti]
bracelete (em aço)	kellarihm	[kelʲærihm]
bracelete (em couro)	kellarihm	[kelʲærihm]

pilha (f)	patarei	[patarej]
acabar (vi)	tühjaks saama	[tʉhjaks sa:ma]
trocar a pilha	patareid vahetama	[patarejt ʋahetama]
estar adiantado	ette käima	[ette kæjma]
estar atrasado	taha jääma	[taha jæ:ma]

relógio (m) de parede	seinakell	[sejnakelʲ]
ampulheta (f)	liivakell	[li:ʋakelʲ]
relógio (m) de sol	päiksekell	[pæjksekelʲ]
despertador (m)	äratuskell	[æratuskelʲ]
relojoeiro (m)	kellassepp	[kelʲæssepp]
reparar (vt)	parandama	[parandama]

Alimentação. Nutrição

44. Comida

carne (f)	liha	[liha]
galinha (f)	kana	[kana]
frango (m)	kanapoeg	[kanapoeg]
pato (m)	part	[part]
ganso (m)	hani	[hani]
caça (f)	metslinnud	[metslinnut]
peru (m)	kalkun	[kalʲkun]
carne (f) de porco	sealiha	[sealiha]
carne (f) de vitela	vasikaliha	[ʋasikaliha]
carne (f) de carneiro	lambaliha	[lambaliha]
carne (f) de vaca	loomaliha	[lo:maliha]
carne (f) de coelho	küülik	[kʉ:lik]
linguiça (f), salsichão (m)	vorst	[ʋorsʲt]
salsicha (f)	viiner	[ʋi:ner]
bacon (m)	peekon	[pe:kon]
presunto (m)	sink	[sink]
pernil (m) de porco	sink	[sink]
patê (m)	pasteet	[pasʲte:t]
fígado (m)	maks	[maks]
guisado (m)	hakkliha	[hakkliha]
língua (f)	keel	[ke:lʲ]
ovo (m)	muna	[muna]
ovos (m pl)	munad	[munat]
clara (f) de ovo	munavalge	[munaʋalʲge]
gema (f) de ovo	munakollane	[munakolʲæne]
peixe (m)	kala	[kala]
mariscos (m pl)	mereannid	[mereannit]
crustáceos (m pl)	koorikloomad	[ko:riklo:mat]
caviar (m)	kalamari	[kalamari]
caranguejo (m)	krabi	[krabi]
camarão (m)	krevett	[kreʋett]
ostra (f)	auster	[ausʲter]
lagosta (f)	langust	[langusʲt]
polvo (m)	kaheksajalg	[kaheksajalʲg]
lula (f)	kalmaar	[kalʲma:r]
esturjão (m)	tuurakala	[tu:rakala]
salmão (m)	lõhe	[lɜhe]
halibute (m)	paltus	[palʲtus]
bacalhau (m)	tursk	[tursk]

cavala, sarda (f)	skumbria	[skumbria]
atum (m)	tuunikala	[tu:nikala]
enguia (f)	angerjas	[angerjas]
truta (f)	forell	[forelʲ]
sardinha (f)	sardiin	[sardi:n]
lúcio (m)	haug	[haug]
arenque (m)	heeringas	[he:ringas]
pão (m)	leib	[lejb]
queijo (m)	juust	[ju:sʲt]
açúcar (m)	suhkur	[suhkur]
sal (m)	sool	[so:lʲ]
arroz (m)	riis	[ri:s]
massas (f pl)	makaronid	[makaronit]
talharim, miojo (m)	lintnuudlid	[lintnu:tlit]
manteiga (f)	või	[ʋɜi]
óleo (m) vegetal	taimeõli	[taimeɜli]
óleo (m) de girassol	päevalilleõli	[pæeʋalilʲeɜli]
margarina (f)	margariin	[margari:n]
azeitonas (f pl)	oliivid	[oli:ʋit]
azeite (m)	oliivõli	[oli:ʋɜli]
leite (m)	piim	[pi:m]
leite (m) condensado	kondenspiim	[kondenspi:m]
iogurte (m)	jogurt	[jogurt]
creme (m) azedo	hapukoor	[hapuko:r]
creme (m) de leite	koor	[ko:r]
maionese (f)	majonees	[majone:s]
creme (m)	kreem	[kre:m]
grãos (m pl) de cereais	tangud	[tangut]
farinha (f)	jahu	[jahu]
enlatados (m pl)	konservid	[konserʋit]
flocos (m pl) de milho	maisihelbed	[maisihelʲbet]
mel (m)	mesi	[mesi]
geleia (m)	džemm	[dʒemm]
chiclete (m)	närimiskumm	[nærimiskumm]

45. Bebidas

água (f)	vesi	[ʋesi]
água (f) potável	joogivesi	[jo:giʋesi]
água (f) mineral	mineraalvesi	[minera:lʲʋesi]
sem gás (adj)	gaasita	[ga:sita]
gaseificada (adj)	gaseeritud	[gase:ritut]
com gás	gaasiga	[ga:siga]
gelo (m)	jää	[jæ:]

com gelo	jääga	[jæ:ga]
não alcoólico (adj)	alkoholivaba	[alʲkoholiʋaba]
refrigerante (m)	alkoholivaba jook	[alʲkoholiʋaba jo:k]
refresco (m)	karastusjook	[karasʲtusjo:k]
limonada (f)	limonaad	[limona:t]

bebidas (f pl) alcoólicas	alkoholsed joogid	[alʲkoho:lʲset jo:git]
vinho (m)	vein	[ʋejn]
vinho (m) branco	valge vein	[ʋalʲge ʋejn]
vinho (m) tinto	punane vein	[punane ʋejn]

licor (m)	liköör	[likø:r]
champanhe (m)	šampus	[ʃampus]
vermute (m)	vermut	[ʋermut]

uísque (m)	viski	[ʋiski]
vodca (f)	viin	[ʋi:n]
gim (m)	džinn	[dʒinn]
conhaque (m)	konjak	[konjak]
rum (m)	rumm	[rumm]

café (m)	kohv	[kohʋ]
café (m) preto	must kohv	[musʲt kohʋ]
café (m) com leite	piimaga kohv	[pi:maga kohʋ]
cappuccino (m)	koorega kohv	[ko:rega kohʋ]
café (m) solúvel	lahustuv kohv	[lahusʲtuʋ kohʋ]

leite (m)	piim	[pi:m]
coquetel (m)	kokteil	[koktejlʲ]
batida (f), milkshake (m)	piimakokteil	[pi:makoktejlʲ]

suco (m)	mahl	[mahlʲ]
suco (m) de tomate	tomatimahl	[tomatimahlʲ]
suco (m) de laranja	apelsinimahl	[apelʲsinimahlʲ]
suco (m) fresco	värskelt pressitud mahl	[ʋærskelʲt pressitut mahlʲ]

cerveja (f)	õlu	[ɜlu]
cerveja (f) clara	hele õlu	[hele ɜlu]
cerveja (f) preta	tume õlu	[tume ɜlu]

chá (m)	tee	[te:]
chá (m) preto	must tee	[musʲt te:]
chá (m) verde	roheline tee	[roheline te:]

46. Vegetais

| vegetais (m pl) | juurviljad | [ju:rʋiljat] |
| verdura (f) | maitseroheline | [maitseroheline] |

tomate (m)	tomat	[tomat]
pepino (m)	kurk	[kurk]
cenoura (f)	porgand	[porgant]
batata (f)	kartul	[kartulʲ]
cebola (f)	sibul	[sibulʲ]

alho (m)	küüslauk	[kʉ:slauk]
couve (f)	kapsas	[kapsas]
couve-flor (f)	lillkapsas	[lilʲkapsas]
couve-de-bruxelas (f)	brüsseli kapsas	[brʉsseli kapsas]
brócolis (m pl)	brokkoli	[brokkoli]
beterraba (f)	peet	[pe:t]
berinjela (f)	baklažaan	[baklaʒa:n]
abobrinha (f)	suvikõrvits	[suʋikɜrʋits]
abóbora (f)	kõrvits	[kɜrʋits]
nabo (m)	naeris	[naeris]
salsa (f)	petersell	[peterselʲ]
endro, aneto (m)	till	[tilʲ]
alface (f)	salat	[salat]
aipo (m)	seller	[selʲer]
aspargo (m)	aspar	[aspar]
espinafre (m)	spinat	[spinat]
ervilha (f)	hernes	[hernes]
feijão (~ soja, etc.)	oad	[oat]
milho (m)	mais	[mais]
feijão (m) roxo	aedoad	[aedoat]
pimentão (m)	pipar	[pipar]
rabanete (m)	redis	[redis]
alcachofra (f)	artišokk	[artiʃokk]

47. Frutos. Nozes

fruta (f)	puuvili	[pu:ʋili]
maçã (f)	õun	[ɜun]
pera (f)	pirn	[pirn]
limão (m)	sidrun	[sidrun]
laranja (f)	apelsin	[apelʲsin]
morango (m)	aedmaasikas	[aedma:sikas]
tangerina (f)	mandariin	[mandari:n]
ameixa (f)	ploom	[plo:m]
pêssego (m)	virsik	[ʋirsik]
damasco (m)	aprikoos	[apriko:s]
framboesa (f)	vaarikas	[ʋa:rikas]
abacaxi (m)	ananass	[ananass]
banana (f)	banaan	[bana:n]
melancia (f)	arbuus	[arbu:s]
uva (f)	viinamarjad	[ʋi:namarjat]
ginja (f)	kirss	[kirss]
cereja (f)	murel	[murelʲ]
melão (m)	melon	[melon]
toranja (f)	greip	[grejp]
abacate (m)	avokaado	[aʋoka:do]
mamão (m)	papaia	[papaia]

| manga (f) | mango | [mango] |
| romã (f) | granaatõun | [grana:tʒun] |

groselha (f) vermelha	punane sõstar	[punane sɜsʲtar]
groselha (f) negra	must sõstar	[musʲt sɜsʲtar]
groselha (f) espinhosa	karusmari	[karusmari]
mirtilo (m)	mustikas	[musʲtikas]
amora (f) silvestre	põldmari	[pɔlʲdmari]

passa (f)	rosinad	[rosinat]
figo (m)	ingver	[inguer]
tâmara (f)	dattel	[dattelʲ]

amendoim (m)	maapähkel	[ma:pæhkelʲ]
amêndoa (f)	mandlipähkel	[mantlipæhkelʲ]
noz (f)	kreeka pähkel	[kre:ka pæhkelʲ]
avelã (f)	sarapuupähkel	[sarapu:pæhkelʲ]
coco (m)	kookospähkel	[ko:kospæhkelʲ]
pistaches (m pl)	pistaatsiapähkel	[pisʲta:tsiapæhkelʲ]

48. Pão. Bolaria

pastelaria (f)	kondiitritooted	[kondi:trito:tet]
pão (m)	leib	[lejb]
biscoito (m), bolacha (f)	küpsis	[kʉpsis]

chocolate (m)	šokolaad	[ʃokola:t]
de chocolate	šokolaadi-	[ʃokola:di-]
bala (f)	komm	[komm]
doce (bolo pequeno)	kook	[ko:k]
bolo (m) de aniversário	tort	[tort]

| torta (f) | pirukas | [pirukas] |
| recheio (m) | täidis | [tæjdis] |

geleia (m)	moos	[mo:s]
marmelada (f)	marmelaad	[marmela:t]
wafers (m pl)	vahvlid	[uahulit]
sorvete (m)	jäätis	[jæ:tis]

49. Pratos cozinhados

prato (m)	roog	[ro:g]
cozinha (~ portuguesa)	köök	[kø:k]
receita (f)	retsept	[retsept]
porção (f)	portsjon	[portsjon]

| salada (f) | salat | [salat] |
| sopa (f) | supp | [supp] |

| caldo (m) | puljong | [puljong] |
| sanduíche (m) | võileib | [uʒjlejb] |

ovos (m pl) fritos	munaroog	[munaro:g]
hambúrguer (m)	hamburger	[hamburger]
bife (m)	biifsteek	[bi:fsʲte:k]

acompanhamento (m)	lisand	[lisant]
espaguete (m)	spagetid	[spagetit]
purê (m) de batata	kartulipüree	[kartulipʉre:]
pizza (f)	pitsa	[pitsa]
mingau (m)	puder	[puder]
omelete (f)	omlett	[omlett]

fervido (adj)	keedetud	[ke:detut]
defumado (adj)	suitsutatud	[suitsutatut]
frito (adj)	praetud	[praetut]
seco (adj)	kuivatatud	[kuiʋatatut]
congelado (adj)	külmutatud	[kʉlʲmutatut]
em conserva (adj)	marineeritud	[marine:ritut]

doce (adj)	magus	[magus]
salgado (adj)	soolane	[so:lane]
frio (adj)	külm	[kʉlʲm]
quente (adj)	kuum	[ku:m]
amargo (adj)	mõru	[mɜru]
gostoso (adj)	maitsev	[maitseʋ]

cozinhar em água fervente	keetma	[ke:tma]
preparar (vt)	süüa tegema	[sʉ:a tegema]
fritar (vt)	praadima	[pra:dima]
aquecer (vt)	soojendama	[so:jendama]

salgar (vt)	soolama	[so:lama]
apimentar (vt)	pipardama	[pipardama]
ralar (vt)	riivima	[ri:ʋima]
casca (f)	koor	[ko:r]
descascar (vt)	koorima	[ko:rima]

50. Especiarias

sal (m)	sool	[so:lʲ]
salgado (adj)	soolane	[so:lane]
salgar (vt)	soolama	[so:lama]

pimenta-do-reino (f)	must pipar	[musʲt pipar]
pimenta (f) vermelha	punane pipar	[punane pipar]
mostarda (f)	sinep	[sinep]
raiz-forte (f)	mädarõigas	[mædarɜigas]

condimento (m)	maitseaine	[maitseaine]
especiaria (f)	vürts	[ʋʉrts]
molho (~ inglês)	kaste	[kasʲte]
vinagre (m)	äädikas	[æ:dikas]

anis estrelado (m)	aniis	[ani:s]
manjericão (m)	basiilik	[basi:lik]

cravo (m)	nelk	[nelʲk]
gengibre (m)	ingver	[inguer]
coentro (m)	koriander	[koriander]
canela (f)	kaneel	[kane:lʲ]

gergelim (m)	seesamiseemned	[se:samise:mnet]
folha (f) de louro	loorber	[lo:rber]
páprica (f)	paprika	[paprika]
cominho (m)	köömned	[kø:mnet]
açafrão (m)	safran	[safran]

51. Refeições

comida (f)	söök	[sø:k]
comer (vt)	sööma	[sø:ma]

café (m) da manhã	hommikusöök	[hommikusø:k]
tomar café da manhã	hommikust sööma	[hommikusʲt sø:ma]
almoço (m)	lõuna	[lɜuna]
almoçar (vi)	lõunat sööma	[lɜunat sø:ma]
jantar (m)	õhtusöök	[ɜhtusø:k]
jantar (vi)	õhtust sööma	[ɜhtusʲt sø:ma]

apetite (m)	söögiisu	[sø:gi:su]
Bom apetite!	Head isu!	[heat isu!]

abrir (~ uma lata, etc.)	avama	[auama]
derramar (~ líquido)	maha valama	[maha ualama]
derramar-se (vr)	maha voolama	[maha uo:lama]

ferver (vi)	keema	[ke:ma]
ferver (vt)	keetma	[ke:tma]
fervido (adj)	keedetud	[ke:detut]

esfriar (vt)	jahutama	[jahutama]
esfriar-se (vr)	jahtuma	[jahtuma]

sabor, gosto (m)	maitse	[maitse]
fim (m) de boca	kõrvalmaitse	[kɜrualʲmaitse]

emagrecer (vi)	kaalus alla võtma	[ka:lus alʲæ uɜtma]
dieta (f)	dieet	[die:t]
vitamina (f)	vitamiin	[uitami:n]
caloria (f)	kalor	[kalor]

vegetariano (m)	taimetoitlane	[taimetojtlane]
vegetariano (adj)	taimetoitluslik	[taimetojtluslik]

gorduras (f pl)	rasvad	[rasuat]
proteínas (f pl)	valgud	[ualʲgut]
carboidratos (m pl)	süsivesikud	[süsiuesikut]
fatia (~ de limão, etc.)	viil	[ui:lʲ]
pedaço (~ de bolo)	tükk	[tükk]
migalha (f), farelo (m)	puru	[puru]

52. Por a mesa

colher (f)	lusikas	[lusikas]
faca (f)	nuga	[nuga]
garfo (m)	kahvel	[kahvelʲ]
xícara (f)	tass	[tass]
prato (m)	taldrik	[talʲdrik]
pires (m)	alustass	[alusʲtass]
guardanapo (m)	salvrätik	[salʲurætik]
palito (m)	hambaork	[hambaork]

53. Restaurante

restaurante (m)	restoran	[resʲtoran]
cafeteria (f)	kohvituba	[kohvituba]
bar (m), cervejaria (f)	baar	[ba:r]
salão (m) de chá	teesalong	[te:salong]
garçom (m)	kelner	[kelʲner]
garçonete (f)	ettekandja	[ettekandja]
barman (m)	baarimees	[ba:rime:s]
cardápio (m)	menüü	[menʉ:]
lista (f) de vinhos	veinikaart	[ʋejnika:rt]
reservar uma mesa	lauda kinni panema	[lauda kinni panema]
prato (m)	roog	[ro:g]
pedir (vt)	tellima	[telʲima]
fazer o pedido	tellimust andma	[telʲimusʲt andma]
aperitivo (m)	aperitiiv	[aperiti:ʋ]
entrada (f)	suupiste	[su:pisʲte]
sobremesa (f)	magustoit	[magusʲtojt]
conta (f)	arve	[arʋe]
pagar a conta	arvet maksma	[arʋet maksma]
dar o troco	raha tagasi andma	[raha tagasi andma]
gorjeta (f)	jootraha	[jo:traha]

Família, parentes e amigos

54. Informação pessoal. Formulários

nome (m)	eesnimi	[e:snimi]
sobrenome (m)	perekonnnimi	[perekonnnimi]
data (f) de nascimento	sünniaeg	[sʉnniaeg]
local (m) de nascimento	sünnikoht	[sʉnnikoht]
nacionalidade (f)	rahvus	[rahʊus]
lugar (m) de residência	elukoht	[elukoht]
país (m)	riik	[ri:k]
profissão (f)	elukutse	[elukutse]
sexo (m)	sugu	[sugu]
estatura (f)	kasv	[kasʊ]
peso (m)	kaal	[ka:lʲ]

55. Membros da família. Parentes

mãe (f)	ema	[ema]
pai (m)	isa	[isa]
filho (m)	poeg	[poeg]
filha (f)	tütar	[tʉtar]
caçula (f)	noorem tütar	[no:rem tʉtar]
caçula (m)	noorem poeg	[no:rem poeg]
filha (f) mais velha	vanem tütar	[ʊanem tʉtar]
filho (m) mais velho	vanem poeg	[ʊanem poeg]
irmão (m)	vend	[ʊent]
irmão (m) mais velho	vanem vend	[ʊanem ʊent]
irmão (m) mais novo	noorem vend	[no:rem ʊent]
irmã (f)	õde	[ɜde]
irmã (f) mais velha	vanem õde	[ʊanem ɜde]
irmã (f) mais nova	noorem õde	[no:rem ɜde]
primo (m)	onupoeg	[onupoeg]
prima (f)	onutütar	[onutʉtar]
mamãe (f)	mamma	[mamma]
papai (m)	papa	[papa]
pais (pl)	vanemad	[ʊanemat]
criança (f)	laps	[laps]
crianças (f pl)	lapsed	[lapset]
avó (f)	vanaema	[ʊanaema]
avô (m)	vanaisa	[ʊanaisa]
neto (m)	lapselaps	[lapselaps]

| neta (f) | lapselaps | [lapselaps] |
| netos (pl) | lapselapsed | [lapselapset] |

tio (m)	onu	[onu]
tia (f)	tädi	[tædi]
sobrinho (m)	vennapoeg	[ʋennapoeg]
sobrinha (f)	vennatütar	[ʋennatʉtar]

sogra (f)	ämm	[æmm]
sogro (m)	äi	[æj]
genro (m)	väimees	[ʋæjmeːs]
madrasta (f)	võõrasema	[ʋɜːrasema]
padrasto (m)	võõrasisa	[ʋɜːrasisa]

criança (f) de colo	rinnalaps	[rinnalaps]
bebê (m)	imik	[imik]
menino (m)	väikelaps	[ʋæjkelaps]

mulher (f)	naine	[naine]
marido (m)	mees	[meːs]
esposo (m)	abikaasa	[abikaːsa]
esposa (f)	abikaasa	[abikaːsa]

casado (adj)	abielus	[abielus]
casada (adj)	abielus	[abielus]
solteiro (adj)	vallaline	[ʋalʲæline]
solteirão (m)	vanapoiss	[ʋanapojss]
divorciado (adj)	lahutatud	[lahutatut]
viúva (f)	lesk	[lesk]
viúvo (m)	lesk	[lesk]

parente (m)	sugulane	[sugulane]
parente (m) próximo	lähedane sugulane	[lʲæhedane sugulane]
parente (m) distante	kaugelt sugulane	[kaugelʲt sugulane]
parentes (m pl)	sugulased	[sugulaset]

órfão (m), órfã (f)	orb	[orb]
tutor (m)	eestkostja	[eːsʲtkosʲtja]
adotar (um filho)	lapsendama	[lapsendama]
adotar (uma filha)	lapsendama	[lapsendama]

56. Amigos. Colegas de trabalho

amigo (m)	sõber	[sɜber]
amiga (f)	sõbranna	[sɜbranna]
amizade (f)	sõprus	[sɜprus]
ser amigos	sõber olla	[sɜber olʲæ]

amigo (m)	sõber	[sɜber]
amiga (f)	sõbranna	[sɜbranna]
parceiro (m)	partner	[partner]

| chefe (m) | šeff | [ʃeff] |
| superior (m) | ülemus | [ʉlemus] |

proprietário (m)	omanik	[omanik]
subordinado (m)	alluv	[alʲuʊ]
colega (m, f)	kolleeg	[kolʲe:g]

conhecido (m)	tuttav	[tuttaʊ]
companheiro (m) de viagem	teekaaslane	[te:ka:slane]
colega (m) de classe	klassikaaslane	[klassika:slane]

vizinho (m)	naaber	[na:ber]
vizinha (f)	naabrinaine	[na:brinaine]
vizinhos (pl)	naabrid	[na:brit]

57. Homem. Mulher

mulher (f)	naine	[naine]
menina (f)	tütarlaps	[tʉtarlaps]
noiva (f)	pruut	[pru:t]

bonita, bela (adj)	ilus	[ilus]
alta (adj)	pikka kasvu	[pikka kasʊu]
esbelta (adj)	sale	[sale]
baixa (adj)	lühikest kasvu	[lʉhikesʲt kasʊu]

| loira (f) | blondiin | [blondi:n] |
| morena (f) | brünett | [brʉnett] |

de senhora	daamide	[da:mide]
virgem (f)	neitsi	[nejtsi]
grávida (adj)	rase	[rase]

homem (m)	mees	[me:s]
loiro (m)	blondiin	[blondi:n]
moreno (m)	brünett	[brʉnett]
alto (adj)	pikka kasvu	[pikka kasʊu]
baixo (adj)	lühikest kasvu	[lʉhikesʲt kasʊu]

rude (adj)	jõhker	[jɜhker]
atarracado (adj)	jässakas	[jæssakas]
robusto (adj)	vastupidav	[ʊasʲtupidaʊ]
forte (adj)	tugev	[tugeʊ]
força (f)	jõud	[jɜut]

gordo (adj)	täidlane	[tæjtlane]
moreno (adj)	tõmmu	[tɜmmu]
esbelto (adj)	sihvakas	[sihʊakas]
elegante (adj)	elegantne	[elegantne]

58. Idade

idade (f)	vanus	[ʊanus]
juventude (f)	noorus	[no:rus]
jovem (adj)	noor	[no:r]

| mais novo (adj) | noorem | [no:rem] |
| mais velho (adj) | vanem | [ʋanem] |

jovem (m)	noormees	[no:rme:s]
adolescente (m)	nooruk	[no:ruk]
rapaz (m)	poiss	[pojss]

| velho (m) | vanamees | [ʋaname:s] |
| velha (f) | vanaeit | [ʋanaejt] |

adulto	täiskasvanud	[tæjskasʋanut]
de meia-idade	keskealine	[keskealine]
idoso, de idade (adj)	eakas	[eakas]
velho (adj)	vana	[ʋana]

aposentadoria (f)	pension	[pension]
aposentar-se (vr)	pensionile minema	[pensionile minema]
aposentado (m)	pensionär	[pensionær]

59. Crianças

criança (f)	laps	[laps]
crianças (f pl)	lapsed	[lapset]
gêmeos (m pl), gêmeas (f pl)	kaksikud	[kaksikut]

berço (m)	häll	[hælʲ]
chocalho (m)	kõristi	[kɜrisʲti]
fralda (f)	mähe	[mæhe]

chupeta (f), bico (m)	lutt	[lutt]
carrinho (m) de bebê	lapsevanker	[lapseʋanker]
jardim (m) de infância	lasteaed	[lasʲteaet]
babysitter, babá (f)	lapsehoidja	[lapsehojdja]

infância (f)	lapsepõlv	[lapsepɜlʲʋ]
boneca (f)	nukk	[nukk]
brinquedo (m)	mänguasi	[mænguasi]
jogo (m) de montar	konstruktor	[konsʲtruktor]

bem-educado (adj)	hästikasvatatud	[hæsʲtikasʋatatut]
malcriado (adj)	kasvatamatu	[kasʋatamatu]
mimado (adj)	hellitatud	[helʲitatut]

ser travesso	mürama	[mɯrama]
travesso, traquinas (adj)	vallatu	[ʋalʲætu]
travessura (f)	vallatus	[ʋalʲætus]
criança (f) travessa	vallatu jõmpsikas	[ʋalʲætu jɜmpsikas]

| obediente (adj) | kuulekas | [ku:lekas] |
| desobediente (adj) | sõnakuulmatu | [sɜnaku:lʲmatu] |

dócil (adj)	mõistlik	[mɜisʲtlik]
inteligente (adj)	tark	[tark]
prodígio (m)	imelaps	[imelaps]

60. Casais. Vida de família

beijar (vt)	suudlema	[su:tlema]
beijar-se (vr)	suudlema	[su:tlema]
família (f)	perekond	[perekont]
familiar (vida ~)	perekondlik	[perekontlik]
casal (m)	abielupaar	[abielupa:r]
matrimônio (m)	abielu	[abielu]
lar (m)	kodukolle	[kodukolʲe]
dinastia (f)	dünastia	[dunasʲtia]
encontro (m)	kohtamine	[kohtamine]
beijo (m)	suudlus	[su:tlus]
amor (m)	armastus	[armasʲtus]
amar (pessoa)	armastama	[armasʲtama]
amado, querido (adj)	kallim	[kalʲim]
ternura (f)	õrnus	[ɜrnus]
afetuoso (adj)	õrn	[ɜrn]
fidelidade (f)	truudus	[tru:dus]
fiel (adj)	truu	[tru:]
cuidado (m)	hoolitsus	[ho:litsus]
carinhoso (adj)	hoolitsev	[ho:litseʊ]
recém-casados (pl)	pruutpaar	[pru:tpa:r]
lua (f) de mel	mesinädalad	[mesinædalat]
casar-se (com um homem)	mehele minema	[mehele minema]
casar-se (com uma mulher)	naist võtma	[naisʲt ʊɜtma]
casamento (m)	pulmad	[pulʲmat]
bodas (f pl) de ouro	kuldpulm	[kulʲtpulʲm]
aniversário (m)	aastapäev	[a:sʲtapææʊ]
amante (m)	armuke	[armuke]
amante (f)	armuke	[armuke]
adultério (m), traição (f)	petmine	[petmine]
cometer adultério	petma	[petma]
ciumento (adj)	armukade	[armukade]
ser ciumento, -a	armukadetsema	[armukadetsema]
divórcio (m)	lahutus	[lahutus]
divorciar-se (vr)	lahutama	[lahutama]
brigar (discutir)	tülitsema	[tulitsema]
fazer as pazes	leppima	[leppima]
juntos (ir ~)	koos	[ko:s]
sexo (m)	seks	[seks]
felicidade (f)	õnn	[ɜnn]
feliz (adj)	õnnelik	[ɜnnelik]
infelicidade (f)	õnnetus	[ɜnnetus]
infeliz (adj)	õnnetu	[ɜnnetu]

Caráter. Sentimentos. Emoções

61. Sentimentos. Emoções

sentimento (m)	tunne	[tunne]
sentimentos (m pl)	tunded	[tundet]
sentir (vt)	tundma	[tundma]
fome (f)	nälg	[nælⁱg]
ter fome	süüa tahtma	[sʉ:a tahtma]
sede (f)	janu	[janu]
ter sede	juua tahtma	[ju:a tahtma]
sonolência (f)	unisus	[unisus]
estar sonolento	magada tahtma	[magada tahtma]
cansaço (m)	väsimus	[ʋæsimus]
cansado (adj)	väsinud	[ʋæsinut]
ficar cansado	väsima	[ʋæsima]
humor (m)	tuju	[tuju]
tédio (m)	igavus	[igaʋus]
entediar-se (vr)	igavlema	[igaʋlema]
reclusão (isolamento)	üksindus	[ʉksindus]
isolar-se (vr)	üksi olema	[ʉksi olema]
preocupar (vt)	muret tegema	[muret tegema]
estar preocupado	muretsema	[muretsema]
preocupação (f)	rahutus	[rahutus]
ansiedade (f)	häire	[hæjre]
preocupado (adj)	muretsev	[muretseʋ]
estar nervoso	närveerima	[nærʋe:rima]
entrar em pânico	paanikasse sattuma	[pa:nikasse sattuma]
esperança (f)	lootus	[lo:tus]
esperar (vt)	lootma	[lo:tma]
certeza (f)	enesekindlus	[enesekintlus]
certo, seguro de ...	enesekindel	[enesekindelⁱ]
indecisão (f)	ebakindlus	[ebakintlus]
indeciso (adj)	ebakindel	[ebakindelⁱ]
bêbado (adj)	purjus	[purjus]
sóbrio (adj)	kaine	[kaine]
fraco (adj)	nõrk	[nɜrk]
feliz (adj)	õnnelik	[ɜnnelik]
assustar (vt)	ehmatama	[ehmatama]
fúria (f)	märatsushoog	[mæratsusho:g]
ira, raiva (f)	raev	[raeʋ]
depressão (f)	depressioon	[depressio:n]
desconforto (m)	ebamugavus	[ebamugaʋus]

conforto (m)	mugavus	[mugaʋus]
arrepender-se (vr)	kahetsema	[kahetsema]
arrependimento (m)	kahetsus	[kahetsus]
azar (m), má sorte (f)	ebaõnnestumine	[ebaɜnnesʲtumine]
tristeza (f)	kurvastus	[kurʋasʲtus]

vergonha (f)	häbi	[hæbi]
alegria (f)	pidu	[pidu]
entusiasmo (m)	entusiasm	[entusiasm]
entusiasta (m)	entusiast	[entusiasʲt]
mostrar entusiasmo	entusiasmi üles näitama	[entusiasmi ʉles næjtama]

62. Caráter. Personalidade

caráter (m)	iseloom	[iselo:m]
falha (f) de caráter	nõrkus	[nɜrkus]
mente (f)	mõistus	[mɜisʲtus]
razão (f)	aru	[aru]

consciência (f)	südametunnistus	[sʉdametunnisʲtus]
hábito, costume (m)	harjumus	[harjumus]
habilidade (f)	võimed	[ʋɜimet]
saber (~ nadar, etc.)	oskama	[oskama]

paciente (adj)	kannatlik	[kannatlik]
impaciente (adj)	kannatamatu	[kannatamatu]
curioso (adj)	uudishimulik	[u:dishimulik]
curiosidade (f)	uudishimu	[u:dishimu]

modéstia (f)	tagasihoidlikkus	[tagasihojtlikkus]
modesto (adj)	tagasihoidlik	[tagasihojtlik]
imodesto (adj)	taktitundetu	[taktitundetu]

preguiça (f)	laiskus	[laiskus]
preguiçoso (adj)	laisk	[laisk]
preguiçoso (m)	laiskvorst	[laiskʋorsʲt]

astúcia (f)	kavalus	[kaʋalus]
astuto (adj)	kaval	[kaʋalʲ]
desconfiança (f)	umbusaldus	[umbusalʲdus]
desconfiado (adj)	umbusklik	[umbusklik]

generosidade (f)	heldus	[helʲdus]
generoso (adj)	helde	[helʲde]
talentoso (adj)	andekas	[andekas]
talento (m)	anne	[anne]

corajoso (adj)	julge	[julʲge]
coragem (f)	julgus	[julʲgus]
honesto (adj)	aus	[aus]
honestidade (f)	ausus	[ausus]

prudente, cuidadoso (adj)	ettevaatlik	[etteʋa:tlik]
valoroso (adj)	vapper	[ʋapper]

sério (adj)	tõsine	[tɜsine]
severo (adj)	range	[range]

decidido (adj)	otsustav	[otsusʲtaʊ]
indeciso (adj)	kõhklev	[kɜhkleʊ]
tímido (adj)	kartlik	[kartlik]
timidez (f)	kartlikkus	[kartlikkus]

confiança (f)	usaldus	[usalʲdus]
confiar (vt)	usaldama	[usalʲdama]
crédulo (adj)	usaldav	[usalʲdaʊ]

sinceramente	siiralt	[si:ralʲt]
sincero (adj)	siiras	[si:ras]
sinceridade (f)	siirus	[si:rus]
aberto (adj)	aval	[aʊalʲ]

calmo (adj)	vaikne	[ʊaikne]
franco (adj)	avameelne	[aʊame:lʲne]
ingênuo (adj)	naiivne	[nai:ʊne]
distraído (adj)	hajameelne	[hajame:lʲne]
engraçado (adj)	naljakas	[naljakas]

ganância (f)	ahnus	[ahnus]
ganancioso (adj)	ahne	[ahne]
avarento, sovina (adj)	kitsi	[kitsi]
mal (adj)	kuri	[kuri]
teimoso (adj)	kangekaelne	[kangekaelʲne]
desagradável (adj)	ebameeldiv	[ebame:lʲdiʊ]

egoísta (m)	egoist	[egoisʲt]
egoísta (adj)	egoistlik	[egoisʲtlik]
covarde (m)	argpüks	[argpʉks]
covarde (adj)	arg	[arg]

63. O sono. Sonhos

dormir (vi)	magama	[magama]
sono (m)	uni	[uni]
sonho (m)	unenägu	[unenæɡu]
sonhar (ver sonhos)	und nägema	[unt næɡema]
sonolento (adj)	unine	[unine]

cama (f)	voodi	[ʊo:di]
colchão (m)	madrats	[madrats]
cobertor (m)	tekk	[tekk]
travesseiro (m)	padi	[padi]
lençol (m)	voodilina	[ʊo:dilina]

insônia (f)	unetus	[unetus]
sem sono (adj)	unetu	[unetu]
sonífero (m)	unerohi	[unerohi]
tomar um sonífero	unerohtu võtma	[unerohtu ʊɜtma]
estar sonolento	magada tahtma	[magada tahtma]

bocejar (vi)	haigutama	[haigutama]
ir para a cama	magama minema	[magama minema]
fazer a cama	voodit üles tegema	[ʋoːdit ʉles tegema]
adormecer (vi)	magama jääma	[magama jæːma]

pesadelo (m)	õudusunenägu	[ɜudusunenægu]
ronco (m)	norskamine	[norskamine]
roncar (vi)	norskama	[norskama]

despertador (m)	äratuskell	[æratuskelʲ]
acordar, despertar (vt)	äratama	[æratama]
acordar (vi)	ärkama	[ærkama]
levantar-se (vr)	üles tõusma	[ʉles tɜusma]
lavar-se (vr)	nägu pesema	[nægu pesema]

64. Humor. Riso. Alegria

humor (m)	huumor	[huːmor]
senso (m) de humor	huumorimeel	[huːmorimeːlʲ]
divertir-se (vr)	lõbutsema	[lɜbutsema]
alegre (adj)	lõbus	[lɜbus]
diversão (f)	lust	[lusʲt]

sorriso (m)	naeratus	[naeratus]
sorrir (vi)	naeratama	[naeratama]
começar a rir	naerma hakkama	[naerma hakkama]
rir (vi)	naerma	[naerma]
riso (m)	naer	[naer]

anedota (f)	anekdoot	[anekdoːt]
engraçado (adj)	naljakas	[naljakas]
ridículo, cômico (adj)	naljakas	[naljakas]

brincar (vi)	nalja tegema	[nalja tegema]
piada (f)	nali	[nali]
alegria (f)	rõõm	[rɜːm]
regozijar-se (vr)	rõõmustama	[rɜːmusʲtama]
alegre (adj)	rõõmus	[rɜːmus]

65. Discussão, conversação. Parte 1

| comunicação (f) | suhtlemine | [suhtlemine] |
| comunicar-se (vr) | suhtlema | [suhtlema] |

conversa (f)	vestlus	[ʋesʲtlus]
diálogo (m)	dialoog	[dialoːg]
discussão (f)	diskussioon	[diskussioːn]
debate (m)	vaidlus	[ʋaitlus]
debater (vt)	vaidlema	[ʋaitlema]

| interlocutor (m) | vestluskaaslane | [ʋesʲtluskaːslane] |
| tema (m) | teema | [teːma] |

ponto (m) de vista	seisukoht	[sejsukoht]
opinião (f)	arvamus	[aruamus]
discurso (m)	kõne	[kɜne]
discussão (f)	arutelu	[arutelu]
discutir (vt)	arutama	[arutama]
conversa (f)	vestlus	[uesˈtlus]
conversar (vi)	vestlema	[uesˈtlema]
reunião (f)	kohtumine	[kohtumine]
encontrar-se (vr)	kohtuma	[kohtuma]
provérbio (m)	vanasõna	[uanasɜna]
ditado, provérbio (m)	kõnekäänd	[kɜnekæ:nt]
adivinha (f)	mõistatus	[mɜisˈtatus]
dizer uma adivinha	mõistatust andma	[mɜisˈtatusˈt andma]
senha (f)	parool	[paro:lʲ]
segredo (m)	saladus	[saladus]
juramento (m)	tõotus	[tɜotus]
jurar (vi)	tõotama	[tɜotama]
promessa (f)	lubadus	[lubadus]
prometer (vt)	lubama	[lubama]
conselho (m)	nõu	[nɜu]
aconselhar (vt)	soovitama	[so:uitama]
seguir o conselho	järgima nõuannet	[jærgima nɜuannet]
escutar (~ os conselhos)	sõna kuulma	[sɜna ku:lʲma]
novidade, notícia (f)	uudis	[u:dis]
sensação (f)	sensatsioon	[sensatsio:n]
informação (f)	andmed	[andmet]
conclusão (f)	kokkuvõte	[kokkuuɜte]
voz (f)	hääl	[hæ:lʲ]
elogio (m)	kompliment	[kompliment]
amável, querido (adj)	armastusväärne	[armasˈtusuæ:rne]
palavra (f)	sõna	[sɜna]
frase (f)	väljend	[uæljent]
resposta (f)	vastus	[uasˈtus]
verdade (f)	tõde	[tɜde]
mentira (f)	vale	[uale]
pensamento (m)	mõte	[mɜte]
ideia (f)	idee, mõte	[ide:, mɜte]
fantasia (f)	väljamõeldis	[uæljamɜelʲdis]

66. Discussão, conversação. Parte 2

estimado, respeitado (ad_)	austatud	[ausˈtatut]
respeitar (vt)	austama	[ausˈtama]
respeito (m)	austus	[ausˈtus]
Estimado ..., Caro ...	Lugupeetud ...	[lugupe:tut ...]
apresentar	tutvustama	[tutuusˈtama]
(alguém a alguém)		

conhecer (vt)	tutvuma	[tutʊuma]
intenção (f)	kavatsus	[kaʋatsus]
tencionar (~ fazer algo)	kavatsema	[kaʋatsema]
desejo (de boa sorte)	soov	[so:ʊ]
desejar (ex. ~ boa sorte)	soovima	[so:ʋima]

surpresa (f)	imestus	[imesʲtus]
surpreender (vt)	üllatama	[ʉlʲætama]
surpreender-se (vr)	imestama	[imesʲtama]

dar (vt)	andma	[andma]
pegar (tomar)	võtma	[ʊɜtma]
devolver (vt)	tagastama	[tagasʲtama]
retornar (vt)	tagasi andma	[tagasi andma]

desculpar-se (vr)	vabandama	[ʋabandama]
desculpa (f)	vabandus	[ʋabandus]
perdoar (vt)	andeks andma	[andeks andma]

falar (vi)	rääkima	[ræ:kima]
escutar (vt)	kuulama	[ku:lama]
ouvir até o fim	ära kuulama	[æra ku:lama]
entender (compreender)	mõistma	[mɜisʲtma]

mostrar (vt)	näitama	[næjtama]
olhar para ...	... vaatama	[... ʋa:tama]
chamar (alguém para ...)	kutsuma	[kutsuma]
perturbar, distrair (vt)	häirida	[hæjrida]
perturbar (vt)	tülitama	[tʉlitama]
entregar (~ em mãos)	üle andma	[ʉle andma]

pedido (m)	palve	[palʲʊe]
pedir (ex. ~ ajuda)	paluma	[paluma]
exigência (f)	nõue	[nɜue]
exigir (vt)	nõudma	[nɜudma]

insultar (chamar nomes)	narrima	[narrima]
zombar (vt)	pilkama	[pilʲkama]
zombaria (f)	pilge	[pilʲge]
alcunha (f), apelido (m)	hüüdnimi	[hʉ:dnimi]

insinuação (f)	vihje	[ʊihje]
insinuar (vt)	vihjama	[ʊihjama]
querer dizer	silmas pidama	[silʲmas pidama]

descrição (f)	kirjeldus	[kirjelʲdus]
descrever (vt)	kirjeldama	[kirjelʲdama]
elogio (m)	kiitus	[ki:tus]
elogiar (vt)	kiitma	[ki:tma]

desapontamento (m)	pettumus	[pettumus]
desapontar (vt)	petma	[petma]
desapontar-se (vr)	pettuma	[pettuma]

| suposição (f) | eeldus | [e:lʲdus] |
| supor (vt) | eeldama | [e:lʲdama] |

| advertência (f) | hoiatus | [hojatus] |
| advertir (vt) | hoiatama | [hojatama] |

67. Discussão, conversação. Parte 3

| convencer (vt) | veenma | [ʋe:nma] |
| acalmar (vt) | rahustama | [rahusʲtama] |

silêncio (o ~ é de ouro)	vaikimine	[ʋaikimine]
ficar em silêncio	vaikima	[ʋaikima]
sussurrar (vt)	sosistama	[sosisʲtama]
sussurro (m)	sosin	[sosin]

| francamente | avameelselt | [aʋame:lʲselʲt] |
| na minha opinião … | minu arvates … | [minu arʋates …] |

detalhe (~ da história)	üksikasi	[ʉksikasi]
detalhado (adj)	üksikasjalik	[ʉksikasjalik]
detalhadamente	üksikasjalikult	[ʉksikasjalikulʲt]

| dica (f) | etteütlemine | [etteʉtlemine] |
| dar uma dica | ette ütlema | [ette ʉtlema] |

olhar (m)	pilk	[pilʲk]
dar uma olhada	pilku heitma	[pilʲku hejtma]
fixo (olhada ~a)	liikumatu	[li:kumatu]
piscar (vi)	pilgutama	[pilʲgutama]
piscar (vt)	pilgutama	[pilʲgutama]
acenar com a cabeça	noogutama	[no:gutama]

suspiro (m)	ohe	[ohe]
suspirar (vi)	ohkama	[ohkama]
estremecer (vi)	võpatama	[ʋ3patama]
gesto (m)	žest	[ʒesʲt]
tocar (com as mãos)	puudutama	[pu:dutama]
agarrar (~ pelo braço)	haarama	[ha:rama]
bater de leve	patsutama	[patsutama]

Cuidado!	Ettevaatust!	[etteʋa:tusʲt!]
Sério?	Kas tõesti?	[kas t3esʲti?]
Tem certeza?	Oled sa kindel?	[olet sa kindel?]
Boa sorte!	Õnn kaasa!	[3nn ka:sa!]
Entendi!	Selge!	[selʲge!]
Que pena!	Kahju!	[kahju!]

68. Acordo. Recusa

consentimento (~ mútuo)	nõusolek	[n3usolek]
consentir (vi)	nõustuma	[n3usʲtuma]
aprovação (f)	heakskiitmine	[heakski:tmine]
aprovar (vt)	heaks kiitma	[heaks ki:tma]
recusa (f)	keeldumine	[ke:lʲdumine]

negar-se a ...	keelduma	[ke:lʲduma]
Ótimo!	Suurepärane!	[su:repærane!]
Tudo bem!	Hästi!	[hæsʲti!]
Está bem! De acordo!	Hea küll!	[hea kʉlʲ!]

proibido (adj)	keelatud	[ke:latut]
é proibido	ei tohi	[ej tohi]
é impossível	võimatu	[ʋɜimatu]
incorreto (adj)	vale	[ʋale]

rejeitar (~ um pedido)	tagasi lükkama	[tagasi lʉkkama]
apoiar (vt)	toetama	[toetama]
aceitar (desculpas, etc.)	vastu võtma	[ʋasʲtu ʋɜtma]

confirmar (vt)	kinnitama	[kinnitama]
confirmação (f)	kinnitus	[kinnitus]
permissão (f)	luba	[luba]
permitir (vt)	lubama	[lubama]
decisão (f)	otsus	[otsus]
não dizer nada	vaikima	[ʋaikima]

condição (com uma ~)	tingimus	[tingimus]
pretexto (m)	ettekääne	[ettekæ:ne]
elogio (m)	kiitus	[ki:tus]
elogiar (vt)	kiitma	[ki:tma]

69. Sucesso. Boa sorte. Insucesso

êxito, sucesso (m)	edu	[edu]
com êxito	edukalt	[edukalʲt]
bem sucedido (adj)	edukas	[edukas]

sorte (fortuna)	vedamine	[ʋedamine]
Boa sorte!	Õnn kaasa!	[ɜnn ka:sa!]
de sorte	õnnestunud	[ɜnnesʲtunut]
sortudo, felizardo (adj)	õnneseen	[ɜnnese:n]

fracasso (m)	äpardus	[æpardus]
pouca sorte (f)	ebaõnn	[ebaɜnn]
azar (m), má sorte (f)	ebaõnnestumine	[ebaɜnnesʲtumine]

| mal sucedido (adj) | ebaõnnestunud | [ebaɜnnesʲtunut] |
| catástrofe (f) | katastroof | [katasʲtro:f] |

orgulho (m)	uhkus	[uhkus]
orgulhoso (adj)	uhke	[uhke]
estar orgulhoso, -a	uhkust tundma	[uhkusʲt tundma]

vencedor (m)	võitja	[ʋɜitja]
vencer (vi, vt)	võitma	[ʋɜitma]
perder (vt)	kaotama	[kaotama]
tentativa (f)	katse	[katse]
tentar (vt)	püüdma	[pʉ:dma]
chance (m)	šanss	[ʃanss]

70. Conflitos. Emoções negativas

grito (m)	karje	[karje]
gritar (vi)	karjuma	[karjuma]
começar a gritar	karjuma hakkama	[karjuma hakkama]
discussão (f)	tüli	[tɤli]
brigar (discutir)	tülitsema	[tɤlitsema]
escândalo (m)	skandaal	[skanda:lʲ]
criar escândalo	skandaali tegema	[skanda:li tegema]
conflito (m)	konflikt	[konflikt]
mal-entendido (m)	arusaamatus	[arusa:matus]
insulto (m)	solvamine	[solʲʋamine]
insultar (vt)	solvama	[solʲʋama]
insultado (adj)	solvatud	[solʲʋatut]
ofensa (f)	solvumine	[solʲʋumine]
ofender (vt)	solvama	[solʲʋama]
ofender-se (vr)	solvuma	[solʲʋuma]
indignação (f)	pahameel	[pahame:lʲ]
indignar-se (vr)	pahane olema	[pahane olema]
queixa (f)	kaebus	[kaebus]
queixar-se (vr)	kaebama	[kaebama]
desculpa (f)	vabandus	[ʋabandus]
desculpar-se (vr)	vabandama	[ʋabandama]
pedir perdão	andeks paluma	[andeks paluma]
crítica (f)	kriitika	[kri:tika]
criticar (vt)	kritiseerima	[kritise:rima]
acusação (f)	süüdistus	[sɤ:disʲtus]
acusar (vt)	süüdistama	[sɤ:disʲtama]
vingança (f)	kättemaks	[kættemaks]
vingar (vt)	kätte maksma	[kætte maksma]
vingar-se de	kätte maksma	[kætte maksma]
desprezo (m)	põlgus	[pɜlʲgus]
desprezar (vt)	põlgama	[pɜlʲgama]
ódio (m)	viha	[ʋiha]
odiar (vt)	vihkama	[ʋihkama]
nervoso (adj)	närviline	[nærʋiline]
estar nervoso	närveerima	[nærʋe:rima]
zangado (adj)	vihane	[ʋihane]
zangar (vt)	vihale ajama	[ʋihale ajama]
humilhação (f)	alandus	[alandus]
humilhar (vt)	alandama	[alandama]
humilhar-se (vr)	alandust taluma	[alandusʲt taluma]
choque (m)	šokk	[ʃokk]
chocar (vt)	šokeerima	[ʃoke:rima]
aborrecimento (m)	ebameeldivus	[ebame:lʲdiʋus]

desagradável (adj)	ebameeldiv	[ebame:lʲdiʊ]
medo (m)	hirm	[hirm]
terrível (tempestade, etc.)	hirmus	[hirmus]
assustador (ex. história ~a)	kole	[kole]
horror (m)	õudus	[ɜudus]
horrível (crime, etc.)	õudne	[ɜudne]
começar a tremer	värisema hakkama	[ʋærisema hakkama]
chorar (vi)	nutma	[nutma]
começar a chorar	nutma hakkama	[nutma hakkama]
lágrima (f)	pisar	[pisar]
falta (f)	süü	[sʉ:]
culpa (f)	süütunne	[sʉ:tunne]
desonra (f)	häbi	[hæbi]
protesto (m)	protest	[protesʲt]
estresse (m)	stress	[sʲtress]
perturbar (vt)	segama	[segama]
zangar-se com ...	vihastama	[ʋihasʲtama]
zangado (irritado)	vihane	[ʋihane]
terminar (vt)	katkestama	[katkesʲtama]
praguejar	sõimama	[sɜimama]
assustar-se	ehmuma	[ehmuma]
golpear (vt)	lööma	[lø:ma]
brigar (na rua, etc.)	kaklema	[kaklema]
resolver (o conflito)	korda ajama	[korda ajama]
descontente (adj)	rahulolematu	[rahulolematu]
furioso (adj)	raevukas	[raeʊukas]
Não está bem!	See ei ole hea!	[se: ej ole hea!]
É ruim!	See on halb!	[se: on halʲb!]

Medicina

71. Doenças

doença (f)	haigus	[haigus]
estar doente	haige olema	[haige olema]
saúde (f)	tervis	[tervis]
nariz (m) escorrendo	nohu	[nohu]
amigdalite (f)	angiin	[angi:n]
resfriado (m)	külmetus	[kʉlʲmetus]
ficar resfriado	külmetuma	[kʉlʲmetuma]
bronquite (f)	bronhiit	[bronhi:t]
pneumonia (f)	kopsupõletik	[kopsupɜletik]
gripe (f)	gripp	[gripp]
míope (adj)	lühinägelik	[lʉhinægelik]
presbita (adj)	kaugenägelik	[kaugenægelik]
estrabismo (m)	kõõrdsilmsus	[kɜ:rdsilʲmsus]
estrábico, vesgo (adj)	kõõrdsilmne	[kɜ:rdsilʲmne]
catarata (f)	katarakt	[katarakt]
glaucoma (m)	glaukoom	[glauko:m]
AVC (m), apoplexia (f)	insult	[insulʲt]
ataque (m) cardíaco	infarkt	[infarkt]
enfarte (m) do miocárdic	müokardi infarkt	[mʉokardi infarkt]
paralisia (f)	halvatus	[halʲʋatus]
paralisar (vt)	halvama	[halʲʋama]
alergia (f)	allergia	[alʲergia]
asma (f)	astma	[asʲtma]
diabetes (f)	diabeet	[diabe:t]
dor (f) de dente	hambavalu	[hambaʋalu]
cárie (f)	kaaries	[ka:ries]
diarreia (f)	kõhulahtisus	[kɜhulahtisus]
prisão (f) de ventre	kõhukinnisus	[kɜhukinnisus]
desarranjo (m) intestinal	kõhulahtisus	[kɜhulahtisus]
intoxicação (f) alimentar	mürgitus	[mʉrgitus]
intoxicar-se	mürgitust saama	[mʉrgitusʲt sa:ma]
artrite (f)	artriit	[artri:t]
raquitismo (m)	rahhiit	[rahhi:t]
reumatismo (m)	reuma	[reuma]
arteriosclerose (f)	ateroskleroos	[ateroskleero:s]
gastrite (f)	gastriit	[gasʲtri:t]
apendicite (f)	apenditsiit	[apenditsi:t]

colecistite (f)	koletsüstiit	[koletsusˈti:t]
úlcera (f)	haavand	[ha:ʋant]
sarampo (m)	leetrid	[le:trit]
rubéola (f)	punetised	[punetiset]
icterícia (f)	kollatõbi	[kolʲætɜbi]
hepatite (f)	hepatiit	[hepati:t]
esquizofrenia (f)	skisofreenia	[skisofre:nia]
raiva (f)	marutaud	[marutaut]
neurose (f)	neuroos	[neuro:s]
contusão (f) cerebral	ajuvapustus	[ajuʋapusʲtus]
câncer (m)	vähk	[ʋæhk]
esclerose (f)	skleroos	[sklero:s]
esclerose (f) múltipla	hajameelne skleroos	[hajame:lʲne sklero:s]
alcoolismo (m)	alkoholism	[alʲkoholism]
alcoólico (m)	alkohoolik	[alʲkoho:lik]
sífilis (f)	süüfilis	[su:filis]
AIDS (f)	AIDS	[aids]
tumor (m)	kasvaja	[kasʋaja]
maligno (adj)	pahaloomuline	[pahalo:muline]
benigno (adj)	healoomuline	[healo:muline]
febre (f)	palavik	[palaʋik]
malária (f)	malaaria	[mala:ria]
gangrena (f)	gangreen	[gangre:n]
enjoo (m)	merehaigus	[merehaigus]
epilepsia (f)	epilepsia	[epilepsia]
epidemia (f)	epideemia	[epide:mia]
tifo (m)	tüüfus	[tu:fus]
tuberculose (f)	tuberkuloos	[tuberkulo:s]
cólera (f)	koolera	[ko:lera]
peste (f) bubônica	katk	[katk]

72. Sintomas. Tratamentos. Parte 1

sintoma (m)	sümptom	[sumptom]
temperatura (f)	temperatuur	[temperatu:r]
febre (f)	kõrge palavik	[kɜrge palaʋik]
pulso (m)	pulss	[pulʲss]
vertigem (f)	peapööritus	[peapø:ritus]
quente (testa, etc.)	kuum	[ku:m]
calafrio (m)	vappekülm	[ʋappekulʲm]
pálido (adj)	kahvatu	[kahʋatu]
tosse (f)	köha	[køha]
tossir (vi)	köhima	[køhima]
espirrar (vi)	aevastama	[aeʋasʲtama]
desmaio (m)	minestus	[minesʲtus]

desmaiar (vi)	teadvust kaotama	[teaduust kaotama]
mancha (f) preta	sinikas	[sinikas]
galo (m)	muhk	[muhk]
machucar-se (vr)	ära lööma	[æra lø:ma]
contusão (f)	haiget saanud koht	[haiget sa:nut koht]
machucar-se (vr)	haiget saama	[haiget sa:ma]

mancar (vi)	lonkama	[lonkama]
deslocamento (f)	nihestus	[nihestus]
deslocar (vt)	nihestama	[nihestama]
fratura (f)	luumurd	[lu:murt]
fraturar (vt)	luud murdma	[lu:t murdma]

corte (m)	lõikehaav	[lɜikeha:u]
cortar-se (vr)	endale sisse lõikama	[endale sisse lɜikama]
hemorragia (f)	verejooks	[uerejo:ks]

queimadura (f)	põletushaav	[pɜletusha:u]
queimar-se (vr)	end ära põletama	[ent æra pɜletama]

picar (vt)	torkama	[torkama]
picar-se (vr)	end torkama	[ent torkama]
lesionar (vt)	kergelt haavama	[kergelt ha:uama]
lesão (m)	vigastus	[uigastus]
ferida (f), ferimento (m)	haav	[ha:u]
trauma (m)	trauma	[trauma]

delirar (vi)	sonima	[sonima]
gaguejar (vi)	kokutama	[kokutama]
insolação (f)	päiksepiste	[pæjksepiste]

73. Sintomas. Tratamentos. Parte 2

dor (f)	valu	[ualu]
farpa (no dedo, etc.)	pind	[pint]

suor (m)	higi	[higi]
suar (vi)	higistama	[higistama]
vômito (m)	okse	[okse]
convulsões (f pl)	krambid	[krambit]

grávida (adj)	rase	[rase]
nascer (vi)	sündima	[sundima]
parto (m)	sünnitus	[sunnitus]
dar à luz	sünnitama	[sunnitama]
aborto (m)	abort	[abort]

respiração (f)	hingamine	[hingamine]
inspiração (f)	sissehingamine	[sissehingamine]
expiração (f)	väljahingamine	[uæljahingamine]
expirar (vi)	välja hingama	[uælja hingama]
inspirar (vi)	sisse hingama	[sisse hingama]
inválido (m)	invaliid	[inuali:t]
aleijado (m)	vigane	[uigane]

drogado (m)	narkomaan	[narkoma:n]
surdo (adj)	kurt	[kurt]
mudo (adj)	tumm	[tumm]
surdo-mudo (adj)	kurttumm	[kurttumm]

louco, insano (adj)	hullumeelne	[hulʲume:lʲne]
louco (m)	vaimuhaige	[ʋaimuhaige]
louca (f)	vaimuhaige	[ʋaimuhaige]
ficar louco	hulluks minema	[hulʲuks minema]

gene (m)	geen	[ge:n]
imunidade (f)	immuniteet	[immunite:t]
hereditário (adj)	pärilik	[pærilik]
congênito (adj)	kaasasündinud	[ka:sasɯndinut]

vírus (m)	viirus	[ʋi:rus]
micróbio (m)	mikroob	[mikro:b]
bactéria (f)	bakter	[bakter]
infecção (f)	nakkus	[nakkus]

74. Sintomas. Tratamentos. Parte 3

hospital (m)	haigla	[haigla]
paciente (m)	patsient	[patsient]

diagnóstico (m)	diagnoos	[diagno:s]
cura (f)	iseravimine	[iseraʋimine]
tratamento (m) médico	ravimine	[raʋimine]
curar-se (vr)	ennast ravima	[ennasʲt raʋima]
tratar (vt)	ravima	[raʋima]
cuidar (pessoa)	hoolitsema	[ho:litsema]
cuidado (m)	hoolitsus	[ho:litsus]

operação (f)	operatsioon	[operatsio:n]
enfaixar (vt)	siduma	[siduma]
enfaixamento (m)	sidumine	[sidumine]

vacinação (f)	vaktsineerimine	[ʋaktsine:rimine]
vacinar (vt)	vaktsineerima	[ʋaktsine:rima]
injeção (f)	süst	[sɯsʲt]
dar uma injeção	süstima	[sɯsʲtima]

ataque (~ de asma, etc.)	haigushoog	[haigusho:g]
amputação (f)	amputeerimine	[ampute:rimine]
amputar (vt)	amputeerima	[ampute:rima]
coma (f)	kooma	[ko:ma]
estar em coma	koomas olema	[ko:mas olema]
reanimação (f)	reanimatsioon	[reanimatsio:n]

recuperar-se (vr)	terveks saama	[terʋeks sa:ma]
estado (~ de saúde)	seisund	[sejsunt]
consciência (perder a ~)	teadvus	[teadʋus]
memória (f)	mälu	[mælu]
tirar (vt)	hammast välja tõmbama	[hammasʲt ʋælja tɜmbama]

| obturação (f) | plomm | [plomm] |
| obturar (vt) | plombeerima | [plombe:rima] |

| hipnose (f) | hüpnoos | [hʉpno:s] |
| hipnotizar (vt) | hüpnotiseerima | [hʉpnotise:rima] |

75. Médicos

médico (m)	arst	[arsʲt]
enfermeira (f)	medõde	[medɜde]
médico (m) pessoal	isiklik arst	[isiklik arsʲt]

dentista (m)	hambaarst	[hamba:rsʲt]
oculista (m)	silmaarst	[silʲma:rsʲt]
terapeuta (m)	sisearst	[sisearsʲt]
cirurgião (m)	kirurg	[kirurg]

psiquiatra (m)	psühhiaater	[psʉhhia:ter]
pediatra (m)	lastearst	[lasʲtearsʲt]
psicólogo (m)	psühholoog	[psʉhholo:g]
ginecologista (m)	naistearst	[naisʲtearsʲt]
cardiologista (m)	kardioloog	[kardiolo:g]

76. Medicina. Drogas. Acessórios

medicamento (m)	ravim	[raʋim]
remédio (m)	vahend	[ʋahent]
receitar (vt)	välja kirjutama	[ʋælja kirjutama]
receita (f)	retsept	[retsept]

comprimido (m)	tablett	[tablett]
unguento (m)	salv	[salʲʋ]
ampola (f)	ampull	[ampulʲ]
solução, preparado (m)	mikstuur	[miksʲtu:r]
xarope (m)	siirup	[si:rup]
cápsula (f)	pill	[pilʲ]
pó (m)	pulber	[pulʲber]

atadura (f)	side	[side]
algodão (m)	vatt	[ʋatt]
iodo (m)	jood	[jo:t]

curativo (m) adesivo	plaaster	[pla:sʲter]
conta-gotas (m)	pipett	[pipett]
termômetro (m)	kraadiklaas	[kra:dikla:s]
seringa (f)	süstal	[sʉsʲtalʲ]

| cadeira (f) de rodas | invaliidikäru | [inʋali:dikæru] |
| muletas (f pl) | kargud | [kargut] |

| analgésico (m) | valuvaigisti | [ʋaluʋaigisʲti] |
| laxante (m) | kõhulahtisti | [kɜhulahtisʲti] |

álcool (m)	piiritus	[pi:ritus]
ervas (f pl) medicinais	maarohud	[ma:rohut]
de ervas (chá ~)	maarohtudest	[ma:rohtudesⁱt]

77. Fumar. Produtos tabágicos

tabaco (m)	tubakas	[tubakas]
cigarro (m)	sigarett	[sigarett]
charuto (m)	sigar	[sigar]
cachimbo (m)	piip	[pi:p]
maço (~ de cigarros)	suitsupakk	[suitsupakk]

fósforos (m pl)	tikud	[tikut]
caixa (f) de fósforos	tikutoos	[tikuto:s]
isqueiro (m)	välgumihkel	[ʋælⁱgumihkelⁱ]
cinzeiro (m)	tuhatoos	[tuhato:s]
cigarreira (f)	portsigar	[portsigar]

| piteira (f) | munstükk | [munsⁱtʉkk] |
| filtro (m) | filter | [filⁱter] |

fumar (vi, vt)	suitsetama	[suitsetama]
acender um cigarro	suitsetama hakkama	[suitsetama hakkama]
tabagismo (m)	suitsetamine	[suitsetamine]
fumante (m)	suitsetaja	[suitsetaja]

bituca (f)	koni	[koni]
fumaça (f)	suits	[suits]
cinza (f)	tuhk	[tuhk]

HABITAT HUMANO

Cidade

78. Cidade. Vida na cidade

cidade (f)	linn	[linn]
capital (f)	pealinn	[pealinn]
aldeia (f)	küla	[kʉla]
mapa (m) da cidade	linnaplaan	[linnapla:n]
centro (m) da cidade	kesklinn	[kesklinn]
subúrbio (m)	linnalähedane asula	[linnalʲæhedane asula]
suburbano (adj)	linnalähedane	[linnalʲæhedane]
periferia (f)	äärelinn	[æ:relinn]
arredores (m pl)	ümbrus	[ʉmbrus]
quarteirão (m)	kvartal	[kʋartalʲ]
quarteirão (m) residencia	elamukvartal	[elamukʋartalʲ]
tráfego (m)	liiklus	[li:klus]
semáforo (m)	valgusfoor	[ʋalʲgusfo:r]
transporte (m) público	linnatransport	[linnatransport]
cruzamento (m)	ristmik	[risʲtmik]
faixa (f)	ülekäik	[ʉlekæjk]
túnel (m) subterrâneo	jalakäijate tunnel	[jalakæjjate tunnelʲ]
cruzar, atravessar (vt)	üle tänava minema	[ʉle tænaʋa minema]
pedestre (m)	jalakäija	[jalakæjja]
calçada (f)	kõnnitee	[kɜnnite:]
ponte (f)	sild	[silʲt]
margem (f) do rio	kaldapealne	[kalʲdapealʲne]
fonte (f)	purskkaev	[purskkaeʋ]
alameda (f)	allee	[alʲe:]
parque (m)	park	[park]
bulevar (m)	puiestee	[puiesʲte:]
praça (f)	väljak	[ʋælʲjak]
avenida (f)	prospekt	[prospekt]
rua (f)	tänav	[tænaʋ]
travessa (f)	põiktänav	[pɜiktænaʋ]
beco (m) sem saída	umbtänav	[umbtænaʋ]
casa (f)	maja	[maja]
edifício, prédio (m)	hoone	[ho:ne]
arranha-céu (m)	pilvelõhkuja	[pilʲʋelɜhkuja]
fachada (f)	fassaad	[fassa:t]
telhado (m)	katus	[katus]

janela (f)	aken	[aken]
arco (m)	võlv	[ʋɜlʲʋ]
coluna (f)	sammas	[sammas]
esquina (f)	nurk	[nurk]

vitrine (f)	vaateaken	[ʋa:teaken]
letreiro (m)	silt	[silʲt]
cartaz (do filme, etc.)	kuulutus	[ku:lutus]
cartaz (m) publicitário	reklaamiplakat	[rekla:miplakat]
painel (m) publicitário	reklaamikilp	[rekla:mikilʲp]

lixo (m)	prügi	[prɤgi]
lata (f) de lixo	prügiurn	[prɤgiurn]
jogar lixo na rua	prahti maha viskama	[prahti maha ʋiskama]
aterro (m) sanitário	prügimägi	[prɤgimægi]

orelhão (m)	telefoniputka	[telefoniputka]
poste (m) de luz	laternapost	[laternaposʲt]
banco (m)	pink	[pink]

polícia (m)	politseinik	[politsejnik]
polícia (instituição)	politsei	[politsej]
mendigo, pedinte (m)	kerjus	[kerjus]
desabrigado (m)	pätt	[pætt]

79. Instituições urbanas

loja (f)	kauplus	[kauplus]
drogaria (f)	apteek	[apte:k]
ótica (f)	optika	[optika]
centro (m) comercial	kaubanduskeskus	[kaubanduskeskus]
supermercado (m)	supermarket	[supermarket]

padaria (f)	leivapood	[lejʋapo:t]
padeiro (m)	pagar	[pagar]
pastelaria (f)	kondiitripood	[kondi:tripo:t]
mercearia (f)	toidupood	[tojdupo:t]
açougue (m)	lihakarn	[lihakarn]

| fruteira (f) | juurviljapood | [ju:rʋiljapo:t] |
| mercado (m) | turg | [turg] |

cafeteria (f)	kohvik	[kohʋik]
restaurante (m)	restoran	[resʲtoran]
bar (m)	õllebaar	[ɜlʲeba:r]
pizzaria (f)	pitsabaar	[pitsaba:r]

salão (m) de cabeleireiro	juuksurisalong	[ju:ksurisalong]
agência (f) dos correios	postkontor	[posʲtkontor]
lavanderia (f)	keemiline puhastus	[ke:miline puhasʲtus]
estúdio (m) fotográfico	fotoateljee	[fotoatelje:]

| sapataria (f) | kingapood | [kingapo:t] |
| livraria (f) | raamatukauplus | [ra:matukauplus] |

loja (f) de artigos esportivos	sporditarvete kauplus	[sporditarʋete kauplus]
costureira (m)	riieteparandus	[ri:eteparandus]
aluguel (m) de roupa	riietelaenutus	[ri:etelaenutus]
videolocadora (f)	filmilaenutus	[filʲmilaenutus]
circo (m)	tsirkus	[tsirkus]
jardim (m) zoológico	loomaaed	[lo:ma:et]
cinema (m)	kino	[kino]
museu (m)	muuseum	[mu:seum]
biblioteca (f)	raamatukogu	[ra:matukogu]
teatro (m)	teater	[teater]
ópera (f)	ooper	[o:per]
boate (casa noturna)	ööklubi	[ø:klubi]
cassino (m)	kasiino	[kasi:no]
mesquita (f)	mošee	[moʃe:]
sinagoga (f)	sünagoog	[sʉnago:g]
catedral (f)	katedraal	[katedra:lʲ]
templo (m)	pühakoda	[pʉhakoda]
igreja (f)	kirik	[kirik]
faculdade (f)	instituut	[insʲtitu:t]
universidade (f)	ülikool	[ʉliko:lʲ]
escola (f)	kool	[ko:lʲ]
prefeitura (f)	linnaosa valitsus	[linnaosa ʋalitsus]
câmara (f) municipal	linnavalitsus	[linnaʋalitsus]
hotel (m)	hotell	[hotelʲ]
banco (m)	pank	[pank]
embaixada (f)	suursaatkond	[su:rsa:tkont]
agência (f) de viagens	reisibüroo	[rejsibʉro:]
agência (f) de informações	teadete büroo	[teadete bʉro:]
casa (f) de câmbio	rahavahetus	[rahaʋahetus]
metrô (m)	metroo	[metro:]
hospital (m)	haigla	[haigla]
posto (m) de gasolina	tankla	[tankla]
parque (m) de estacionamento	parkla	[parkla]

80. Sinais

letreiro (m)	silt	[silʲt]
aviso (m)	pealkiri	[pealʲkiri]
cartaz, pôster (m)	plakat	[plakat]
placa (f) de direção	teeviit	[te:ʋi:t]
seta (f)	nool	[no:lʲ]
aviso (advertência)	hoiatus	[hojatus]
sinal (m) de aviso	hoiatus	[hojatus]
avisar, advertir (vt)	hoiatama	[hojatama]
dia (m) de folga	puhkepäev	[puhkepæeʋ]

| horário (~ dos trens, etc.) | sõiduplaan | [sɜidupla:n] |
| horário (m) | töötunnid | [tø:tunnit] |

BEM-VINDOS!	TERE TULEMAST!	[tere tulemasⁱt!]
ENTRADA	SISSEPÄÄS	[sissepæ:s]
SAÍDA	VÄLJAPÄÄS	[ʋæljapæ:s]

EMPURRE	LÜKKA	[lʉkka]
PUXE	TÕMBA	[tɜmba]
ABERTO	AVATUD	[aʋatut]
FECHADO	SULETUD	[suletut]

| MULHER | NAISTELE | [naisⁱtele] |
| HOMEM | MEESTELE | [me:sⁱtele] |

DESCONTOS	SOODUSTUSED	[so:dusⁱtuset]
SALDOS, PROMOÇÃO	VÄLJAMÜÜK	[ʋæljamʉ:k]
NOVIDADE!	UUS KAUP!	[u:s kaup!]
GRÁTIS	TASUTA	[tasuta]

ATENÇÃO!	ETTEVAATUST!	[etteʋa:tusⁱt!]
NÃO HÁ VAGAS	TÄIELIKULT BRONEERITUD	[tæjelikulⁱt brone:ritut]
RESERVADO	RESERVEERITUD	[reserʋe:ritut]

| ADMINISTRAÇÃO | JUHTKOND | [juhtkont] |
| SOMENTE PESSOAL AUTORIZADO | AINULT PERSONALILE | [ainulⁱt personalile] |

CUIDADO CÃO FEROZ	KURI KOER	[kuri koer]
PROIBIDO FUMAR!	MITTE SUITSETADA!	[mitte suitsetada!]
NÃO TOCAR	MITTE PUUTUDA!	[mitte pu:tuda!]

PERIGOSO	OHTLIK	[ohtlik]
PERIGO	OHT	[oht]
ALTA TENSÃO	KÕRGEPINGE	[kɜrgepinge]
PROIBIDO NADAR	UJUMINE KEELATUD!	[ujumine ke:latud!]
COM DEFEITO	EI TÖÖTA	[ej tø:ta]

INFLAMÁVEL	TULEOHTLIK	[tuleohtlik]
PROIBIDO	KEELATUD	[ke:latut]
ENTRADA PROIBIDA	LÄBIKÄIK KEELATUD	[lⁱæbikæjk ke:latut]
CUIDADO TINTA FRESCA	VÄRSKE VÄRV	[ʋærske ʋærʋ]

81. Transportes urbanos

ônibus (m)	buss	[buss]
bonde (m) elétrico	tramm	[tramm]
trólebus (m)	troll	[trolⁱ]
rota (f), itinerário (m)	marsruut	[marsru:t]
número (m)	number	[number]

| ir de ... (carro, etc.) | ... sõitma | [... sɜitma] |
| entrar no ... | sisenema | [sisenema] |

descer do ...	maha minema	[maha minema]
parada (f)	peatus	[peatus]
próxima parada (f)	järgmine peatus	[jærgmine peatus]
terminal (m)	lõpp-peatus	[lɔpp-peatus]
horário (m)	sõiduplaan	[sɜidupla:n]
esperar (vt)	ootama	[o:tama]
passagem (f)	pilet	[pilet]
tarifa (f)	pileti hind	[pileti hint]
bilheteiro (m)	kassiir	[kassi:r]
controle (m) de passagens	piletikontroll	[piletikontrolʲ]
revisor (m)	kontrolör	[kontrolør]
atrasar-se (vr)	hilinema	[hilinema]
perder (o autocarro, etc.)	hiljaks jääma	[hiljaks jæ:ma]
estar com pressa	ruttama	[ruttama]
táxi (m)	takso	[takso]
taxista (m)	taksojuht	[taksojuht]
de táxi (ir ~)	taksoga	[taksoga]
ponto (m) de táxis	taksopeatus	[taksopeatus]
chamar um táxi	taksot välja kutsuma	[taksot ʋælja kutsuma]
pegar um táxi	taksot võtma	[taksot ʋɜtma]
tráfego (m)	tänavaliiklus	[tænaʋali:klus]
engarrafamento (m)	liiklusummik	[li:klusummik]
horas (f pl) de pico	tipptund	[tipptunt]
estacionar (vi)	parkima	[parkima]
estacionar (vt)	parkima	[parkima]
parque (m) de estacionamentc	parkla	[parkla]
metrô (m)	metroo	[metro:]
estação (f)	jaam	[ja:m]
ir de metrô	metrooga sõitma	[metro:ga sɜitma]
trem (m)	rong	[rong]
estação (f) de trem	raudteejaam	[raudte:ja:m]

82. Turismo

monumento (m)	mälestussammas	[mælesʲtussammas]
fortaleza (f)	kindlus	[kintlus]
palácio (m)	loss	[loss]
castelo (m)	loss	[loss]
torre (f)	torn	[torn]
mausoléu (m)	mausoleum	[mausoleum]
arquitetura (f)	arhitektuur	[arhitektu:r]
medieval (adj)	keskaegne	[keskaegne]
antigo (adj)	vanaaegne	[ʋana:egne]
nacional (adj)	rahvuslik	[rahʋuslik]
famoso, conhecido (adj)	tuntud	[tuntut]
turista (m)	turist	[turisʲt]
guia (pessoa)	giid	[gi:t]

excursão (f)	ekskursioon	[ekskursio:n]
mostrar (vt)	näitama	[næjtama]
contar (vt)	jutustama	[jutusˈtama]

encontrar (vt)	leidma	[lejdma]
perder-se (vr)	ära kaduma	[æra kaduma]
mapa (~ do metrô)	skeem	[ske:m]
mapa (~ da cidade)	plaan	[pla:n]

lembrança (f), presente (m)	suveniir	[suʋeni:r]
loja (f) de presentes	suveniirikauplus	[suʋeni:rikauplus]
tirar fotos, fotografar	pildistama	[pilʲdisˈtama]
fotografar-se (vr)	laskma pildistada	[laskma pilʲdisˈtada]

83. Compras

comprar (vt)	ostma	[osˈtma]
compra (f)	ost	[osˈt]
fazer compras	oste tegema	[osˈte tegema]
compras (f pl)	šoppamine	[ʃoppamine]

estar aberta (loja)	lahti olema	[lahti olema]
estar fechada	kinni olema	[kinni olema]

calçado (m)	jalatsid	[jalatsit]
roupa (f)	riided	[ri:det]
cosméticos (m pl)	kosmeetika	[kosme:tika]
alimentos (m pl)	toiduained	[tojduainet]
presente (m)	kingitus	[kingitus]

vendedor (m)	müüja	[mʉ:ja]
vendedora (f)	müüja	[mʉ:ja]

caixa (f)	kassa	[kassa]
espelho (m)	peegel	[pe:gelʲ]
balcão (m)	lett	[lett]
provador (m)	proovikabiin	[pro:ʋikabi:n]

provar (vt)	selga proovima	[selʲga pro:ʋima]
servir (roupa, caber)	paras olema	[paras olema]
gostar (apreciar)	meeldima	[me:lʲdima]

preço (m)	hind	[hint]
etiqueta (f) de preço	hinnalipik	[hinnalipik]
custar (vt)	maksma	[maksma]
Quanto?	Kui palju?	[kui palju?]
desconto (m)	allahindlus	[alʲæhintlus]

não caro (adj)	odav	[odaʋ]
barato (adj)	odav	[odaʋ]
caro (adj)	kallis	[kalʲis]
É caro	See on kallis.	[se: on kalʲis]
aluguel (m)	laenutus	[laenutus]
alugar (roupas, etc.)	laenutama	[laenutama]

| crédito (m) | pangalaen | [pangalaen] |
| a crédito | krediiti võtma | [kredi:ti ʋɜtma] |

84. Dinheiro

dinheiro (m)	raha	[raha]
câmbio (m)	vahetus	[ʋahetus]
taxa (f) de câmbio	kurss	[kurss]
caixa (m) eletrônico	pangaautomaat	[panga:utoma:t]
moeda (f)	münt	[munt]

| dólar (m) | dollar | [dolʲær] |
| euro (m) | euro | [euro] |

lira (f)	liir	[li:r]
marco (m)	mark	[mark]
franco (m)	frank	[frank]
libra (f) esterlina	naelsterling	[naelʲsʲterling]
iene (m)	jeen	[je:n]

dívida (f)	võlg	[ʋɜlʲg]
devedor (m)	võlgnik	[ʋɜlʲgnik]
emprestar (vt)	võlgu andma	[ʋɜlʲgu andma]
pedir emprestado	võlgu võtma	[ʋɜlʲgu ʋɜtma]

banco (m)	pank	[pank]
conta (f)	pangakonto	[pangakonto]
depositar (vt)	panema	[panema]
depositar na conta	arvele panema	[arʋele panema]
sacar (vt)	arvelt võtma	[arʋelʲt ʋɜtma]

cartão (m) de crédito	krediidikaart	[kredi:dika:rt]
dinheiro (m) vivo	sularaha	[sularaha]
cheque (m)	tšekk	[tʃekk]
passar um cheque	tšekki välja kirjutama	[tʃekki ʋælja kirjutama]
talão (m) de cheques	tšekiraamat	[tʃekira:mat]

carteira (f)	rahatasku	[rahatasku]
niqueleira (f)	rahakott	[rahakott]
cofre (m)	seif	[sejf]

herdeiro (m)	pärija	[pærija]
herança (f)	pärandus	[pærandus]
fortuna (riqueza)	varandus	[ʋarandus]

arrendamento (m)	rent	[rent]
aluguel (pagar o ~)	korteriüür	[korteriu:r]
alugar (vt)	üürima	[u:rima]

preço (m)	hind	[hint]
custo (m)	maksumus	[maksumus]
soma (f)	summa	[summa]
gastar (vt)	raiskama	[raiskama]
gastos (m pl)	kulutused	[kulutuset]

| economizar (vi) | kokku hoidma | [kokku hojdma] |
| econômico (adj) | kokkuhoidlik | [kokkuhojtlik] |

pagar (vt)	tasuma	[tasuma]
pagamento (m)	maksmine	[maksmine]
troco (m)	tagasiantav raha	[tagasiantau raha]

imposto (m)	maks	[maks]
multa (f)	trahv	[trahʋ]
multar (vt)	trahvima	[trahʋima]

85. Correios. Serviço postal

agência (f) dos correios	postkontor	[posˡtkontor]
correio (m)	post	[posˡt]
carteiro (m)	postiljon	[posˡtiljon]
horário (m)	töötunnid	[tø:tunnit]

carta (f)	kiri	[kiri]
carta (f) registada	tähitud kiri	[tæhitut kiri]
cartão (m) postal	postkaart	[posˡtka:rt]
telegrama (m)	telegramm	[telegramm]
encomenda (f)	pakk	[pakk]
transferência (f) de dinheiro	rahaülekanne	[rahaʉlekanne]

receber (vt)	kätte saama	[kætte sa:ma]
enviar (vt)	saatma	[sa:tma]
envio (m)	saatmine	[sa:tmine]

endereço (m)	aadress	[a:dress]
código (m) postal	indeks	[indeks]
remetente (m)	saatja	[sa:tja]
destinatário (m)	saaja	[sa:ja]

| nome (m) | eesnimi | [e:snimi] |
| sobrenome (m) | perekonnanimi | [perekonnanimi] |

tarifa (f)	tariif	[tari:f]
ordinário (adj)	harilik	[harilik]
econômico (adj)	soodustariif	[so:dusˡtari:f]

peso (m)	kaal	[ka:lʲ]
pesar (estabelecer o peso)	kaaluma	[ka:luma]
envelope (m)	ümbrik	[ʉmbrik]
selo (m) postal	mark	[mark]
colar o selo	marki peale kleepima	[marki peale kle:pima]

Moradia. Casa. Lar

86. Casa. Habitação

casa (f)	maja	[maja]
em casa	kodus	[kodus]
pátio (m), quintal (f)	õu	[ɜu]
cerca, grade (f)	tara	[tara]
tijolo (m)	telliskivi	[telʲiskiʋi]
de tijolos	telliskivist	[telʲiskiʋisʲt]
pedra (f)	kivi	[kiʋi]
de pedra	kivist	[kiʋisʲt]
concreto (m)	betoon	[beto:n]
concreto (adj)	betoonist	[beto:nisʲt]
novo (adj)	uus	[u:s]
velho (adj)	vana	[ʋana]
decrépito (adj)	kõdunenud	[kɜdunenut]
moderno (adj)	kaasaegne	[ka:saegne]
de vários andares	mitmekorruseline	[mitmekorruseline]
alto (adj)	kõrge	[kɜrge]
andar (m)	korrus	[korrus]
de um andar	ühekorruseline	[ʉhekorruseline]
térreo (m)	alumine korrus	[alumine korrus]
andar (m) de cima	ülemine korrus	[ʉlemine korrus]
telhado (m)	katus	[katus]
chaminé (f)	korsten	[korsʲten]
telha (f)	katusekivi	[katusekiʋi]
de telha	katusekivist	[katusekiʋisʲt]
sótão (m)	pööning	[pø:ning]
janela (f)	aken	[aken]
vidro (m)	klaas	[kla:s]
parapeito (m)	aknalaud	[aknalaut]
persianas (f pl)	aknaluugid	[aknalu:git]
parede (f)	sein	[sejn]
varanda (f)	rõdu	[rɜdu]
calha (f)	vihmaveetoru	[ʋihmaʋe:toru]
em cima	üleval	[ʉleʋalʲ]
subir (vi)	trepist üles minema	[trepisʲt ʉles minema]
descer (vi)	laskuma	[laskuma]
mudar-se (vr)	kolima	[kolima]

T&P Books. Vocabulário Português Brasileiro-Estônio - 9000 palavras

87. Casa. Entrada. Elevador

entrada (f)	trepikoda	[trepikoda]
escada (f)	trepp	[trepp]
degraus (m pl)	astmed	[asʲtmet]
corrimão (m)	käsipuu	[kæsipu:]
hall (m) de entrada	hall	[halʲ]
caixa (f) de correio	postkast	[posʲtkasʲt]
lata (f) do lixo	prügikonteiner	[prʉgikontejner]
calha (f) de lixo	prügišaht	[prʉgiʃaht]
elevador (m)	lift	[lift]
elevador (m) de carga	veolift	[ʋeolift]
cabine (f)	kabiin	[kabi:n]
pegar o elevador	liftiga sõitma	[liftiga sɜitma]
apartamento (m)	korter	[korter]
residentes (pl)	elanikud	[elanikut]
vizinho (m)	naaber	[na:ber]
vizinha (f)	naabrinaine	[na:brinaine]
vizinhos (pl)	naabrid	[na:brit]

88. Casa. Eletricidade

eletricidade (f)	elekter	[elekter]
lâmpada (f)	elektripirn	[elektripirn]
interruptor (m)	lüliti	[lʉliti]
fusível, disjuntor (m)	kork	[kork]
fio, cabo (m)	juhe	[juhe]
instalação (f) elétrica	juhtmestik	[juhtmesʲtik]
medidor (m) de eletricidade	arvesti	[arʋesʲti]
indicação (f), registro (m)	näit	[næjt]

89. Casa. Portas. Fechaduras

porta (f)	uks	[uks]
portão (m)	värav	[ʋæraʋ]
maçaneta (f)	ukselink	[ukselink]
destrancar (vt)	lukust lahti keerama	[lukusʲt lahti ke:rama]
abrir (vt)	avama	[aʋama]
fechar (vt)	sulgema	[sulʲgema]
chave (f)	võti	[ʋɜti]
molho (m)	võtmekimp	[ʋɜtmekimp]
ranger (vi)	kriuksuma	[kriuksuma]
rangido (m)	kriuks	[kriuks]
dobradiça (f)	uksehing	[uksehing]
capacho (m)	uksematt	[uksematt]
fechadura (f)	lukk	[lukk]

84

buraco (m) da fechadura	lukuauk	[lukuauk]
barra (f)	riiv	[ri:ʋ]
fecho (ferrolho pequeno)	riiv	[ri:ʋ]
cadeado (m)	tabalukk	[tabalukk]

tocar (vt)	helistama	[helisʲtama]
toque (m)	uksekella helin	[uksekelʲæ helin]
campainha (f)	uksekell	[uksekelʲ]
botão (m)	kellanupp	[kelʲænupp]
batida (f)	koputus	[koputus]
bater (vi)	koputama	[koputama]

código (m)	kood	[ko:t]
fechadura (f) de código	koodlukk	[ko:tlukk]
interfone (m)	sisetelefon	[sisetelefon]
número (m)	number	[number]
placa (f) de porta	tabel	[tabelʲ]
olho (m) mágico	uksesilm	[uksesilʲm]

90. Casa de campo

aldeia (f)	küla	[kʉla]
horta (f)	aiamaa	[aiama:]
cerca (f)	tara	[tara]
cerca (f) de piquete	hekk	[hekk]
portão (f) do jardim	aiavärav	[aiaʋærav]

celeiro (m)	ait	[ait]
adega (f)	kelder	[kelʲder]
galpão, barracão (m)	kuur	[ku:r]
poço (m)	kaev	[kaeʋ]

fogão (m)	ahi	[ahi]
atiçar o fogo	kütma	[kʉtma]
lenha (carvão ou ~)	ahjupuud	[ahjupu:t]
acha, lenha (f)	puuhalg	[pu:halʲg]

varanda (f)	veranda	[ʋeranda]
alpendre (m)	terrass	[terrass]
degraus (m pl) de entrada	välistrepp	[ʋælisʲtrepp]
balanço (m)	kiik	[ki:k]

91. Moradia. Mansão

casa (f) de campo	maamaja	[ma:maja]
vila (f)	villa	[ʋilʲæ]
ala (~ do edifício)	välistrepp	[ʋælisʲtrepp]

jardim (m)	aed	[aet]
parque (m)	park	[park]
estufa (f)	kasvuhoone	[kasʋuho:ne]
cuidar de ...	hoolitsema	[ho:litsema]

piscina (f)	bassein	[bassejn]
academia (f) de ginástica	spordisaal	[spordisa:lʲ]
quadra (f) de tênis	tenniseväljak	[tenniseʋæljak]
cinema (m)	kino	[kino]
garagem (f)	garaaž	[gara:ʒ]

| propriedade (f) privada | eraomand | [eraomant] |
| terreno (m) privado | eravaldus | [eraʋalʲdus] |

| advertência (f) | hoiatus | [hojatus] |
| sinal (m) de aviso | kirjalik hoiatus | [kirjalik hojatus] |

guarda (f)	valve	[ʋalʲʋe]
guarda (m)	turvamees	[turʋame:s]
alarme (m)	signalisatsioon	[signalisatsio:n]

92. Castelo. Palácio

castelo (m)	loss	[loss]
palácio (m)	loss	[loss]
fortaleza (f)	kindlus	[kintlus]
muralha (f)	kindlusemüür	[kintlusemʉ:r]
torre (f)	torn	[torn]
calabouço (m)	peatorn	[peatorn]

grade (f) levadiça	tõstetav värav	[tɜsʲtetaʋ ʋæraʋ]
passagem (f) subterrânea	maa-alune käik	[ma:-alune kæjk]
fosso (m)	vallikraav	[ʋalʲikra:ʋ]
corrente, cadeia (f)	kett	[kett]
seteira (f)	laskeava	[laskeaʋa]

magnífico (adj)	suurepärane	[su:repærane]
majestoso (adj)	suursugune	[su:rsugune]
inexpugnável (adj)	juurdepääsmatu	[ju:rdepææ:smatu]
medieval (adj)	keskaegne	[keskaegne]

93. Apartamento

apartamento (m)	korter	[korter]
quarto, cômodo (m)	tuba	[tuba]
quarto (m) de dormir	magamistuba	[magamisʲtuba]
sala (f) de jantar	söögituba	[sø:gituba]
sala (f) de estar	külalistuba	[kʉlalisʲtuba]
escritório (m)	kabinet	[kabinet]

sala (f) de entrada	esik	[esik]
banheiro (m)	vannituba	[ʋannituba]
lavabo (m)	tualett	[tualett]

teto (m)	lagi	[lagi]
chão, piso (m)	põrand	[pɜrant]
canto (m)	nurk	[nurk]

94. Apartamento. Limpeza

arrumar, limpar (vt)	korda tegema	[korda tegema]
guardar (no armário, etc.)	ära koristama	[æra koris'tama]
pó (m)	tolm	[tol'm]
empoeirado (adj)	tolmune	[tol'mune]
tirar o pó	tolmu pühkima	[tol'mu pɯhkima]
aspirador (m)	tolmuimeja	[tol'muimeja]
aspirar (vt)	tolmuimejaga koristama	[tol'muimejaga koris'tama]
varrer (vt)	pühkima	[pɯhkima]
sujeira (f)	prügi	[prɯgi]
arrumação, ordem (f)	kord	[kort]
desordem (f)	korralagedus	[korralagedus]
esfregão (m)	hari	[hari]
pano (m), trapo (m)	lapp	[lapp]
vassoura (f)	luud	[luːt]
pá (f) de lixo	prügikühvel	[prɯgikɯhʋel']

95. Mobiliário. Interior

mobiliário (m)	mööbel	[møːbel']
mesa (f)	laud	[laut]
cadeira (f)	tool	[toːl']
cama (f)	voodi	[ʋoːdi]
sofá, divã (m)	diivan	[diːʋan]
poltrona (f)	tugitool	[tugitoːl']
estante (f)	raamatukapp	[raːmatukapp]
prateleira (f)	raamaturiiul	[raːmaturiːul']
guarda-roupas (m)	riidekapp	[riːdekapp]
cabide (m) de parede	varn	[ʋarn]
cabideiro (m) de pé	nagi	[nagi]
cômoda (f)	kummut	[kummut]
mesinha (f) de centro	diivanilaud	[diːʋanilaut]
espelho (m)	peegel	[peːgel']
tapete (m)	vaip	[ʋaip]
tapete (m) pequeno	uksematt	[uksematt]
lareira (f)	kamin	[kamin]
vela (f)	küünal	[kɯːnal']
castiçal (m)	küünlajalg	[kɯːnlajal'g]
cortinas (f pl)	külgkardinad	[kɯl'gkardinat]
papel (m) de parede	tapeet	[tapeːt]
persianas (f pl)	ribakardinad	[ribakardinat]
luminária (f) de mesa	laualamp	[laualamp]
luminária (f) de parede	valgusti	[ʋal'gus'ti]

| abajur (m) de pé | põrandalamp | [pɜrandalamp] |
| lustre (m) | lühter | [lʉhter] |

pé (de mesa, etc.)	jalg	[jalʲg]
braço, descanso (m)	käetugi	[kæetugi]
costas (f pl)	seljatugi	[seljatugi]
gaveta (f)	sahtel	[sahtelʲ]

96. Quarto de dormir

roupa (f) de cama	voodipesu	[ʋoːdipesu]
travesseiro (m)	padi	[padi]
fronha (f)	padjapüür	[padjapʉːr]
cobertor (m)	tekk	[tekk]
lençol (m)	voodilina	[ʋoːdilina]
colcha (f)	voodikate	[ʋoːdikate]

97. Cozinha

cozinha (f)	köök	[køːk]
gás (m)	gaas	[gaːs]
fogão (m) a gás	gaasipliit	[gaːsipliːt]
fogão (m) elétrico	elektripliit	[elektripliːt]
forno (m)	praeahi	[praeahi]
forno (m) de micro-ondas	mikrolaineahi	[mikrolaineahi]

geladeira (f)	külmkapp	[kʉlʲmkapp]
congelador (m)	jääkapp	[jæːkapp]
máquina (f) de lavar louça	nõudepesumasin	[nɜudepesumasin]

moedor (m) de carne	hakklihamasin	[hakklihamasin]
espremedor (m)	mahlapress	[mahlapress]
torradeira (f)	röster	[røsʲter]
batedeira (f)	mikser	[mikser]

máquina (f) de café	kohvikeetja	[kohʋikeːtja]
cafeteira (f)	kohvikann	[kohʋikann]
moedor (m) de café	kohviveski	[kohʋiʋeski]

chaleira (f)	veekeetja	[ʋeːkeːtja]
bule (m)	teekann	[teːkann]
tampa (f)	kaas	[kaːs]
coador (m) de chá	teesõel	[teːsɜelʲ]

colher (f)	lusikas	[lusikas]
colher (f) de chá	teelusikas	[teːlusikas]
colher (f) de sopa	supilusikas	[supilusikas]
garfo (m)	kahvel	[kahʋelʲ]
faca (f)	nuga	[nuga]

| louça (f) | toidunõud | [tojdunɜut] |
| prato (m) | taldrik | [talʲdrik] |

pires (m)	alustass	[alusʲtass]
cálice (m)	napsiklaas	[napsikla:s]
copo (m)	klaas	[kla:s]
xícara (f)	tass	[tass]

açucareiro (m)	suhkrutoos	[suhkruto:s]
saleiro (m)	soolatoos	[so:lato:s]
pimenteiro (m)	pipratops	[pipratops]
manteigueira (f)	võitoos	[ʋɜito:s]

panela (f)	pott	[pott]
frigideira (f)	pann	[pann]
concha (f)	supikulp	[supikulʲp]
coador (m)	kurnkopsik	[kurnkopsik]
bandeja (f)	kandik	[kandik]

garrafa (f)	pudel	[pudelʲ]
pote (m) de vidro	klaaspurk	[kla:spurk]
lata (~ de cerveja)	plekkpurk	[plekkpurk]

abridor (m) de garrafa	pudeliavaja	[pudeliaʋaja]
abridor (m) de latas	konserviavaja	[konserʋiaʋaja]
saca-rolhas (m)	korgitser	[korgitser]
filtro (m)	filter	[filʲter]
filtrar (vt)	filtreerima	[filʲtre:rima]

| lixo (m) | prügi | [prʉgi] |
| lixeira (f) | prügiämber | [prʉgiæmber] |

98. Casa de banho

banheiro (m)	vannituba	[ʋannituba]
água (f)	vesi	[ʋesi]
torneira (f)	kraan	[kra:n]
água (f) quente	soe vesi	[soe ʋesi]
água (f) fria	külm vesi	[kʉlʲm ʋesi]

pasta (f) de dente	hambapasta	[hambasʲta]
escovar os dentes	hambaid pesema	[hambait pesema]
escova (f) de dente	hambahari	[hambahari]

barbear-se (vr)	habet ajama	[habet ajama]
espuma (f) de barbear	habemeajamiskreem	[habemeajamiskre:m]
gilete (f)	pardel	[pardelʲ]

lavar (vt)	pesema	[pesema]
tomar banho	ennast pesema	[ennasʲt pesema]
chuveiro (m), ducha (f)	dušš	[duʃʃ]
tomar uma ducha	duši all käima	[duʃi alʲ kæjma]

banheira (f)	vann	[ʋann]
vaso (m) sanitário	WC-pott	[ʋetse pott]
pia (f)	kraanikauss	[kra:nikauss]
sabonete (m)	seep	[se:p]

saboneteira (f)	seebikarp	[se:bikarp]
esponja (f)	nuustik	[nu:sᵇtik]
xampu (m)	šampoon	[ʃampo:n]
toalha (f)	käterätik	[kæterætik]
roupão (m) de banho	hommikumantel	[hommikumantelʲ]

lavagem (f)	pesupesemine	[pesupesemine]
lavadora (f) de roupas	pesumasin	[pesumasin]
lavar a roupa	pesu pesema	[pesu pesema]
detergente (m)	pesupulber	[pesupulʲber]

99. Eletrodomésticos

televisor (m)	televiisor	[televi:sor]
gravador (m)	magnetofon	[magnetofon]
videogravador (m)	videomagnetofon	[videomagnetofon]
rádio (m)	raadio	[ra:dio]
leitor (m)	pleier	[plejer]

projetor (m)	videoprojektor	[videoprojektor]
cinema (m) em casa	kodukino	[kodukino]
DVD Player (m)	DVD-mängija	[dvd-mængija]
amplificador (m)	võimendi	[vɜimendi]
console (f) de jogos	mängukonsool	[mængukonso:lʲ]

câmera (f) de vídeo	videokaamera	[videoka:mera]
máquina (f) fotográfica	fotoaparaat	[fotoapara:t]
câmera (f) digital	fotokaamera	[fotoka:mera]

aspirador (m)	tolmuimeja	[tolʲmuimeja]
ferro (m) de passar	triikraud	[tri:kraut]
tábua (f) de passar	triikimislaud	[tri:kimislaut]

telefone (m)	telefon	[telefon]
celular (m)	mobiiltelefon	[mobi:lʲtelefon]
máquina (f) de escrever	kirjutusmasin	[kirjutusmasin]
máquina (f) de costura	õmblusmasin	[ɜmblusmasin]

microfone (m)	mikrofon	[mikrofon]
fone (m) de ouvido	kõrvaklapid	[kɜrvaklapit]
controle remoto (m)	pult	[pulʲt]

CD (m)	CD-plaat	[tsede pla:t]
fita (f) cassete	kassett	[kassett]
disco (m) de vinil	heliplaat	[helipla:t]

100. Reparações. Renovação

renovação (f)	remont	[remont]
renovar (vt), fazer obras	remonti tegema	[remonti tegema]
reparar (vt)	remontima	[remontima]
consertar (vt)	korda tegema	[korda tegema]

refazer (vt)	ümber tegema	[umber tegema]
tinta (f)	värv	[væru]
pintar (vt)	värvima	[væruima]
pintor (m)	maaler	[ma:ler]
pincel (m)	pintsel	[pintselʲ]

| cal (f) | lubivärv | [lubiuæru] |
| caiar (vt) | valgendama | [valʲgendama] |

papel (m) de parede	tapeet	[tape:t]
colocar papel de parede	tapeeti panema	[tape:ti panema]
verniz (m)	lakk	[lakk]
envernizar (vt)	lakkima	[lakkima]

101. Canalizações

água (f)	vesi	[uesi]
água (f) quente	soe vesi	[soe uesi]
água (f) fria	külm vesi	[kulʲm uesi]
torneira (f)	kraan	[kra:n]

gota (f)	tilk	[tilʲk]
gotejar (vi)	tilkuma	[tilʲkuma]
vazar (vt)	läbi jooksma	[lʲæbi jo:ksma]
vazamento (m)	leke	[leke]
poça (f)	loik	[lojk]

tubo (m)	toru	[toru]
válvula (f)	ventiil	[uenti:lʲ]
entupir-se (vr)	umbe minema	[umbe minema]

ferramentas (f pl)	tööriistad	[tø:ri:sʲtat]
chave (f) inglesa	mutrivõti	[mutriuɜti]
desenroscar (vt)	lahti keerama	[lahti ke:rama]
enroscar (vt)	kinni keerama	[kinni ke:rama]

desentupir (vt)	puhastama	[puhasʲtama]
encanador (m)	torulukksepp	[torulukksepp]
porão (m)	kelder	[kelʲder]
rede (f) de esgotos	kanalisatsioon	[kanalisatsio:n]

102. Fogo. Deflagração

incêndio (m)	tuli	[tuli]
chama (f)	leek	[le:k]
faísca (f)	säde	[sæde]
fumaça (f)	suits	[suits]
tocha (f)	tõrvik	[tɜruik]
fogueira (f)	lõke	[lɜke]

| gasolina (f) | bensiin | [bensi:n] |
| querosene (m) | petrooleum | [petro:leum] |

inflamável (adj)	põlevaine	[pɜleʋaine]
explosivo (adj)	plahvatusohtlik	[plahʋatusohtlik]
PROIBIDO FUMAR!	MITTE SUITSETADA!	[mitte suitsetada!]

segurança (f)	tuleohutus	[tuleohutus]
perigo (m)	oht	[oht]
perigoso (adj)	ohtlik	[ohtlik]

incendiar-se (vr)	põlema minema	[pɜlema minema]
explosão (f)	plahvatus	[plahʋatus]
incendiar (vt)	süütama	[sʉ:tama]
incendiário (m)	süütaja	[sʉ:taja]
incêndio (m) criminoso	süütamine	[sʉ:tamine]

flamejar (vi)	leegitsema	[le:gitsema]
queimar (vi)	põlema	[pɜlema]
queimar tudo (vi)	maha põlema	[maha pɜlema]

chamar os bombeiros	kutsuge tuletõrje	[kutsuge tuletɜrje]
bombeiro (m)	tuletõrjuja	[tuletɜrjuja]
caminhão (m) de bombeiros	tuletõrjeauto	[tuletɜrjeauto]
corpo (m) de bombeiros	tuletõrjemeeskond	[tuletɜrjeme:skont]
escada (f) extensível	redel	[redelʲ]

mangueira (f)	voolik	[ʋo:lik]
extintor (m)	tulekustuti	[tulekusʲtuti]
capacete (m)	kiiver	[ki:ʋer]
sirene (f)	sireen	[sire:n]

gritar (vi)	karjuma	[karjuma]
chamar por socorro	appi kutsuma	[appi kutsuma]
socorrista (m)	päästja	[pæ:sʲtja]
salvar, resgatar (vt)	päästma	[pæ:sʲtma]

chegar (vi)	kohale sõitma	[kohale sɜitma]
apagar (vt)	kustutama	[kusʲtutama]
água (f)	vesi	[ʋesi]
areia (f)	liiv	[li:ʋ]

ruínas (f pl)	varemed	[ʋaremet]
ruir (vi)	kokku kukkuma	[kokku kukkuma]
desmoronar (vi)	kokku langema	[kokku langema]
desabar (vi)	kokku varisema	[kokku ʋarisema]

fragmento (m)	tükk	[tʉkk]
cinza (f)	tuhk	[tuhk]

sufocar (vi)	lämbuma	[lʲæmbuma]
perecer (vi)	hukkuma	[hukkuma]

ATIVIDADES HUMANAS

Emprego. Negócios. Parte 1

103. Escritório. O trabalho no escritório

escritório (~ de advogados)	kontor	[kontor]
escritório (do diretor, etc.)	kabinet	[kabinet]
recepção (f)	vastuvõtulaud	[ʋasʲtuʋɔtulaut]
secretário (m)	sekretär	[sekretær]
diretor (m)	direktor	[direktor]
gerente (m)	juht	[juht]
contador (m)	raamatupidaja	[ra:matupidaja]
empregado (m)	töötaja	[tø:taja]
mobiliário (m)	mööbel	[mø:belʲ]
mesa (f)	laud	[laut]
cadeira (f)	tugitool	[tugito:lʲ]
gaveteiro (m)	kapp	[kapp]
cabideiro (m) de pé	nagi	[nagi]
computador (m)	arvuti	[arʋuti]
impressora (f)	printer	[printer]
fax (m)	faks	[faks]
fotocopiadora (f)	koopiamasin	[ko:piamasin]
papel (m)	paber	[paber]
artigos (m pl) de escritór o	kantseleikaubad	[kantselejkaubat]
tapete (m) para mouse	hiirevaip	[hi:reʋaip]
folha (f)	leht	[leht]
pasta (f)	mapp	[mapp]
catálogo (m)	kataloog	[katalo:g]
lista (f) telefônica	teatmik	[teatmik]
documentação (f)	dokumendid	[dokumendit]
brochura (f)	brošüür	[broʃu:r]
panfleto (m)	lendleht	[lentleht]
amostra (f)	näidis	[næjdis]
formação (f)	treening	[tre:ning]
reunião (f)	nõupidamine	[nɔupidamine]
hora (f) de almoço	lõunavaheaeg	[lɔunaʋaheaeg]
fazer uma cópia	koopiat tegema	[ko:piat tegema]
tirar cópias	paljundama	[paljundama]
receber um fax	faksi saama	[faksi sa:ma]
enviar um fax	faksi saatma	[faksi sa:tma]
fazer uma chamada	helistama	[helisʲtama]

| responder (vt) | vastama | [ʋasʲtama] |
| passar (vt) | ühendama | [ɥhendama] |

marcar (vt)	määrama	[mæ:rama]
demonstrar (vt)	demonstreerima	[demonsʲtre:rima]
estar ausente	puuduma	[pu:duma]
ausência (f)	vahelejätmine	[ʋahelejætmine]

104. Processos negociais. Parte 1

negócio (m)	äri	[æri]
ocupação (f)	asi	[asi]
firma, empresa (f)	firma	[firma]
companhia (f)	kompanii	[kompani:]
corporação (f)	korporatsioon	[korporatsio:n]
empresa (f)	ettevõte	[etteʋɜte]
agência (f)	agentuur	[agentu:r]

acordo (documento)	leping	[leping]
contrato (m)	kontraht	[kontraht]
acordo (transação)	tehing	[tehing]
pedido (m)	tellimus	[telʲimus]
termos (m pl)	tingimus	[tingimus]

por atacado	hulgi	[hulʲgi]
por atacado (adj)	hulgi-	[hulʲgi-]
venda (f) por atacado	hulgimüük	[hulʲgimɥ:k]
a varejo	jae	[jae]
venda (f) a varejo	jaemüük	[jaemɥ:k]

concorrente (m)	konkurent	[konkurent]
concorrência (f)	konkurents	[konkurents]
competir (vi)	konkureerima	[konkure:rima]

| sócio (m) | partner | [partner] |
| parceria (f) | partnerlus | [partnerlus] |

crise (f)	kriis	[kri:s]
falência (f)	pankrot	[pankrot]
entrar em falência	pankrotistuma	[pankrotisʲtuma]
dificuldade (f)	raskus	[raskus]
problema (m)	probleem	[proble:m]
catástrofe (f)	katastroof	[katasʲtro:f]

economia (f)	majandus	[majandus]
econômico (adj)	majanduslik	[majanduslik]
recessão (f) econômica	majanduslangus	[majanduslangus]

| objetivo (m) | eesmärk | [e:smærk] |
| tarefa (f) | ülesanne | [ɥlesanne] |

comerciar (vi, vt)	kauplema	[kauplema]
rede (de distribuição)	võrk	[ʋɜrk]
estoque (m)	ladu	[ladu]

sortimento (m)	valik	[ʋalik]
líder (m)	liider	[li:der]
grande (~ empresa)	suur	[su:r]
monopólio (m)	monopol	[monopolʲ]

teoria (f)	teooria	[teo:ria]
prática (f)	praktika	[praktika]
experiência (f)	kogemus	[kogemus]
tendência (f)	trend	[trent]
desenvolvimento (m)	areng	[areng]

105. Processos negociais. Parte 2

| rentabilidade (f) | kasu | [kasu] |
| rentável (adj) | kasulik | [kasulik] |

delegação (f)	delegatsioon	[delegatsio:n]
salário, ordenado (m)	töötasu	[tø:tasu]
corrigir (~ um erro)	parandama	[parandama]
viagem (f) de negócios	lähetus	[lʲæhetus]
comissão (f)	komisjon	[komisjon]

controlar (vt)	kontrollima	[kontrolʲima]
conferência (f)	konverents	[konʋerents]
licença (f)	litsents	[litsents]
confiável (adj)	usaldusväärne	[usalʲdusʋæ:rne]

empreendimento (m)	algatus	[alʲgatus]
norma (f)	norm	[norm]
circunstância (f)	asjaolu	[asjaolu]
dever (do empregado)	kohustus	[kohusʲtus]

empresa (f)	organisatsioon	[organisatsio:n]
organização (f)	korraldamine	[korralʲdamine]
organizado (adj)	organiseeritud	[organise:ritut]
anulação (f)	ärajätmine	[ærajætmine]
anular, cancelar (vt)	ära jätma	[æra jætma]
relatório (m)	aruanne	[aruanne]

patente (f)	patent	[patent]
patentear (vt)	patenti saama	[patenti sa:ma]
planejar (vt)	planeerima	[plane:rima]

bônus (m)	preemia	[pre:mia]
profissional (adj)	professionaalne	[professiona:lʲne]
procedimento (m)	protseduur	[protsedu:r]

examinar (~ a questão)	läbi vaatama	[lʲæbi ʋa:tama]
cálculo (m)	arvestus	[arʋesʲtus]
reputação (f)	reputatsioon	[reputatsio:n]
risco (m)	risk	[risk]

| dirigir (~ uma empresa) | juhtima | [juhtima] |
| informação (f) | andmed | [andmet] |

| propriedade (f) | omand | [omant] |
| união (f) | liit | [li:t] |

seguro (m) de vida	elukindlustus	[elukintlusʲtus]
fazer um seguro	kindlustama	[kintlusʲtama]
seguro (m)	kindlustus	[kintlusʲtus]

leilão (m)	oksjon	[oksjon]
notificar (vt)	teavitama	[teaʋitama]
gestão (f)	juhtimine	[juhtimine]
serviço (indústria de ~s)	teenus	[te:nus]

fórum (m)	foorum	[fo:rum]
funcionar (vi)	funktsioneerima	[funktsione:rima]
estágio (m)	etapp	[etapp]
jurídico, legal (adj)	juriidiline	[juri:diline]
advogado (m)	jurist	[jurisʲt]

106. Produção. Trabalhos

usina (f)	tehas	[tehas]
fábrica (f)	vabrik	[ʋabrik]
oficina (f)	tsehh	[tsehh]
local (m) de produção	tootmine	[to:tmine]

indústria (f)	tööstus	[tø:sʲtus]
industrial (adj)	tööstuslik	[tø:sʲtuslik]
indústria (f) pesada	rasketööstus	[rasketø:sʲtus]
indústria (f) ligeira	kergetööstus	[kergetø:sʲtus]

produção (f)	toodang	[to:dang]
produzir (vt)	tootma	[to:tma]
matérias-primas (f pl)	tooraine	[to:raine]

chefe (m) de obras	brigadir	[brigadir]
equipe (f)	brigaad	[briga:t]
operário (m)	tööline	[tø:line]

dia (m) de trabalho	tööpäev	[tø:pæəʋ]
intervalo (m)	seisak	[sejsak]
reunião (f)	koosolek	[ko:solek]
discutir (vt)	arutama	[arutama]

plano (m)	plaan	[pla:n]
cumprir o plano	plaani täitma	[pla:ni tæjtma]
taxa (f) de produção	norm	[norm]
qualidade (f)	kvaliteet	[kʋalite:t]
controle (m)	kontroll	[kontrolʲ]
controle (m) da qualidade	kvaliteedikontroll	[kʋalite:dikontrolʲ]

segurança (f) no trabalho	tööohutus	[tø:ohutus]
disciplina (f)	distsipliin	[disʲtsipli:n]
infração (f)	rikkumine	[rikkumine]
violar (as regras)	rikkuma	[rikkuma]

greve (f)	streik	[sⁱtrejk]
grevista (m)	streikija	[sⁱtrejkija]
estar em greve	streikima	[sⁱtrejkima]
sindicato (m)	ametiühing	[ametiⱷhing]

inventar (vt)	leiutama	[lejutama]
invenção (f)	leiutis	[lejutis]
pesquisa (f)	uurimine	[u:rimine]
melhorar (vt)	parendama	[parendama]
tecnologia (f)	tehnoloogia	[tehnolo:gia]
desenho (m) técnico	joonis	[jo:nis]

carga (f)	koorem	[ko:rem]
carregador (m)	laadija	[la:dija]
carregar (o caminhão, etc.)	laadima	[la:dima]
carregamento (m)	laadimine	[la:dimine]
descarregar (vt)	maha laadima	[maha la:dima]
descarga (f)	mahalaadimine	[mahala:dimine]

transporte (m)	transport	[transport]
companhia (f) de transporte	transpordikompanii	[transpordikompani:]
transportar (vt)	transportima	[transportima]

vagão (m) de carga	vagun	[ʋagun]
tanque (m)	tsistern	[tsisⁱtern]
caminhão (m)	veoauto	[ʋeoauto]

| máquina (f) operatriz | tööpink | [tø:pink] |
| mecanismo (m) | mehhanism | [mehhanism] |

resíduos (m pl) industriais	jäätmed	[jæ:tmet]
embalagem (f)	pakkimine	[pakkimine]
embalar (vt)	pakkima	[pakkima]

107. Contrato. Acordo

contrato (m)	kontraht	[kontraht]
acordo (m)	kokkulepe	[kokkulepe]
adendo, anexo (m)	lisa	[lisa]

assinar o contrato	kontrahti sõlmima	[kontrahti sɜlⁱmima]
assinatura (f)	allkiri	[alⁱkiri]
assinar (vt)	allkirjastama	[alⁱkirjasⁱtama]
carimbo (m)	pitsat	[pitsat]

objeto (m) do contrato	lepingu objekt	[lepingu objekt]
cláusula (f)	punkt	[punkt]
partes (f pl)	osapooled	[osapo:let]
domicílio (m) legal	juriidiline aadress	[juri:diline a:dress]

violar o contrato	kontrahti rikkuma	[kontrahti rikkuma]
obrigação (f)	kohustus	[kohusⁱtus]
responsabilidade (f)	vastutus	[ʋasⁱtutus]
força (f) maior	vääramatu jõud	[ʋæ:ramatu jɜut]

| litígio (m), disputa (f) | vaidlus | [ʋaitlus] |
| multas (f pl) | karistusmeetmed | [karisʲtusme:tmet] |

108. Importação & Exportação

importação (f)	sissevedu	[sisseʋedu]
importador (m)	sissevedaja	[sisseʋedaja]
importar (vt)	sisse vedama	[sisse ʋedama]
de importação	sissevedu	[sisseʋedu]

exportação (f)	eksport	[eksport]
exportador (m)	eksportöör	[eksportø:r]
exportar (vt)	eksportima	[eksportima]
de exportação	ekspordi-	[ekspordi-]

| mercadoria (f) | kaup | [kaup] |
| lote (de mercadorias) | partii | [parti:] |

peso (m)	kaal	[ka:lʲ]
volume (m)	maht	[maht]
metro (m) cúbico	kuupmeeter	[ku:pme:ter]

produtor (m)	tootja	[to:tja]
companhia (f) de transporte	transpordikompanii	[transpordikompani:]
contêiner (m)	konteiner	[kontejner]

fronteira (f)	riigipiir	[ri:gipi:r]
alfândega (f)	toll	[tolʲ]
taxa (f) alfandegária	tollilõiv	[tolʲilɜiʋ]
funcionário (m) da alfândega	tolliametnik	[tolʲiametnik]
contrabando (atividade)	salakaubandus	[salakaubandus]
contrabando (produtos)	salakaup	[salakaup]

109. Finanças

ação (f)	aktsia	[aktsia]
obrigação (f)	obligatsioon	[obligatsio:n]
nota (f) promissória	veksel	[ʋekselʲ]

| bolsa (f) de valores | börs | [børs] |
| cotação (m) das ações | aktsiate kurss | [aktsiate kurss] |

| tornar-se mais barato | odavnema | [odaʋnema] |
| tornar-se mais caro | kallinema | [kalʲinema] |

parte (f)	osak	[osak]
participação (f) majoritária	kontrollpakk	[kontrolʲpakk]
investimento (m)	investeeringud	[inʋesʲte:ringut]
investir (vt)	investeerima	[inʋesʲte:rima]
porcentagem (f)	protsent	[protsent]
juros (m pl)	protsendid	[protsendit]
lucro (m)	kasum	[kasum]

| lucrativo (adj) | kasumiga | [kasumiga] |
| imposto (m) | maks | [maks] |

divisa (f)	valuuta	[ʋalu:ta]
nacional (adj)	rahvuslik	[rahʋuslik]
câmbio (m)	vahetus	[ʋahetus]

| contador (m) | raamatupidaja | [ra:matupidaja] |
| contabilidade (f) | raamatupidamine | [ra:matupidamine] |

falência (f)	pankrot	[pankrot]
falência, quebra (f)	nurjumine	[nurjumine]
ruína (f)	laostumine	[laosʲtumine]
estar quebrado	laostuma	[laosʲtuma]
inflação (f)	inflatsioon	[inflatsio:n]
desvalorização (f)	devalvatsioon	[deʋalʲʋatsio:n]

capital (m)	kapital	[kapitalʲ]
rendimento (m)	tulu	[tulu]
volume (m) de negócios	käive	[kæjʋe]
recursos (m pl)	ressursid	[ressursit]
recursos (m pl) financeiros	rahalised vahendid	[rahaliset ʋahendit]
despesas (f pl) gerais	üldkulud	[ʉlʲdkulut]
reduzir (vt)	vähendama	[ʋæhendama]

110. Marketing

marketing (m)	turu-uurimine	[turu-u:rimine]
mercado (m)	turg	[turg]
segmento (m) do mercado	turuosa	[turuosa]
produto (m)	toode	[to:de]
mercadoria (f)	kaup	[kaup]

| marca (f) | bränd | [brænt] |
| marca (f) registrada | kaubamärk | [kaubamærk] |

| logotipo (m) | firmamärk | [firmamærk] |
| logo (m) | logotüüp | [logotʉ:p] |

| demanda (f) | nõudmine | [nɜudmine] |
| oferta (f) | pakkumine | [pakkumine] |

| necessidade (f) | vajadus | [ʋajadus] |
| consumidor (m) | tarbija | [tarbija] |

| análise (f) | analüüs | [analʉ:s] |
| analisar (vt) | analüüsima | [analʉ:sima] |

| posicionamento (m) | positsioneerimine | [positsione:rimine] |
| posicionar (vt) | positsioneerima | [positsione:rima] |

preço (m)	hind	[hint]
política (f) de preços	hinnapoliitika	[hinnapoli:tika]
formação (f) de preços	hinnakujundamine	[hinnakujundamine]

111. Publicidade

publicidade (f)	reklaam	[rekla:m]
fazer publicidade	reklaamima	[rekla:mima]
orçamento (m)	eelarve	[e:larʋe]
anúncio (m)	reklaam	[rekla:m]
publicidade (f) na TV	telereklaam	[telerekla:m]
publicidade (f) na rádio	raadioreklaam	[ra:diorekla:m]
publicidade (f) exterior	välisreklaam	[ʋælisrekla:m]
comunicação (f) de massa	massiteabevahendid	[massiteabeʋahendit]
periódico (m)	perioodilised väljaanded	[perio:diliset ʋælja:ndet]
imagem (f)	imago	[imago]
slogan (m)	loosung	[lo:sung]
mote (m), lema (f)	juhtlause	[juhtlause]
campanha (f)	kampaania	[kampa:nia]
campanha (f) publicitária	reklaamikampaania	[rekla:mikampa:nia]
grupo (m) alvo	huvirühm	[huʋirʉhm]
cartão (m) de visita	visiitkaart	[ʋisi:tka:rt]
panfleto (m)	lendleht	[lentleht]
brochura (f)	brošüür	[broʃʉ:r]
folheto (m)	buklett	[buklett]
boletim (~ informativo)	bülletään	[bʉlʲetæ:n]
letreiro (m)	silt	[silʲt]
cartaz, pôster (m)	plakat	[plakat]
painel (m) publicitário	reklaamtahvel	[rekla:mtahʋelʲ]

112. Banca

banco (m)	pank	[pank]
balcão (f)	osakond	[osakont]
consultor (m) bancário	konsultant	[konsulʲtant]
gerente (m)	juhataja	[juhataja]
conta (f)	pangakonto	[pangakonto]
número (m) da conta	arve number	[arʋe number]
conta (f) corrente	jooksev arve	[jo:kseʋ arʋe]
conta (f) poupança	kogumisarve	[kogumisarʋe]
abrir uma conta	arvet avama	[arʋet aʋama]
fechar uma conta	arvet lõpetama	[arʋet lɜpetama]
depositar na conta	arvele panema	[arʋele panema]
sacar (vt)	arvelt võtma	[arʋelʲt ʋɜtma]
depósito (m)	hoius	[hojus]
fazer um depósito	hoiust tegema	[hojusʲt tegema]
transferência (f) bancária	ülekanne	[ʉlekanne]

transferir (vt)	üle kandma	[ʉle kandma]
soma (f)	summa	[summa]
Quanto?	Kui palju?	[kui palju?]
assinatura (f)	allkiri	[alʲkiri]
assinar (vt)	allkirjastama	[alʲkirjasʲtama]
cartão (m) de crédito	krediidikaart	[kredi:dika:rt]
senha (f)	kood	[ko:t]
número (m) do cartão de crédito	krediidikaardi number	[kredi:dika:rdi number]
caixa (m) eletrônico	pangaautomaat	[panga:utoma:t]
cheque (m)	tšekk	[tʃekk]
passar um cheque	tšekki välja kirjutama	[tʃekki vælja kirjutama]
talão (m) de cheques	tšekiraamat	[tʃekira:mat]
empréstimo (m)	pangalaen	[pangalaen]
pedir um empréstimo	laenu taotlema	[laenu taotlema]
obter empréstimo	laenu võtma	[laenu vɔtma]
dar um empréstimo	laenu andma	[laenu andma]
garantia (f)	tagatis	[tagatis]

113. Telefone. Conversação telefônica

telefone (m)	telefon	[telefon]
celular (m)	mobiiltelefon	[mobi:lʲtelefon]
secretária (f) eletrônica	automaatvastaja	[automa:tʊasʲtaja]
fazer uma chamada	helistama	[helisʲtama]
chamada (f)	telefonihelin	[telefonihelin]
discar um número	numbrit valima	[numbrit ʊalima]
Alô!	hallo!	[halʲo!]
perguntar (vt)	küsima	[kʉsima]
responder (vt)	vastama	[ʊasʲtama]
ouvir (vt)	kuulma	[ku:lʲma]
bem	hästi	[hæsʲti]
mal	halvasti	[halʲʊasʲti]
ruído (m)	häired	[hæjret]
fone (m)	telefonitoru	[telefonitoru]
pegar o telefone	toru hargilt võtma	[toru hargilʲt ʊɔtma]
desligar (vi)	toru hargile panema	[toru hargile panema]
ocupado (adj)	liin on kinni	[li:n on kinni]
tocar (vi)	telefon heliseb	[telefon heliseb]
lista (f) telefônica	telefoniraamat	[telefonira:mat]
local (adj)	kohalik	[kohalik]
chamada (f) local	kohalik kõne	[kohalik kɜne]
de longa distância	kauge-	[kauge-]
chamada (f) de longa distância	kaugekõne	[kaugekɜne]

| internacional (adj) | rahvusvaheline | [rahuusuaheline] |
| chamada (f) internacional | rahvusvaheline kõne | [rahuusuaheline kзne] |

114. Telefone móvel

celular (m)	mobiiltelefon	[mobi:lʲtelefon]
tela (f)	kuvar	[kuʋar]
botão (m)	nupp	[nupp]
cartão SIM (m)	SIM-kaart	[sim-ka:rt]

bateria (f)	patarei	[patarej]
descarregar-se (vr)	tühjaks minema	[tʉhjaks minema]
carregador (m)	laadimisseade	[la:dimisseade]

| menu (m) | menüü | [menʉ:] |
| configurações (f pl) | häälestused | [hæ:lesʲtuset] |

| melodia (f) | viis | [ʋi:s] |
| escolher (vt) | valima | [ʋalima] |

calculadora (f)	kalkulaator	[kalʲkula:tor]
correio (m) de voz	automaatvastaja	[automa:tuasʲtaja]
despertador (m)	äratuskell	[æratuskelʲ]
contatos (m pl)	telefoniraamat	[telefonira:mat]

| mensagem (f) de texto | SMS-sõnum | [sms-sзnum] |
| assinante (m) | abonent | [abonent] |

115. Estacionário

| caneta (f) | pastakas | [pasʲtakas] |
| caneta (f) tinteiro | sulepea | [sulepea] |

lápis (m)	pliiats	[pli:ats]
marcador (m) de texto	marker	[marker]
caneta (f) hidrográfica	viltpliiats	[ʋilʲtpli:ats]

| bloco (m) de notas | klade | [klade] |
| agenda (f) | päevik | [pæeʋik] |

régua (f)	joonlaud	[jo:nlaut]
calculadora (f)	kalkulaator	[kalʲkula:tor]
borracha (f)	kustutuskumm	[kusʲtutuskumm]

| alfinete (m) | rõhknael | [rзhknaelʲ] |
| clipe (m) | kirjaklamber | [kirjaklamber] |

| cola (f) | liim | [li:m] |
| grampeador (m) | stepler | [sʲtepler] |

| furador (m) de papel | auguraud | [auguraut] |
| apontador (m) | pliiatsiteritaja | [pli:atsʲiteritaja] |

116. Vários tipos de documentos

relatório (m)	aruanne	[aruanne]
acordo (m)	kokkulepe	[kokkulepe]
ficha (f) de inscrição	tellimusavaldus	[telʲimusaʋalʲdus]
autêntico (adj)	originaaldokument	[origina:lʲdokument]
crachá (m)	nimesilt	[nimesilʲt]
cartão (m) de visita	visiitkaart	[ʋisi:tka:rt]
certificado (m)	sertifikaat	[sertifika:t]
cheque (m)	pangatšekk	[pangatʃekk]
conta (f)	arve	[arʋe]
constituição (f)	konstitutsioon	[konsʲtitutsio:n]
contrato (m)	leping	[leping]
cópia (f)	ärakiri	[ærakiri]
exemplar (~ assinado)	eksemplar	[eksemplar]
declaração (f) alfandegária	deklaratsioon	[deklaratsio:n]
documento (m)	dokument	[dokument]
carteira (f) de motorista	juhiload	[juhiloat]
adendo, anexo (m)	lisa	[lisa]
questionário (m)	ankeet	[anke:t]
carteira (f) de identidade	tõend	[tɜent]
inquérito (m)	järelepärimine	[jærelepærimine]
convite (m)	kutse	[kutse]
fatura (f)	arve	[arʋe]
lei (f)	seadus	[seadus]
carta (correio)	kiri	[kiri]
papel (m) timbrado	plank	[plank]
lista (f)	nimekiri	[nimekiri]
manuscrito (m)	käsikiri	[kæsikiri]
boletim (~ informativo)	bülletään	[bɯlʲetæ:n]
bilhete (mensagem breve)	sedel	[sedelʲ]
passe (m)	sissepääsuluba	[sissepæ:suluba]
passaporte (m)	pass	[pass]
permissão (f)	luba	[luba]
currículo (m)	eluookirjeldus	[elulo:kirjelʲdus]
nota (f) promissória	vastuvõtmist	[ʋasʲtuʋɜtmisʲt
	tõendav allkiri	tɜendaʋ alʲkiri]
recibo (m)	kviitung	[kʋi:tung]
talão (f)	kassatšekk	[kassatʃekk]
relatório (m)	raport	[raport]
mostrar (vt)	esitama	[esitama]
assinar (vt)	allkirjastama	[alʲkirjasʲtama]
assinatura (f)	allkiri	[alʲkiri]
carimbo (m)	pitsat	[pitsat]
texto (m)	tekst	[teksʲt]
ingresso (m)	pilet	[pilet]
riscar (vt)	maha tõmbama	[maha tɜmbama]
preencher (vt)	täitma	[tæjtma]

| carta (f) de porte | saateleht | [sa:teleht] |
| testamento (m) | testament | [tesˑtament] |

117. Tipos de negócios

serviços (m pl) de contabilidade	raamatupidamisteenused	[ra:matupidamisˑte:nuset]
publicidade (f)	reklaam	[rekla:m]
agência (f) de publicidade	reklaamiagentuur	[rekla:miagentu:r]
ar (m) condicionado	konditsioneerid	[konditsione:rit]
companhia (f) aérea	lennukompanii	[lennukompani:]

bebidas (f pl) alcoólicas	alkohoolsed joogid	[alˑkoho:lˑset jo:git]
comércio (m) de antiguidades	antikvariaat	[antikʋaria:t]
galeria (f) de arte	galerii	[galeri:]
serviços (m pl) de auditoria	audititeenused	[auditite:nuset]

negócios (m pl) bancários	pangandus	[pangandus]
bar (m)	baar	[ba:r]
salão (m) de beleza	ilusalong	[ilusalong]
livraria (f)	raamatukauplus	[ra:matukauplus]
cervejaria (f)	õlletehas	[ɜlˑetehas]
centro (m) de escritórios	ärikeskus	[ærikeskus]
escola (f) de negócios	majanduskool	[majandusko:lˑ]

cassino (m)	kasiino	[kasi:no]
construção (f)	ehitus	[ehitus]
consultoria (f)	konsulteerimine	[konsulˑte:rimine]

clínica (f) dentária	stomatoloogia	[sˑtomatolo:gia]
design (m)	disain	[disain]
drogaria (f)	apteek	[apte:k]
lavanderia (f)	keemiline puhastus	[ke:miline puhasˑtus]
agência (f) de emprego	kaadriagentuur	[ka:driagentu:r]

serviços (m pl) financeiros	finantsteenused	[finantsˑte:nuset]
alimentos (m pl)	toiduained	[tojduainet]
funerária (f)	matusebüroo	[matusebʉro:]
mobiliário (m)	mööbel	[mø:belˑ]
roupa (f)	riided	[ri:det]
hotel (m)	hotell	[hotelˑ]

sorvete (m)	jäätis	[jæ:tis]
indústria (f)	tööstus	[tø:sˑtus]
seguro (~ de vida, etc.)	kindlustus	[kintlusˑtus]
internet (f)	internet	[internet]
investimento (m)	investeeringud	[inʋesˑte:ringut]

joalheiro (m)	juveliir	[juʋeli:r]
joias (f pl)	juveelikaubad	[juʋe:likaubat]
lavanderia (f)	pesumaja	[pesumaja]
assessorias (f pl) jurídicas	õigusabi	[ɜigusabi]
indústria (f) ligeira	kergetööstus	[kergetø:sˑtus]
revista (f)	ajakiri	[ajakiri]

vendas (f pl) por catálogo	kataloogikaubandus	[katalo:gikaubandus]
medicina (f)	meditsiin	[meditsi:n]
cinema (m)	kino	[kino]
museu (m)	muuseum	[mu:seum]

agência (f) de notícias	teadete agentuur	[teadete agentu:r]
jornal (m)	ajaleht	[ajaleht]
boate (casa noturna)	ööklubi	[ø:klubi]

petróleo (m)	nafta	[nafta]
serviços (m pl) de remessa	kulleriteenistus	[kulˈerite:nisˈtus]
indústria (f) farmacêutica	farmaatsia	[farma:tsia]
tipografia (f)	polügraafia	[polᵿgra:fia]
editora (f)	kirjastus	[kirjasˈtus]

rádio (m)	raadio	[ra:dio]
imobiliário (m)	kinnisvara	[kinnisᴜara]
restaurante (m)	restoran	[resˈtoran]

empresa (f) de segurança	turvafirma	[turᴜafirma]
esporte (m)	sport	[sport]
bolsa (f) de valores	börs	[børs]
loja (f)	kauplus	[kauplus]
supermercado (m)	supermarket	[supermarket]
piscina (f)	bassein	[bassejn]

alfaiataria (f)	ateljee	[atelje:]
televisão (f)	televisioon	[teleᴜisio:n]
teatro (m)	teater	[teater]
comércio (m)	kaubandus	[kaubandus]
serviços (m pl) de transporte	kaubavedu	[kaubaᴜedu]
viagens (f pl)	turism	[turism]

veterinário (m)	loomaarst	[lo:ma:rsˈt]
armazém (m)	ladu	[ladu]
recolha (f) do lixo	prügivedu	[prᵿgiᴜedu]

Emprego. Negócios. Parte 2

118. Espetáculo. Feira

feira, exposição (f)	näitus	[næjtus]
feira (f) comercial	kaubandusnäitus	[kaubandusnæjtus]
participação (f)	osavõtt	[osavɔtt]
participar (vi)	osa võtma	[osa vɔtma]
participante (m)	osavõtja	[osavɔtja]
diretor (m)	direktor	[direktor]
direção (f)	korraldajate kontor	[korralʲdajate kontor]
organizador (m)	korraldaja	[korralʲdaja]
organizar (vt)	korraldama	[korralʲdama]
ficha (f) de inscrição	osavõtuavaldus	[osavɔtuavalʲdus]
preencher (vt)	täitma	[tæjtma]
detalhes (m pl)	üksikasjad	[ʉksikasjat]
informação (f)	teave	[teavе]
preço (m)	hind	[hint]
incluindo	kaasa arvatud	[ka:sa arvatut]
incluir (vt)	sisaldama	[sisalʲdama]
pagar (vt)	maksma	[maksma]
taxa (f) de inscrição	registreerimistasu	[regisʲtre:rimisʲtasu]
entrada (f)	sissepääs	[sissepæ:s]
pavilhão (m), salão (f)	paviljon	[paviljon]
inscrever (vt)	registreerima	[regisʲtre:rima]
crachá (m)	nimesilt	[nimesilʲt]
stand (m)	stend	[sʲtent]
reservar (vt)	reserveerima	[reservе:rima]
vitrine (f)	vitriin	[vitri:n]
lâmpada (f)	lamp	[lamp]
design (m)	disain	[disain]
pôr (posicionar)	paigutama	[paigutama]
ser colocado, -a	paigaldama	[paigalʲdama]
distribuidor (m)	maaletooja	[ma:leto:ja]
fornecedor (m)	tarnija	[tarnija]
fornecer (vt)	tarnima	[tarnima]
país (m)	riik	[ri:k]
estrangeiro (adj)	välismaine	[vælismaine]
produto (m)	toode	[to:de]
associação (f)	assotsiatsioon	[assotsiatsio:n]
sala (f) de conferência	konverentsisaal	[konvеrentsisa:lʲ]

| congresso (m) | kongress | [kongress] |
| concurso (m) | konkurss | [konkurss] |

visitante (m)	külastaja	[kʉlasˈtaja]
visitar (vt)	külastama	[kʉlasˈtama]
cliente (m)	tellija	[telˈija]

119. Media

jornal (m)	ajaleht	[ajaleht]
revista (f)	ajakiri	[ajakiri]
imprensa (f)	press	[press]
rádio (m)	raadio	[ra:dio]
estação (f) de rádio	raadiojaam	[ra:dioja:m]
televisão (f)	televisioon	[teleʋisio:n]

apresentador (m)	saatejuht	[sa:tejuht]
locutor (m)	diktor	[diktor]
comentarista (m)	kommentaator	[kommenta:tor]

jornalista (m)	ajakirjanik	[ajakirjanik]
correspondente (m)	korrespondent	[korrespondent]
repórter (m) fotográfico	fotokorrespondent	[fotokorrespondent]
repórter (m)	reporter	[reporter]

| redator (m) | toimetaja | [tojmetaja] |
| redator-chefe (m) | peatoimetaja | [peatojmetaja] |

assinar a ...	tellima	[telˈima]
assinatura (f)	tellimine	[telˈimine]
assinante (m)	tellija	[telˈija]
ler (vt)	lugema	[lugema]
leitor (m)	lugeja	[lugeja]

tiragem (f)	tiraaž	[tira:ʒ]
mensal (adj)	igakuine	[igakuine]
semanal (adj)	iganädalane	[iganædalane]
número (jornal, revista)	number	[number]
recente, novo (adj)	värske	[ʋærske]

manchete (f)	pealkiri	[pealˈkiri]
pequeno artigo (m)	sõnum	[sɜnum]
coluna (~ semanal)	rubriik	[rubri:k]
artigo (m)	artikkel	[artikkelˈ]
página (f)	lehekülg	[lehekʉlˈg]

reportagem (f)	reportaaž	[reporta:ʒ]
evento (festa, etc.)	sündmus	[sʉndmus]
sensação (f)	sensatsioon	[sensatsio:n]
escândalo (m)	skandaal	[skanda:lˈ]
escandaloso (adj)	skandaalne	[skanda:lˈne]
grande (adj)	kõmuline	[kɜmuline]
programa (m)	saade	[sa:de]
entrevista (f)	intervjuu	[interʋju:]

transmissão (f) ao vivo	otseülekanne	[otseᵾlekanne]
canal (m)	kanal	[kanalʲ]

120. Agricultura

agricultura (f)	põllumajandus	[pɜlʲumajandus]
camponês (m)	talumees	[talume:s]
camponesa (f)	talunaine	[talunaine]
agricultor, fazendeiro (m)	talunik	[talunik]
trator (m)	traktor	[traktor]
colheitadeira (f)	kombain	[kombain]
arado (m)	sahk	[sahk]
arar (vt)	kündma	[kᵾndma]
campo (m) lavrado	künnimaa	[kᵾnnima:]
sulco (m)	vagu	[ʋagu]
semear (vt)	külvama	[kᵾlʲʋama]
plantadeira (f)	külvik	[kᵾlʲʋik]
semeadura (f)	külv	[kᵾlʲʋ]
foice (m)	vikat	[ʋikat]
cortar com foice	niitma	[ni:tma]
pá (f)	labidas	[labidas]
cavar (vt)	kaevama	[kaeʋama]
enxada (f)	kõbla	[kɜbla]
capinar (vt)	rohima	[rohima]
erva (f) daninha	umbrohi	[umbrohi]
regador (m)	kastekann	[kasʲtekann]
regar (plantas)	kastma	[kasʲtma]
rega (f)	kastmine	[kasʲtmine]
forquilha (f)	vigla	[ʋigla]
ancinho (m)	reha	[reha]
fertilizante (m)	väetis	[ʋæetis]
fertilizar (vt)	väetama	[ʋæetama]
estrume, esterco (m)	sõnnik	[sɜnnik]
campo (m)	põld	[pɜlʲt]
prado (m)	luht	[luht]
horta (f)	aiamaa	[aiama:]
pomar (m)	aed	[aet]
pastar (vt)	karjatama	[karjatama]
pastor (m)	karjus	[karjus]
pastagem (f)	karjamaa	[karjama:]
pecuária (f)	loomakasvatus	[lo:makasʋatus]
criação (f) de ovelhas	lambakasvatus	[lambakasʋatus]

plantação (f)	istandus	[isˈtandus]
canteiro (m)	peenar	[peːnar]
estufa (f)	kasvuhoone	[kasʋuhoːne]
seca (f)	põud	[pɜut]
seco (verão ~)	põuane	[pɜuane]
grão (m)	teravili	[teraʋili]
cereais (m pl)	viljad	[ʋiljat]
colher (vt)	koristama	[korisˈtama]
moleiro (m)	mölder	[mølˈder]
moinho (m)	veski	[ʋeski]
moer (vt)	vilja jahvatama	[ʋilja jahʋatama]
farinha (f)	jahu	[jahu]
palha (f)	õled	[ɜlet]

121. Construção. Processo de construção

canteiro (m) de obras	ehitus	[ehitus]
construir (vt)	ehitama	[ehitama]
construtor (m)	ehitaja	[ehitaja]
projeto (m)	projekt	[projekt]
arquiteto (m)	arhitekt	[arhitekt]
operário (m)	tööline	[tøːline]
fundação (f)	vundament	[ʋundament]
telhado (m)	katus	[katus]
estaca (f)	vai	[ʋai]
parede (f)	sein	[sejn]
colunas (f pl) de sustentação	armatuur	[armatuːr]
andaime (m)	tellingud	[telˈingut]
concreto (m)	betoon	[betoːn]
granito (m)	graniit	[graniːt]
pedra (f)	kivi	[kiʋi]
tijolo (m)	telliskivi	[telˈiskiʋi]
areia (f)	liiv	[liːʋ]
cimento (m)	tsement	[tsement]
emboço, reboco (m)	krohv	[krohʋ]
emboçar, rebocar (vt)	krohvima	[krohʋima]
tinta (f)	värv	[ʋærʋ]
pintar (vt)	värvima	[ʋærʋima]
barril (m)	tünn	[tʉnn]
grua (f), guindaste (m)	kraana	[kraːna]
erguer (vt)	tõstma	[tɜsˈtma]
baixar (vt)	alla laskma	[alˈæ laskma]
buldózer (m)	buldooser	[bulˈdoːser]
escavadora (f)	ekskavaator	[ekskaʋaːtor]

caçamba (f)	kopp	[kopp]
escavar (vt)	kaevama	[kaeʋama]
capacete (m) de proteção	kiiver	[kiːʋer]

122. Ciência. Investigação. Cientistas

ciência (f)	teadus	[teadus]
científico (adj)	teaduslik	[teaduslik]
cientista (m)	teadlane	[teatlane]
teoria (f)	teooria	[teoːria]

axioma (m)	aksioom	[aksioːm]
análise (f)	analüüs	[analʉːs]
analisar (vt)	analüüsima	[analʉːsima]
argumento (m)	argument	[argument]
substância (f)	aine	[aine]

hipótese (f)	hüpotees	[hʉpoteːs]
dilema (m)	dilemma	[dilemma]
tese (f)	väitekiri	[ʋæjtekiri]
dogma (m)	dogma	[dogma]

doutrina (f)	doktriin	[doktriːn]
pesquisa (f)	uurimine	[uːrimine]
pesquisar (vt)	uurima	[uːrima]
testes (m pl)	katse	[katse]
laboratório (m)	labor	[labor]

método (m)	meetod	[meːtot]
molécula (f)	molekul	[molekulʲ]
monitoramento (m)	seire	[sejre]
descoberta (f)	avastus	[aʋasʲtus]

postulado (m)	postulaat	[posʲtulaːt]
princípio (m)	põhimõte	[pɜhimɜte]
prognóstico (previsão)	prognoos	[prognoːs]
prognosticar (vt)	prognoosima	[prognoːsima]

síntese (f)	süntees	[sʉnteːs]
tendência (f)	trend	[trent]
teorema (m)	teoreem	[teoreːm]

ensinamentos (m pl)	õpetus	[ɜpetus]
fato (m)	tõsiasi	[tɜsiasi]

expedição (f)	ekspeditsioon	[ekspeditsioːn]
experiência (f)	eksperiment	[eksperiment]

acadêmico (m)	akadeemik	[akadeːmik]
bacharel (m)	bakalaureus	[bakalaureus]
doutor (m)	doktor	[doktor]
professor (m) associado	dotsent	[dotsent]
mestrado (m)	magister	[magisʲter]
professor (m)	professor	[professor]

Profissões e ocupações

123. Procura de emprego. Demissão

trabalho (m)	töö	[tø:]
equipe (f)	koosseis	[ko:ssejs]
pessoal (m)	personal	[personalʲ]
carreira (f)	karjäär	[karjæ:r]
perspectivas (f pl)	perspektiiv	[perspekti:ʊ]
habilidades (f pl)	meisterlikkus	[mejsʲterlikkus]
seleção (f)	valik	[ʊalik]
agência (f) de emprego	kaadriagentuur	[ka:driagentu:r]
currículo (m)	elulookirjeldus	[elulo:kirjelʲdus]
entrevista (f) de emprego	tööintervjuu	[tø:interʊju:]
vaga (f)	vakants	[ʊakants]
salário (m)	töötasu	[tø:tasu]
salário (m) fixo	palk	[palʲk]
pagamento (m)	maksmine	[maksmine]
cargo (m)	töökoht	[tø:koht]
dever (do empregado)	kohustus	[kohusʲtus]
gama (f) de deveres	kohustuste ring	[kohusʲtusʲte ring]
ocupado (adj)	hõivatud	[hɔiʊatut]
despedir, demitir (vt)	vallandama	[ʊalʲændama]
demissão (f)	vallandamine	[ʊalʲændamine]
desemprego (m)	tööpuudus	[tø:pu:dus]
desempregado (m)	töötu	[tø:tu]
aposentadoria (f)	pension	[pension]
aposentar-se (vr)	pensionile minema	[pensionile minema]

124. Gente de negócios

diretor (m)	direktor	[direktor]
gerente (m)	juhataja	[juhataja]
patrão, chefe (m)	juhataja	[juhataja]
superior (m)	ülemus	[ʉlemus]
superiores (m pl)	juhtkond	[juhtkont]
presidente (m)	president	[president]
chairman (m)	esimees	[esime:s]
substituto (m)	asetäitja	[asetæjtja]
assistente (m)	abi	[abi]

secretário (m)	**sekretär**	[sekretær]
secretário (m) pessoal	**isiklik sekretär**	[isiklik sekretær]

homem (m) de negócios	**ärimees**	[ærime:s]
empreendedor (m)	**ettevõtja**	[etteuɔtja]
fundador (m)	**rajaja**	[rajaja]
fundar (vt)	**rajama**	[rajama]

principiador (m)	**asutaja**	[asutaja]
parceiro, sócio (m)	**partner**	[partner]
acionista (m)	**aktsionär**	[aktsionær]

milionário (m)	**miljonär**	[miljonær]
bilionário (m)	**miljardär**	[miljardær]
proprietário (m)	**omanik**	[omanik]
proprietário (m) de terras	**maavaldaja**	[ma:ual'daja]

cliente (m)	**klient**	[klient]
cliente (m) habitual	**püsiklient**	[pɥsiklient]
comprador (m)	**ostja**	[os'tja]
visitante (m)	**külastaja**	[kɥlas'taja]

profissional (m)	**professionaal**	[professiona:lʲ]
perito (m)	**ekspert**	[ekspert]
especialista (m)	**spetsialist**	[spetsialis' t]

banqueiro (m)	**pankur**	[pankur]
corretor (m)	**vahendaja**	[uahendaja]

caixa (m, f)	**kassiir**	[kassi:r]
contador (m)	**raamatupidaja**	[ra:matupidaja]
guarda (m)	**turvamees**	[turuame:s]

investidor (m)	**investeerija**	[inues'te:rija]
devedor (m)	**võlgnik**	[uɔlʲgnik]
credor (m)	**võlausaldaja**	[uɔlausalʲdaja]
mutuário (m)	**laenaja**	[laenaja]

importador (m)	**sissevedaja**	[sisseuedaja]
exportador (m)	**eksportöör**	[eksportø:r]

produtor (m)	**tootja**	[to:tja]
distribuidor (m)	**maaletooja**	[ma:leto:ja]
intermediário (m)	**vahendaja**	[uahendaja]

consultor (m)	**konsultant**	[konsulʲtant]
representante comercial	**esindaja**	[esindaja]
agente (m)	**agent**	[agent]
agente (m) de seguros	**kindlustusagent**	[kintlus'tusagent]

125. Profissões de serviços

cozinheiro (m)	**kokk**	[kokk]
chefe (m) de cozinha	**peakokk**	[peakokk]

padeiro (m)	pagar	[pagar]
barman (m)	baarimees	[baːrimeːs]
garçom (m)	kelner	[kelʲner]
garçonete (f)	ettekandja	[ettekandja]

advogado (m)	advokaat	[aduokaːt]
jurista (m)	jurist	[jurisʲt]
notário (m)	notar	[notar]

eletricista (m)	elektrik	[elektrik]
encanador (m)	torulukksepp	[torulukksepp]
carpinteiro (m)	puussepp	[puːssepp]

massagista (m)	massöör	[massøːr]
massagista (f)	massöör	[massøːr]
médico (m)	arst	[arsʲt]

taxista (m)	taksojuht	[taksojuht]
condutor (automobilista)	autojuht	[autojuht]
entregador (m)	käskjalg	[kæskjalʲg]

camareira (f)	toatüdruk	[toatʉdruk]
guarda (m)	turvamees	[turuameːs]
aeromoça (f)	stjuardess	[sʲtjuardess]

professor (m)	õpetaja	[ɜpetaja]
bibliotecário (m)	raamatukoguhoidja	[raːmatukoguhojdja]
tradutor (m)	tõlk	[tɜlʲk]
intérprete (m)	tõlk	[tɜlʲk]
guia (m)	giid	[giːt]

cabeleireiro (m)	juuksur	[juːksur]
carteiro (m)	postiljon	[posʲtiljon]
vendedor (m)	müüja	[mʉːja]

jardineiro (m)	aednik	[aednik]
criado (m)	teener	[teːner]
criada (f)	teenija	[teːnija]
empregada (f) de limpeza	koristaja	[korisʲtaja]

126. Profissões militares e postos

soldado (m) raso	reamees	[reameːs]
sargento (m)	seersant	[seːrsant]
tenente (m)	leitnant	[lejtnant]
capitão (m)	kapten	[kapten]

major (m)	major	[major]
coronel (m)	kolonel	[kolonelʲ]
general (m)	kindral	[kindralʲ]
marechal (m)	marssal	[marssalʲ]
almirante (m)	admiral	[admiralʲ]
militar (m)	sõjaväelane	[sɜjauæəlane]
soldado (m)	sõdur	[sɜdur]

| oficial (m) | ohvitser | [ohʋitser] |
| comandante (m) | komandör | [komandør] |

guarda (m) de fronteira	piirivalvur	[pi:riʋalʲʋur]
operador (m) de rádio	radist	[radisʲt]
explorador (m)	luuraja	[lu:raja]
sapador-mineiro (m)	sapöör	[sapø:r]
atirador (m)	laskur	[laskur]
navegador (m)	tüürimees	[tʉ:rime:s]

127. Oficiais. Padres

| rei (m) | kuningas | [kuningas] |
| rainha (f) | kuninganna | [kuninganna] |

| príncipe (m) | prints | [prints] |
| princesa (f) | printsess | [printsess] |

| czar (m) | tsaar | [tsa:r] |
| czarina (f) | tsaarinna | [tsa:rinna] |

presidente (m)	president	[president]
ministro (m)	minister	[minisʲter]
primeiro-ministro (m)	peaminister	[peaminisʲter]
senador (m)	senaator	[sena:tor]

diplomata (m)	diplomaat	[diploma:t]
cônsul (m)	konsul	[konsulʲ]
embaixador (m)	suursaadik	[su:rsa:dik]
conselheiro (m)	nõunik	[nɜunik]

funcionário (m)	ametnik	[ametnik]
prefeito (m)	prefekt	[prefekt]
Presidente (m) da Câmara	linnapea	[linnapea]

| juiz (m) | kohtunik | [kohtunik] |
| procurador (m) | prokurör | [prokurør] |

missionário (m)	misjonär	[misjonær]
monge (m)	munk	[munk]
abade (m)	abee	[abe:]
rabino (m)	rabi	[rabi]

vizir (m)	vesiir	[ʋesi:r]
xá (m)	šahh	[ʃahh]
xeique (m)	šeih	[ʃejh]

128. Profissões agrícolas

abelheiro (m)	mesinik	[mesinik]
pastor (m)	karjus	[karjus]
agrônomo (m)	agronoom	[agrono:m]

| criador (m) de gado | loomakasvataja | [lo:makasʋataja] |
| veterinário (m) | loomaarst | [lo:ma:rsʲt] |

agricultor, fazendeiro (m)	talunik	[talunik]
vinicultor (m)	veinimeister	[ʋejnimejsʲter]
zoólogo (m)	zooloog	[zo:lo:g]
vaqueiro (m)	kauboi	[kauboj]

129. Profissões artísticas

| ator (m) | näitleja | [næjtleja] |
| atriz (f) | näitlejanna | [nnaitlejanna] |

| cantor (m) | laulja | [laulja] |
| cantora (f) | lauljanna | [lauljanna] |

| bailarino (m) | tantsija | [tantsija] |
| bailarina (f) | tantsijanna | [tantsijanna] |

| artista (m) | näitleja | [næjtleja] |
| artista (f) | näitlejanna | [nnaitlejanna] |

músico (m)	muusik	[mu:sik]
pianista (m)	pianist	[pianisʲt]
guitarrista (m)	kitarrist	[kitarrisʲt]

maestro (m)	dirigent	[dirigent]
compositor (m)	helilooja	[helilo:ja]
empresário (m)	impressaario	[impressa:rio]

diretor (m) de cinema	lavastaja	[laʋasʲtaja]
produtor (m)	produtsent	[produtsent]
roteirista (m)	stsenarist	[sʲtsenarisʲt]
crítico (m)	kriitik	[kri:tik]

escritor (m)	kirjanik	[kirjanik]
poeta (m)	luuletaja	[lu:letaja]
escultor (m)	skulptor	[skulʲptor]
pintor (m)	kunstnik	[kunsʲtnik]

malabarista (m)	žonglöör	[ʒonglø:r]
palhaço (m)	kloun	[kloun]
acrobata (m)	akrobaat	[akroba:t]
ilusionista (m)	mustkunstnik	[musʲtkunsʲtnik]

130. Várias profissões

médico (m)	arst	[arsʲt]
enfermeira (f)	medõde	[medɜde]
psiquiatra (m)	psühhiaater	[psʉhhia:ter]
dentista (m)	stomatoloog	[sʲtomatolo:g]
cirurgião (m)	kirurg	[kirurg]

astronauta (m)	astronaut	[as'tronaut]
astrônomo (m)	astronoom	[as'trono:m]
piloto (m)	lendur, piloot	[lendur], [pilo:t]
motorista (m)	autojuht	[autojuht]
maquinista (m)	vedurijuht	[ʋedurijuht]
mecânico (m)	mehaanik	[meha:nik]
mineiro (m)	kaevur	[kaeʋur]
operário (m)	tööline	[tø:line]
serralheiro (m)	lukksepp	[lukksepp]
marceneiro (m)	tisler	[tisler]
torneiro (m)	treial	[trejalʲ]
construtor (m)	ehitaja	[ehitaja]
soldador (m)	keevitaja	[ke:ʋitaja]
professor (m)	professor	[professor]
arquiteto (m)	arhitekt	[arhitekt]
historiador (m)	ajaloolane	[ajalo:lane]
cientista (m)	teadlane	[teatlane]
físico (m)	füüsik	[fɯ:sik]
químico (m)	keemik	[ke:mik]
arqueólogo (m)	arheoloog	[arheolo:g]
geólogo (m)	geoloog	[geolo:g]
pesquisador (cientista)	uurija	[u:rija]
babysitter, babá (f)	lapsehoidja	[lapsehojdja]
professor (m)	pedagoog	[pedago:g]
redator (m)	toimetaja	[tojmetaja]
redator-chefe (m)	peatoimetaja	[peatojmetaja]
correspondente (m)	korrespondent	[korrespondent]
datilógrafa (f)	masinakirjutaja	[masinakirjutaja]
designer (m)	disainer	[disainer]
especialista (m) em informática	arvutispetsialist	[arʋutispetsialis'ʲt]
programador (m)	programmeerija	[programme:rija]
engenheiro (m)	insener	[insener]
marujo (m)	meremees	[mereme:s]
marinheiro (m)	madrus	[madrus]
socorrista (m)	päästja	[pæ:s'ʲtja]
bombeiro (m)	tuletõrjuja	[tuletɜrjuja]
polícia (m)	politseinik	[politsejnik]
guarda-noturno (m)	valvur	[ʋalʲʋur]
detetive (m)	detektiiv	[detekti:ʋ]
funcionário (m) da alfândega	tolliametnik	[tolʲiametnik]
guarda-costas (m)	ihukaitsja	[ihukaitsja]
guarda (m) prisional	järelvaataja	[jærelʲʋa:taja]
inspetor (m)	inspektor	[inspektor]
esportista (m)	sportlane	[sportlane]
treinador (m)	treener	[tre:ner]

açougueiro (m)	lihunik	[lihunik]
sapateiro (m)	kingsepp	[kingsepp]
comerciante (m)	kaubareisija	[kaubarejsija]
carregador (m)	laadija	[la:dija]
estilista (m)	moekunstnik	[moekunsʲtnik]
modelo (f)	modell	[modelʲ]

131. Ocupações. Estatuto social

estudante (~ de escola)	kooliõpilane	[ko:liɜpilane]
estudante (~ universitária)	üliõpilane	[ʉliɜpilane]
filósofo (m)	filosoof	[filoso:f]
economista (m)	majandusteadlane	[majandusʲteatlane]
inventor (m)	leiutaja	[lejutaja]
desempregado (m)	töötu	[tø:tu]
aposentado (m)	pensionär	[pensionær]
espião (m)	spioon	[spio:n]
preso, prisioneiro (m)	vang	[ʋang]
grevista (m)	streikija	[sʲtrejkija]
burocrata (m)	bürokraat	[bʉrokra:t]
viajante (m)	rändur	[rændur]
homossexual (m)	homoseksualist	[homoseksualisʲt]
hacker (m)	häkker	[hækker]
bandido (m)	bandiit	[bandi:t]
assassino (m)	palgamõrvar	[palʲgamɜrʋar]
drogado (m)	narkomaan	[narkoma:n]
traficante (m)	narkokaupmees	[narkokaupme:s]
prostituta (f)	prostituut	[prosʲtitu:t]
cafetão (m)	sutenöör	[sutenø:r]
bruxo (m)	nõid	[nɜit]
bruxa (f)	nõiamoor	[nɜiamo:r]
pirata (m)	piraat	[pira:t]
escravo (m)	ori	[ori]
samurai (m)	samurai	[samurai]
selvagem (m)	metslane	[metslane]

Desportos

132. Tipos de desportos. Desportistas

esportista (m)	sportlane	[sportlane]
tipo (m) de esporte	spordiala	[spordiala]
basquete (m)	korvpall	[korʋpalʲ]
jogador (m) de basquete	korvpallur	[korʋpalʲur]
beisebol (m)	pesapall	[pesapalʲ]
jogador (m) de beisebol	pesapallur	[pesapalʲur]
futebol (m)	jalgpall	[jalʲgpalʲ]
jogador (m) de futebol	jalgpallur	[jalʲgpalʲur]
goleiro (m)	väravavaht	[ʋæraʋaʋaht]
hóquei (m)	hoki	[hoki]
jogador (m) de hóquei	hokimängija	[hokimæŋgija]
vôlei (m)	võrkpall	[ʋɜrkpalʲ]
jogador (m) de vôlei	võrkpallur	[ʋɜrkpalʲur]
boxe (m)	poks	[poks]
boxeador (m)	poksija	[poksija]
luta (f)	maadlus	[maːtlus]
lutador (m)	maadleja	[maːtleja]
caratê (m)	karate	[karate]
carateca (m)	karatist	[karatisʲt]
judô (m)	judo	[judo]
judoca (m)	džuudomaadleja	[dʒuːdomaːtleja]
tênis (m)	tennis	[tennis]
tenista (m)	tennisemängija	[tennisemæŋgija]
natação (f)	ujumine	[ujumine]
nadador (m)	ujuja	[ujuja]
esgrima (f)	vehklemine	[ʋehklemine]
esgrimista (m)	vehkleja	[ʋehkleja]
xadrez (m)	male	[male]
jogador (m) de xadrez	maletaja	[maletaja]
alpinismo (m)	alpinism	[alʲpinism]
alpinista (m)	alpinist	[alʲpinisʲt]
corrida (f)	jooks	[joːks]

corredor (m)	jooksja	[jo:ksja]
atletismo (m)	kergejõustik	[kergejɜusʲtik]
atleta (m)	atleet	[atle:t]

| hipismo (m) | ratsasport | [ratsasport] |
| cavaleiro (m) | ratsutaja | [ratsutaja] |

patinação (f) artística	iluuisutamine	[ilu:isutamine]
patinador (m)	iluuisutaja	[ilu:isutaja]
patinadora (f)	iluuisutaja	[ilu:isutaja]

halterofilismo (m)	raskejõustik	[raskejɜusʲtik]
halterofilista (m)	raskejõustiklane	[raskejɜusʲtiklane]
corrida (f) de carros	autovõidusõit	[autoʊɜidusɜit]
piloto (m)	võidusõitja	[ʊɜidusɜitja]

| ciclismo (m) | jalgrattasport | [jalʲgrattasport] |
| ciclista (m) | jalgrattur | [jalʲgrattur] |

salto (m) em distância	kaugushüpe	[kaugushʉpe]
salto (m) com vara	teivashüpe	[tejʊashʉpe]
atleta (m) de saltos	hüppaja	[hʉppaja]

133. Tipos de desportos. Diversos

futebol (m) americano	ameerika jalgpall	[ame:rika jalʲgpalʲ]
badminton (m)	sulgpall	[sulʲgpalʲ]
biatlo (m)	laskesuusatamine	[laskesu:satamine]
bilhar (m)	piljard	[piljart]

bobsled (m)	bobisõit	[bobisɜit]
musculação (f)	bodybilding	[bodybilʲding]
polo (m) aquático	veepall	[ʊe:palʲ]
handebol (m)	väravpall	[ʊæraʊpalʲ]
golfe (m)	golf	[golf]

remo (m)	sõudmine	[sɜudmine]
mergulho (m)	allveeujumine	[alʲʊe:ujumine]
corrida (f) de esqui	murdmaasuusatamine	[murdma:su:satamine]
tênis (m) de mesa	lauatennis	[lauatennis]

vela (f)	purjesport	[purjesport]
rali (m)	ralli	[ralʲi]
rúgbi (m)	rägbi	[rægbi]
snowboard (m)	lumelauasõit	[lumelauasɜit]
arco-e-flecha (m)	vibulaskmine	[ʊibulaskmine]

134. Ginásio

barra (f)	kang	[kang]
halteres (m pl)	hantlid	[hantlit]
aparelho (m) de musculação	trenazöör	[trenazø:r]

bicicleta (f) ergométrica	velotrenazöör	[ʋelotrenazø:r]
esteira (f) de corrida	jooksurada	[jo:ksurada]

barra (f) fixa	võimlemiskang	[ʋɜimlemiskang]
barras (f pl) paralelas	rööbaspuud	[rø:baspu:t]
cavalo (m)	hobune	[hobune]
tapete (m) de ginástica	matt	[matt]

corda (f) de saltar	hüppenöör	[hʉppenø:r]
aeróbica (f)	aeroobika	[aero:bika]
ioga, yoga (f)	jooga	[jo:ga]

135. Hóquei

hóquei (m)	hoki	[hoki]
jogador (m) de hóquei	hokimängija	[hokimæŋgija]
jogar hóquei	jäähokit mängima	[jæ:hokit mæŋgima]
gelo (m)	jää	[jæ:]

disco (m)	litter	[litter]
taco (m) de hóquei	hokikepp	[hokikepp]
patins (m pl) de gelo	uisud	[uisut]

muro (m)	poord	[po:rt]
tiro (m)	vise	[ʋise]

goleiro (m)	väravavaht	[ʋæraʋaʋaht]
gol (m)	värav	[ʋæraʋ]
marcar um gol	väravat lööma	[ʋæraʋat lø:ma]

tempo (m)	periood	[perio:t]
segundo tempo (m)	kolmandik	[kolʲmandik]
banco (m) de reservas	varumängijate pink	[ʋarumæŋgijate pink]

136. Futebol

futebol (m)	jalgpall	[jalʲgpalʲ]
jogador (m) de futebol	jalgpallur	[jalʲgpalʲur]
jogar futebol	jalgpalli mängima	[jalʲgpalʲi mæŋgima]

Time (m) Principal	kõrgliiga	[kɜrgli:ga]
time (m) de futebol	jalgpalliklubi	[jalʲgpalʲiklubi]
treinador (m)	treener	[tre:ner]
proprietário (m)	omanik	[omanik]

equipe (f)	meeskond	[me:skont]
capitão (m)	meeskonna kapten	[me:skonna kapten]
jogador (m)	mängija	[mæŋgija]
jogador (m) reserva	varumängija	[ʋarumæŋgija]

atacante (m)	ründemängija	[rʉndemæŋgija]
centroavante (m)	keskründemängija	[keskrʉndemæŋgija]

marcador (m)	väravakütt	[ʋæraʋakʉtt]
defesa (m)	kaitsja	[kaitsja]
meio-campo (m)	poolkaitsja	[po:lʲkaitsja]

jogo (m), partida (f)	mäng	[mæng]
encontrar-se (vr)	kohtuma	[kohtuma]
final (m)	finaal	[fina:lʲ]
semifinal (f)	poolfinaal	[po:lfina:lʲ]
campeonato (m)	meistrivõistlused	[mejsʲtriʋɔisʲtluset]

tempo (m)	poolaeg	[po:laeg]
primeiro tempo (m)	esimene poolaeg	[esimene po:laeg]
intervalo (m)	vaheaeg	[ʋaheaeg]

goleira (f)	värav	[ʋæraʋ]
goleiro (m)	väravavaht	[ʋæraʋaʋaht]
trave (f)	väravapost	[ʋæraʋaposʲt]
travessão (m)	värava põikpuu	[ʋæraʋa pɔikpu:]
rede (f)	väravavõrk	[ʋæraʋaʋɔrk]
tomar um gol	palli väravasse laskma	[palʲi ʋæraʋasse laskma]

bola (f)	pall	[palʲ]
passe (m)	sööt	[sø:t]
chute (m)	löök	[lø:k]
chutar (vt)	lööma	[lø:ma]
pontapé (m)	trahvilöök	[trahʋilø:k]
escanteio (m)	nurgalöök	[nurgalø:k]

ataque (m)	rünnak	[rʉnnak]
contra-ataque (m)	vasturünnak	[ʋasʲturʉnnak]
combinação (f)	kombinatsioon	[kombinatsio:n]

árbitro (m)	kohtunik	[kohtunik]
apitar (vi)	vilistama	[ʋilisʲtama]
apito (m)	vile	[ʋile]
falta (f)	rikkumine	[rikkumine]
cometer a falta	rikkuma	[rikkuma]
expulsar (vt)	väljakult eemaldama	[ʋæljakulʲt e:malʲdama]

cartão (m) amarelo	kollane kaart	[kolʲæne ka:rt]
cartão (m) vermelho	punane kaart	[punane ka:rt]
desqualificação (f)	diskvalifitseerimine	[diskʋalifitse:rimine]
desqualificar (vt)	diskvalifitseerima	[diskʋalifitse:rima]

pênalti (m)	penalti	[penalʲti]
barreira (f)	sein	[sejn]
marcar (vt)	lööma	[lø:ma]
gol (m)	värav	[ʋæraʋ]
marcar um gol	väravat lööma	[ʋæraʋat lø:ma]

substituição (f)	vahetus	[ʋahetus]
substituir (vt)	vahetama	[ʋahetama]
regras (f pl)	reeglid	[re:glit]
tática (f)	taktika	[taktika]
estádio (m)	staadion	[sʲta:dion]
arquibancadas (f pl)	tribüün	[tribʉ:n]

fã, torcedor (m)	fänn, poolehoidja	[fænn, po:lehojdja]
gritar (vi)	karjuma	[karjuma]
placar (m)	tabloo	[tablo:]
resultado (m)	seis	[sejs]
derrota (f)	kaotus	[kaotus]
perder (vt)	kaotama	[kaotama]
empate (m)	viik	[ʋi:k]
empatar (vi)	viiki mängima	[ʋi:ki mængima]
vitória (f)	võit	[ʋɜit]
vencer (vi, vt)	võitma	[ʋɜitma]
campeão (m)	tšempion	[tʃempion]
melhor (adj)	parim	[parim]
felicitar (vt)	õnnitlema	[ɜnnitlema]
comentarista (m)	kommentaator	[kommenta:tor]
comentar (vt)	kommenteerima	[kommente:rima]
transmissão (f)	saade	[sa:de]

137. Esqui alpino

esqui (m)	suusad	[su:sat]
esquiar (vi)	suusatama	[su:satama]
estação (f) de esqui	mäesuusatamiskuurort	[mæesu:satamisku:rort]
teleférico (m)	tõstuk	[tɜsʲtuk]
bastões (m pl) de esqui	suusakepid	[su:sakepit]
declive (m)	nõlv	[nɜlʲʋ]
slalom (m)	slaalom	[sla:lom]

138. Tênis. Golfe

golfe (m)	golf	[golf]
clube (m) de golfe	golfiklubi	[golfiklubi]
jogador (m) de golfe	golfimängija	[golfimængija]
buraco (m)	auk	[auk]
taco (m)	golfikepp	[golfikepp]
trolley (m)	käru	[kæru]
tênis (m)	tennis	[tennis]
quadra (f) de tênis	tenniseväljak	[tenniseʋæljak]
saque (m)	serv	[serʋ]
sacar (vi)	servima	[serʋima]
raquete (f)	reket	[reket]
rede (f)	võrk	[ʋɜrk]
bola (f)	pall	[palʲ]

139. Xadrez

xadrez (m)	male	[male]
peças (f pl) de xadrez	malendid	[malendit]
jogador (m) de xadrez	maletaja	[maletaja]
tabuleiro (m) de xadrez	malelaud	[malelaut]
peça (f)	malend	[malent]
brancas (f pl)	valged	[ʋalʲget]
pretas (f pl)	mustad	[musʲtat]
peão (m)	ettur	[ettur]
bispo (m)	oda	[oda]
cavalo (m)	ratsu	[ratsu]
torre (f)	vanker	[ʋanker]
dama (f)	lipp	[lipp]
rei (m)	kuningas	[kuningas]
vez (f)	käik	[kæjk]
mover (vt)	käima	[kæjma]
sacrificar (vt)	ohverdama	[ohʋerdama]
roque (m)	vangerdus	[ʋangerdus]
xeque (m)	tuli	[tuli]
xeque-mate (m)	matt	[matt]
torneio (m) de xadrez	maleturniir	[maleturni:r]
grão-mestre (m)	suurmeister	[su:rmejsʲter]
combinação (f)	kombinatsioon	[kombinatsio:n]
partida (f)	partii	[parti:]
jogo (m) de damas	kabe	[kabe]

140. Boxe

boxe (m)	poks	[poks]
combate (m)	võistlus	[ʋɜisʲtlus]
luta (f) de boxe	kahevõitlus	[kaheʋɜitlus]
round (m)	raund	[raunt]
ringue (m)	ring	[ring]
gongo (m)	gong	[gong]
murro, soco (m)	löök	[lø:k]
derrubada (f)	nokdaun	[nokdaun]
nocaute (m)	nokaut	[nokaut]
nocautear (vt)	nokauti lööma	[nokauti lø:ma]
luva (f) de boxe	poksikinnas	[poksikinnas]
juiz (m)	vahekohtunik	[ʋahekohtunik]
peso-pena (m)	kergekaal	[kergeka:lʲ]
peso-médio (m)	keskkaal	[keskka:lʲ]
peso-pesado (m)	raskekaal	[raskeka:lʲ]

141. Desportos. Diversos

Jogos (m pl) Olímpicos	Olümpiamängud	[olʉmpiamæŋgut]
vencedor (m)	võitja	[ʋɜitja]
vencer (vi)	võitma	[ʋɜitma]
vencer (vi, vt)	võitma	[ʋɜitma]
líder (m)	liider	[liːder]
liderar (vt)	liidriks olema	[liːdriks olema]
primeiro lugar (m)	esimene koht	[esimene koht]
segundo lugar (m)	teine koht	[tejne koht]
terceiro lugar (m)	kolmas koht	[kolʲmas koht]
medalha (f)	medal	[medalʲ]
troféu (m)	trofee	[trofeː]
taça (f)	karikas	[karikas]
prêmio (m)	auhind	[auhint]
prêmio (m) principal	peaauhind	[peaːuhint]
recorde (m)	rekord	[rekort]
estabelecer um recorde	rekordit püstitama	[rekordit pʉsʲtitama]
final (m)	finaal	[finaːlʲ]
final (adj)	finaal-	[finaːl-]
campeão (m)	tšempion	[tʃempion]
campeonato (m)	meistrivõistlused	[mejsʲtriʋɜisʲtluset]
estádio (m)	staadion	[sʲtaːdion]
arquibancadas (f pl)	tribüün	[tribʉːn]
fã, torcedor (m)	poolehoidja	[poːlehojdja]
adversário (m)	vastane	[ʋasʲtane]
partida (f)	start	[sʲtart]
linha (f) de chegada	finiš	[finiʃ]
derrota (f)	kaotus	[kaotus]
perder (vt)	kaotama	[kaotama]
árbitro, juiz (m)	kohtunik	[kohtunik]
júri (m)	žürii	[ʒʉriː]
resultado (m)	seis	[sejs]
empate (m)	viik	[ʋiːk]
empatar (vi)	viiki mängima	[ʋiːki mæŋgima]
ponto (m)	punkt	[punkt]
resultado (m) final	tulemus	[tulemus]
tempo (m)	periood	[perioːt]
intervalo (m)	vaheaeg	[ʋaheaeg]
doping (m)	doping	[doping]
penalizar (vt)	karistama	[karisʲtama]
desqualificar (vt)	diskvalifitseerima	[diskʋalifitseːrima]
aparelho, aparato (m)	vahend	[ʋahent]
dardo (m)	oda	[oda]

| peso (m) | kuul | [ku:lʲ] |
| bola (f) | kuul | [ku:lʲ] |

alvo, objetivo (m)	sihtmärk	[sihtmærk]
alvo (~ de papel)	märklaud	[mærklaut]
disparar, atirar (vi)	tulistama	[tulisʲtama]
preciso (tiro ~)	tabamine	[tabamine]

treinador (m)	treener	[tre:ner]
treinar (vt)	treenima	[tre:nima]
treinar-se (vr)	treenima	[tre:nima]
treino (m)	trenn	[trenn]

academia (f) de ginástica	spordisaal	[spordisa:lʲ]
exercício (m)	harjutus	[harjutus]
aquecimento (m)	soojendus	[so:jendus]

Educação

142. Escola

escola (f)	kool	[ko:lʲ]
diretor (m) de escola	koolidirektor	[ko:lidirektor]
aluno (m)	õpilane	[ɜpilane]
aluna (f)	õpilane	[ɜpilane]
estudante (m)	kooliõpilane	[ko:liɜpilane]
estudante (f)	koolitüdruk	[ko:litʉdruk]
ensinar (vt)	õpetama	[ɜpetama]
aprender (vt)	õppima	[ɜppima]
decorar (vt)	pähe õppima	[pæhe ɜppima]
estudar (vi)	õppima	[ɜppima]
estar na escola	koolis käima	[ko:lis kæjma]
ir à escola	kooli minema	[ko:li minema]
alfabeto (m)	tähestik	[tæhesʲtik]
disciplina (f)	õppeaine	[ɜppeaine]
sala (f) de aula	klass	[klass]
lição, aula (f)	tund	[tunt]
recreio (m)	vahetund	[ʋahetunt]
toque (m)	kell	[kelʲ]
classe (f)	koolipink	[ko:lipink]
quadro (m) negro	tahvel	[tahʋelʲ]
nota (f)	hinne	[hinne]
boa nota (f)	hea hinne	[hea hinne]
nota (f) baixa	halb hinne	[halʲb hinne]
dar uma nota	hinnet panema	[hinnet panema]
erro (m)	viga	[ʋiga]
errar (vi)	vigu tegema	[ʋigu tegema]
corrigir (~ um erro)	parandama	[parandama]
cola (f)	spikker	[spikker]
dever (m) de casa	kodune ülesanne	[kodune ʉlesanne]
exercício (m)	harjutus	[harjutus]
estar presente	kohal olema	[kohalʲ olema]
estar ausente	puuduma	[pu:duma]
faltar às aulas	puuduma koolist	[pu:duma ko:lisʲt]
punir (vt)	karistama	[karisʲtama]
punição (f)	karistus	[karisʲtus]
comportamento (m)	käitumine	[kæjtumine]

boletim (m) escolar	päevik	[pæəʋik]
lápis (m)	pliiats	[pli:ats]
borracha (f)	kustutuskumm	[kusʲtutuskumm]
giz (m)	kriit	[kri:t]
porta-lápis (m)	pinal	[pinalʲ]

mala, pasta, mochila (f)	portfell	[portfelʲ]
caneta (f)	sulepea	[sulepea]
caderno (m)	vihik	[ʋihik]
livro (m) didático	õpik	[ɜpik]
compasso (m)	sirkel	[sirkelʲ]

| traçar (vt) | joonestama | [jo:nesʲtama] |
| desenho (m) técnico | joonis | [jo:nis] |

poesia (f)	luuletus	[lu:letus]
de cor	peas olema	[peas olema]
decorar (vt)	pähe õppima	[pæhe ɜppima]

férias (f pl)	koolivaheaeg	[ko:liʋaheaeg]
estar de férias	koolivaheajal olema	[ko:liʋaheajalʲ olema]
passar as férias	puhkust veetma	[puhkusʲt ʋe:tma]

teste (m), prova (f)	kontrolltöö	[kontrolʲtø:]
redação (f)	kirjand	[kirjant]
ditado (m)	etteütlus	[etteʉtlus]
exame (m), prova (f)	eksam	[eksam]
fazer prova	eksamit sooritama	[eksamit so:ritama]
experiência (~ química)	katse	[katse]

143. Colégio. Universidade

academia (f)	akadeemia	[akade:mia]
universidade (f)	ülikool	[ʉliko:lʲ]
faculdade (f)	teaduskond	[teaduskont]

estudante (m)	üliõpilane	[ʉliɜpilane]
estudante (f)	üliõpilane	[ʉliɜpilane]
professor (m)	õppejõud	[ɜppejɜut]

| auditório (m) | auditoorium | [audito:rium] |
| graduado (m) | ülikoolilõpetaja | [ʉliko:lilɜpetaja] |

| diploma (m) | diplom | [diplom] |
| tese (f) | väitekiri | [ʋæjtekiri] |

| estudo (obra) | teaduslik töö | [teaduslik tø:] |
| laboratório (m) | labor | [labor] |

| palestra (f) | loeng | [loeng] |
| colega (m) de curso | kursusekaaslane | [kursuseka:slane] |

| bolsa (f) de estudos | stipendium | [sʲtipendium] |
| grau (m) acadêmico | teaduslik kraad | [teaduslik kra:t] |

144. Ciências. Disciplinas

matemática (f)	matemaatika	[matema:tika]
álgebra (f)	algebra	[alˈgebra]
geometria (f)	geomeetria	[geome:tria]
astronomia (f)	astronoomia	[asˈtrono:mia]
biologia (f)	bioloogia	[biolo:gia]
geografia (f)	geograafia	[geogra:fia]
geologia (f)	geoloogia	[geolo:gia]
história (f)	ajalugu	[ajalugu]
medicina (f)	meditsiin	[meditsi:n]
pedagogia (f)	pedagoogika	[pedago:gika]
direito (m)	õigus	[ɜigus]
física (f)	füüsika	[fʉ:sika]
química (f)	keemia	[ke:mia]
filosofia (f)	filosoofia	[filoso:fia]
psicologia (f)	psühholoogia	[psʉhholo:gia]

145. Sistema de escrita. Ortografia

gramática (f)	grammatika	[grammatika]
vocabulário (m)	sõnavara	[sɜnaʊara]
fonética (f)	foneetika	[fone:tika]
substantivo (m)	nimisõnad	[nimisɜnat]
adjetivo (m)	omadussõnad	[omaduss3nat]
verbo (m)	tegusõna	[tegus3na]
advérbio (m)	määrsõna	[mæ:rs3na]
pronome (m)	asesõna	[ases3na]
interjeição (f)	hüüdsõna	[hʉ:ds3na]
preposição (f)	eessõna	[e:ss3na]
raiz (f)	sõna tüvi	[s3na tʉʊi]
terminação (f)	lõpp	[l3pp]
prefixo (m)	eesliide	[e:sli:de]
sílaba (f)	silp	[silˈp]
sufixo (m)	järelliide	[jærelˈi:de]
acento (m)	rõhk	[r3hk]
apóstrofo (f)	apostroof	[aposˈtro:f]
ponto (m)	punkt	[punkt]
vírgula (f)	koma	[koma]
ponto e vírgula (m)	semikoolon	[semiko:lon]
dois pontos (m pl)	koolon	[ko:lon]
reticências (f pl)	kolmpunkt	[kolˈmpunkt]
ponto (m) de interrogação	küsimärk	[kʉsimærk]
ponto (m) de exclamação	hüüumärk	[hʉ:umærk]

aspas (f pl)	jutumärgid	[jutumærgit]
entre aspas	jutumärkides	[jutumærkides]
parênteses (m pl)	sulud	[sulut]
entre parênteses	sulgudes	[sulʲgudes]
hífen (m)	sidekriips	[sidekri:ps]
travessão (m)	mõttekriips	[mɜttekri:ps]
espaço (m)	sõnavahe	[sɜnaʋahe]
letra (f)	täht	[tæht]
letra (f) maiúscula	suur algustäht	[su:r alʲgusʲtæht]
vogal (f)	täishäälik	[tæjshæ:lik]
consoante (f)	kaashäälik	[ka:shæ:lik]
frase (f)	pakkumine	[pakkumine]
sujeito (m)	alus	[alus]
predicado (m)	öeldis	[øelʲdis]
linha (f)	rida	[rida]
em uma nova linha	uuelt realt	[u:elʲt realʲt]
parágrafo (m)	lõik	[lɜik]
palavra (f)	sõna	[sɜna]
grupo (m) de palavras	sõnaühend	[sɜnaʉhent]
expressão (f)	väljend	[ʋæljent]
sinônimo (m)	sünonüüm	[sʉnonʉ:m]
antônimo (m)	antonüüm	[antonʉ:m]
regra (f)	reegel	[re:gelʲ]
exceção (f)	erand	[erant]
correto (adj)	õige	[ɜige]
conjugação (f)	pööramine	[pø:ramine]
declinação (f)	käänamine	[kæ:namine]
caso (m)	kääne	[kæ:ne]
pergunta (f)	küsimus	[kʉsimus]
sublinhar (vt)	alla kriipsutama	[alʲæ kri:psutama]
linha (f) pontilhada	punktiir	[punkti:r]

146. Línguas estrangeiras

língua (f)	keel	[ke:lʲ]
estrangeiro (adj)	võõr-	[ʋɜ:r-]
língua (f) estrangeira	võõrkeel	[ʋɜ:rke:lʲ]
estudar (vt)	uurima	[u:rima]
aprender (vt)	õppima	[ɜppima]
ler (vt)	lugema	[lugema]
falar (vi)	rääkima	[ræ:kima]
entender (vt)	aru saama	[aru sa:ma]
escrever (vt)	kirjutama	[kirjutama]
rapidamente	kiiresti	[ki:resʲti]
devagar, lentamente	aeglaselt	[aeglaselʲt]

fluentemente	vabalt	[ʋabalʲt]
regras (f pl)	reeglid	[reːglit]
gramática (f)	grammatika	[grammatika]
vocabulário (m)	sõnavara	[sɜnaʋara]
fonética (f)	foneetika	[foneːtika]

livro (m) didático	õpik	[ɜpik]
dicionário (m)	sõnaraamat	[sɜnaraːmat]
manual (m) autodidático	õpik iseõppijaile	[ɜpik iseɜppijaile]
guia (m) de conversação	vestmik	[ʋesʲtmik]

fita (f) cassete	kassett	[kassett]
videoteipe (m)	videokassett	[ʋideokassett]
CD (m)	CD-plaat	[ʦede plaːt]
DVD (m)	DVD	[dʋt]

alfabeto (m)	tähestik	[tæhesʲtik]
soletrar (vt)	veerima	[ʋeːrima]
pronúncia (f)	hääldamine	[hæːlʲdamine]

sotaque (m)	aktsent	[aktsent]
com sotaque	aktsendiga	[aktsendiga]
sem sotaque	ilma aktsendita	[ilʲma aktsendita]

palavra (f)	sõna	[sɜna]
sentido (m)	mõiste	[mɜisʲte]

curso (m)	kursused	[kursuset]
inscrever-se (vr)	kirja panema	[kirja panema]
professor (m)	õppejõud	[ɜppejɜut]

tradução (processo)	tõlkimine	[tɜlʲkimine]
tradução (texto)	tõlge	[tɜlʲge]
tradutor (m)	tõlk	[tɜlʲk]
intérprete (m)	tõlk	[tɜlʲk]

poliglota (m)	polüglott	[polʉglott]
memória (f)	mälu	[mælu]

147. Personagens de contos de fadas

Papai Noel (m)	Jõuluvana	[jɜuluʋana]
Cinderela (f)	Tuhkatriinu	[tuhkatriːnu]
sereia (f)	Näkineid	[nækinejt]
Netuno (m)	Neptunus	[neptunus]

bruxo, feiticeiro (m)	võlur	[ʋɜlur]
fada (f)	võlur	[ʋɜlur]
mágico (adj)	võlu-	[ʋɜlu-]
varinha (f) mágica	võlukepike	[ʋɜlukepike]

conto (m) de fadas	muinasjutt	[mujnasjutt]
milagre (m)	ime	[ime]
anão (m)	päkapikk	[pækapikk]

transformar-se em ...	... muutuda	[... muːtuda]
fantasma (m)	viirastus	[ʋiːrasʲtus]
fantasma (m)	kummitus	[kummitus]
monstro (m)	koletis	[koletis]
dragão (m)	draakon	[draːkon]
gigante (m)	hiiglane	[hiːglane]

148. Signos do Zocíaco

Áries (f)	Jäär	[jæːr]
Touro (m)	Sõnn	[sɜnn]
Gêmeos (m pl)	Kaksikud	[kaksikut]
Câncer (m)	Vähk	[ʋæhk]
Leão (m)	Lõvi	[lɜʋi]
Virgem (f)	Neitsi	[nejtsi]

Libra (f)	Kaalud	[kaːlut]
Escorpião (m)	Skorpion	[skorpion]
Sagitário (m)	Ambur	[ambur]
Capricórnio (m)	Kaljukits	[kaljukits]
Aquário (m)	Veevalaja	[ʋeːʋalaja]
Peixes (pl)	Kalad	[kalat]

caráter (m)	iseloom	[iseloːm]
traços (m pl) do caráter	iseloomujooned	[iseloːmujoːnet]
comportamento (m)	käitumine	[kæjtumine]
prever a sorte	ennustama	[ennusʲtama]
adivinha (f)	ennustaja	[ennusʲtaja]
horóscopo (m)	horoskoop	[horoskoːp]

Artes

149. Teatro

teatro (m)	teater	[teater]
ópera (f)	ooper	[o:per]
opereta (f)	operett	[operett]
balé (m)	ballett	[balʲett]
cartaz (m)	kuulutus	[ku:lutus]
companhia (f) de teatro	trupp	[trupp]
turnê (f)	külalisetendus	[kʉlalisetendus]
estar em turnê	gastroleerima	[gasʲtrole:rima]
ensaiar (vt)	proovi tegema	[pro:ʊi tegema]
ensaio (m)	proov	[pro:ʊ]
repertório (m)	repertuaar	[repertua:r]
apresentação (f)	etendus	[etendus]
espetáculo (m)	etendus	[etendus]
peça (f)	näidend	[næjdent]
entrada (m)	pilet	[pilet]
bilheteira (f)	piletikassa	[piletikassa]
hall (m)	hall	[halʲ]
vestiário (m)	riietehoid	[ri:etehojt]
senha (f) numerada	riidehoiunumber	[ri:dehojunumber]
binóculo (m)	binokkel	[binokkelʲ]
lanterninha (m)	kontrolör	[kontrolør]
plateia (f)	parter	[parter]
balcão (m)	rõdu	[rɜdu]
primeiro balcão (m)	esindusrõdu	[esindusrɜdu]
camarote (m)	loož	[lo:ʒ]
fila (f)	rida	[rida]
assento (m)	koht	[koht]
público (m)	publik	[publik]
espectador (m)	vaataja	[ʊa:taja]
aplaudir (vt)	aplodeerima	[aplode:rima]
aplauso (m)	aplaus	[aplaus]
ovação (f)	ovatsioon	[oʊatsio:n]
palco (m)	lava	[laʊa]
cortina (f)	eesriie	[e:sri:e]
cenário (m)	dekoratsioonid	[dekoratsio:nit]
bastidores (m pl)	kulissid	[kulissit]
cena (f)	stseen	[sʲtse:n]
ato (m)	akt	[akt]
intervalo (m)	vaheaeg	[ʊaheaeg]

150. Cinema

ator (m)	näitleja	[næjtleja]
atriz (f)	näitlejanna	[nnaitlejanna]
cinema (m)	kino	[kino]
filme (m)	kino	[kino]
episódio (m)	seeria	[se:ria]
filme (m) policial	kriminaalfilm	[krimina:lfilim]
filme (m) de ação	löökfilm	[lø:kfilim]
filme (m) de aventuras	põnevusfilm	[pɜneuusfiliʲm]
filme (m) de ficção cientí⁻ica	aimefilm	[aimefiliʲm]
filme (m) de horror	õudusfilm	[ɜudusfiliʲm]
comédia (f)	komöödiafilm	[komø:diafiliʲm]
melodrama (m)	melodraama	[melodra:ma]
drama (m)	draama	[dra:ma]
filme (m) de ficção	mängufilm	[mængufiliʲm]
documentário (m)	tõsielufilm	[tɜsielufiliʲm]
desenho (m) animado	animafilm	[animafiliʲm]
cinema (m) mudo	tummfilm	[tummfiliʲm]
papel (m)	osa	[osa]
papel (m) principal	peaosa	[peaosa]
representar (vt)	mängima	[mængima]
estrela (f) de cinema	filmitäht	[filimitæht]
conhecido (adj)	tuntud	[tuntut]
famoso (adj)	kuulus	[ku:lus]
popular (adj)	populaarne	[popula:rne]
roteiro (m)	stsenaarium	[siʲtsena:rium]
roteirista (m)	stsenarist	[siʲtsenarisiʲt]
diretor (m) de cinema	lavastaja	[lauasiʲtaja]
produtor (m)	produtsent	[produtsent]
assistente (m)	assistent	[assisiʲtent]
diretor (m) de fotografia	operaator	[opera:tor]
dublê (m)	kaskadöör	[kaskadø:r]
dublê (m) de corpo	dublant	[dublant]
filmar (vt)	filmi võtma	[filiʲmi uɜtma]
audição (f)	proovid	[pro:uit]
filmagem (f)	filmivõtted	[filiʲmiuɜttet]
equipe (f) de filmagem	võttegrupp	[uɜttegrupp]
set (m) de filmagem	võtteplats	[uɜtteplats]
câmera (f)	kinokaamera	[kinoka:mera]
cinema (m)	kino	[kino]
tela (f)	ekraan	[ekra:n]
exibir um filme	filmi näitama	[filiʲmi næjtama]
trilha (f) sonora	heliriba	[heliriba]
efeitos (m pl) especiais	trikid	[trikit]

legendas (f pl)	subtiitrid	[subti:trit]
crédito (m)	tiitrid	[ti:trit]
tradução (f)	tõlge	[tɜlʲge]

151. Pintura

arte (f)	kunst	[kunsʲt]
belas-artes (f pl)	kaunid kunstid	[kaunit kunsʲtit]
galeria (f) de arte	galerii	[galeri:]
exibição (f) de arte	maalinäitus	[ma:linæjtus]

pintura (f)	maalikunst	[ma:likunsʲt]
arte (f) gráfica	graafika	[gra:fika]
arte (f) abstrata	abstraktsionism	[absʲtraktsionism]
impressionismo (m)	impressionism	[impressionism]

pintura (f), quadro (m)	maal	[ma:lʲ]
desenho (m)	joonistus	[jo:nisʲtus]
cartaz, pôster (m)	plakat	[plakat]

ilustração (f)	illustratsioon	[ilʲusʲtratsio:n]
miniatura (f)	miniatuur	[miniatu:r]
cópia (f)	ärakiri	[ærakiri]
reprodução (f)	repro	[repro]

mosaico (m)	mosaiik	[mosai:k]
vitral (m)	vitraaž	[ʋitra:ʒ]
afresco (m)	fresko	[fresko]
gravura (f)	gravüür	[graʋʉ:r]

busto (m)	rinnakuju	[rinnakuju]
escultura (f)	skulptuur	[skulʲptu:r]
estátua (f)	raidkuju	[raidkuju]
gesso (m)	kips	[kips]
em gesso (adj)	kipsist	[kipsisʲt]

retrato (m)	portree	[portre:]
autorretrato (m)	autoportree	[autoportre:]
paisagem (f)	maastikumaal	[ma:sʲtikuma:lʲ]
natureza (f) morta	natüürmort	[natʉ:rmort]
caricatura (f)	karikatuur	[karikatu:r]
esboço (m)	visand	[ʋisant]

tinta (f)	värv	[ʋærʋ]
aquarela (f)	akvarell	[akʋarelʲ]
tinta (f) a óleo	õli	[ɜli]
lápis (m)	pliiats	[pli:ats]
tinta (f) nanquim	tušš	[tuʃ]
carvão (m)	süsi	[sʉsi]

desenhar (vt)	joonistama	[jo:nisʲtama]
pintar (vt)	joonistama	[jo:nisʲtama]
posar (vi)	poseerima	[pose:rima]
modelo (m)	modell	[modelʲ]

modelo (f)	modell	[modelʲ]
pintor (m)	kunstnik	[kunsʲtnik]
obra (f)	teos	[teos]
obra-prima (f)	meistriteos	[mejsʲtriteos]
estúdio (m)	ateljee	[atelje:]

tela (f)	lõuend	[lɜuent]
cavalete (m)	molbert	[molʲbert]
paleta (f)	palett	[palett]

moldura (f)	raam	[ra:m]
restauração (f)	ennistamine	[ennisʲtamine]
restaurar (vt)	ennistama	[ennisʲtama]

152. Literatura & Poesia

literatura (f)	kirjandus	[kirjandus]
autor (m)	autor	[autor]
pseudônimo (m)	pseudonüüm	[pseudonʉ:m]

livro (m)	raamat	[ra:mat]
volume (m)	köide	[køide]
índice (m)	sisukord	[sisukort]
página (f)	lehekülg	[lehekʉlʲg]
protagonista (m)	peategelane	[peategelane]
autógrafo (m)	autogramm	[autogramm]

conto (m)	jutt	[jutt]
novela (f)	jutustus	[jutusʲtus]
romance (m)	romaan	[roma:n]
obra (f)	teos	[teos]
fábula (m)	valm	[ualʲm]
romance (m) policial	kriminull	[kriminulʲ]

verso (m)	luuletus	[lu:letus]
poesia (f)	luule	[lu:le]
poema (m)	poeem	[poe:m]
poeta (m)	luuletaja	[lu:letaja]

ficção (f)	ilukirjandus	[ilukirjandus]
ficção (f) científica	aimekirjandus	[aimekirjandus]
aventuras (f pl)	seiklused	[sejkluset]
literatura (f) didática	õppekirjandus	[ɜppekirjandus]
literatura (f) infantil	lastekirjandus	[lasʲtekirjandus]

153. Circo

circo (m)	tsirkus	[tsirkus]
circo (m) ambulante	rändtsirkus	[rændtsirkus]
programa (m)	programm	[programm]
apresentação (f)	etendus	[etendus]
número (m)	number	[number]

picadeiro (f)	areen	[are:n]
pantomima (f)	pantomiim	[pantomi:m]
palhaço (m)	kloun	[kloun]

acrobata (m)	akrobaat	[akroba:t]
acrobacia (f)	akrobaatika	[akroba:tika]
ginasta (m)	võimleja	[ʋɜimleja]
ginástica (f)	võimlemine	[ʋɜimlemine]
salto (m) mortal	salto	[salʲto]

homem (m) forte	atleet	[atle:t]
domador (m)	taltsutaja	[talʲtsutaja]
cavaleiro (m) equilibrista	ratsutaja	[ratsutaja]
assistente (m)	assistent	[assisʲtent]

truque (m)	trikk	[trikk]
truque (m) de mágica	fookus	[fo:kus]
ilusionista (m)	mustkunstnik	[musʲtkunsʲtnik]

malabarista (m)	žonglöör	[ʒonglø:r]
fazer malabarismos	žongleerima	[ʒongle:rima]
adestrador (m)	dresseerija	[dresse:rija]
adestramento (m)	dresseerimine	[dresse:rimine]
adestrar (vt)	dresseerima	[dresse:rima]

154. Música. Música popular

música (f)	muusika	[mu:sika]
músico (m)	muusik	[mu:sik]
instrumento (m) musical	muusikariist	[mu:sikari:sʲt]
tocar ...	... mängima	[... mæŋgima]

guitarra (f)	kitarr	[kitarr]
violino (m)	viiul	[ʋi:ulʲ]
violoncelo (m)	tšello	[tʃelʲo]
contrabaixo (m)	kontrabass	[kontrabass]
harpa (f)	harf	[harf]

piano (m)	klaver	[klaʋer]
piano (m) de cauda	tiibklaver	[ti:bklaʋer]
órgão (m)	orel	[orelʲ]

instrumentos (m pl) de sopro	puhkpillid	[puhkpilʲit]
oboé (m)	oboe	[oboe]
saxofone (m)	saksofon	[saksofon]
clarinete (m)	klarnet	[klarnet]
flauta (f)	flööt	[flø:t]
trompete (m)	trompet	[trompet]

| acordeão (m) | akordion | [akordion] |
| tambor (m) | trumm | [trumm] |

| dueto (m) | duett | [duett] |
| trio (m) | trio | [trio] |

quarteto (m)	kvartett	[kʋartett]
coro (m)	koor	[ko:r]
orquestra (f)	orkester	[orkesʲter]
música (f) pop	popmuusika	[popmu:sika]
música (f) rock	rokkmuusika	[rokkmu:sika]
grupo (m) de rock	rokkansambel	[rokkansambelʲ]
jazz (m)	džäss	[dʒæss]
ídolo (m)	ebajumal	[ebajumalʲ]
fã, admirador (m)	austaja	[ausʲtaja]
concerto (m)	kontsert	[kontsert]
sinfonia (f)	sümfoonia	[sʉmfo:nia]
composição (f)	teos	[teos]
compor (vt)	looma	[lo:ma]
canto (m)	laulmine	[laulʲmine]
canção (f)	laul	[laulʲ]
melodia (f)	viis	[ʋi:s]
ritmo (m)	rütm	[rʉtm]
blues (m)	bluus	[blu:s]
notas (f pl)	noodid	[no:dit]
batuta (f)	kepp	[kepp]
arco (m)	poogen	[po:gen]
corda (f)	keel	[ke:lʲ]
estojo (m)	vutlar	[ʋutlar]

Descanso. Entretenimento. Viagens

155. Viagens

turismo (m)	turism	[turism]
turista (m)	turist	[turisʲt]
viagem (f)	reis	[rejs]
aventura (f)	seiklus	[sejklus]
percurso (curta viagem)	sõit	[sɜit]
férias (f pl)	puhkus	[puhkus]
estar de férias	puhkusel olema	[puhkuselʲ olema]
descanso (m)	puhkus	[puhkus]
trem (m)	rong	[rong]
de trem (chegar ~)	rongiga	[rongiga]
avião (m)	lennuk	[lennuk]
de avião	lennukiga	[lennukiga]
de carro	autoga	[autoga]
de navio	laevaga	[laeʋaga]
bagagem (f)	pagas	[pagas]
mala (f)	kohver	[kohʋer]
carrinho (m)	pagasikäru	[pagasikæru]
passaporte (m)	pass	[pass]
visto (m)	viisa	[ʋiːsa]
passagem (f)	pilet	[pilet]
passagem (f) aérea	lennukipilet	[lennukipilet]
guia (m) de viagem	teejuht	[teːjuht]
mapa (m)	kaart	[kaːrt]
área (f)	ala	[ala]
lugar (m)	koht	[koht]
exotismo (m)	eksootika	[eksoːtika]
exótico (adj)	eksootiline	[eksoːtiline]
surpreendente (adj)	üllatav	[ɯlʲætaʋ]
grupo (m)	grupp	[grupp]
excursão (f)	ekskursioon	[ekskursioːn]
guia (m)	ekskursioonijuht	[ekskursioːnijuht]

156. Hotel

hotel (m)	võõrastemaja	[ʋɜːrasʲtemaja]
hospedaria (f)	hotell	[hotelʲ]
motel (m)	motell	[motelʲ]

três estrelas	kolm tärni	[kolʲm tærni]
cinco estrelas	viis tärni	[ʋi:s tærni]
ficar (vi, vt)	peatuma	[peatuma]

quarto (m)	number	[number]
quarto (m) individual	üheinimesetuba	[ʉhejnimesetuba]
quarto (m) duplo	kaheinimesetuba	[kahejnimesetuba]
reservar um quarto	tuba kinni panema	[tuba kinni panema]

meia pensão (f)	poolpansion	[po:lʲpansion]
pensão (f) completa	täispansion	[tæjspansion]
com banheira	vannitoaga	[ʋannitoaga]
com chuveiro	dušiga	[duʃiga]
televisão (m) por satélite	satelliittelevisioon	[satelʲi:teleʋisio:n]
ar (m) condicionado	konditsioneer	[konditsione:r]
toalha (f)	käterätik	[kæterætik]
chave (f)	võti	[ʋɜti]

administrador (m)	administraator	[adminisʲtra:tor]
camareira (f)	toatüdruk	[toatʉdruk]
bagageiro (m)	pakikandja	[pakikandja]
porteiro (m)	uksehoidja	[uksehojdja]

restaurante (m)	restoran	[resʲtoran]
bar (m)	baar	[ba:r]
café (m) da manhã	hommikusöök	[hommikusø:k]
jantar (m)	õhtusöök	[ɜhtusø:k]
bufê (m)	rootsi laud	[ro:tsi laut]

| saguão (m) | vestibüül | [ʋesʲtibʉ:lʲ] |
| elevador (m) | lift | [lift] |

| NÃO PERTURBE | **MITTE SEGADA** | [mitte segada] |
| PROIBIDO FUMAR! | **MITTE SUITSETADA!** | [mitte suitsetada!] |

157. Livros. Leitura

livro (m)	raamat	[ra:mat]
autor (m)	autor	[autor]
escritor (m)	kirjanik	[kirjanik]
escrever (~ um livro)	kirjutama	[kirjutama]

leitor (m)	lugeja	[lugeja]
ler (vt)	lugema	[lugema]
leitura (f)	lugemine	[lugemine]

| para si | omaette | [omaette] |
| em voz alta | valjusti | [ʋaljusʲti] |

publicar (vt)	välja andma	[ʋælja andma]
publicação (f)	trükk	[trʉkk]
editor (m)	kirjastaja	[kirjasʲtaja]
editora (f)	kirjastus	[kirjasʲtus]
sair (vi)	ilmuma	[ilʲmuma]

lançamento (m)	ilmumine	[ilʲmumine]
tiragem (f)	tiraaž	[tira:ʒ]
livraria (f)	raamatukauplus	[ra:matukauplus]
biblioteca (f)	raamatukogu	[ra:matukogu]
novela (f)	jutustus	[jutusʲtus]
conto (m)	jutt	[jutt]
romance (m)	romaan	[roma:n]
romance (m) policial	kriminull	[kriminulʲ]
memórias (f pl)	memuaarid	[memua:rit]
lenda (f)	legend	[legent]
mito (m)	müüt	[mʉ:t]
poesia (f)	luuletused	[lu:letuset]
autobiografia (f)	elulugu	[elulugu]
obras (f pl) escolhidas	valitud teosed	[ʋalitut teoset]
ficção (f) científica	aimekirjandus	[aimekirjandus]
título (m)	nimetus	[nimetus]
introdução (f)	sissejuhatus	[sissejuhatus]
folha (f) de rosto	tiitelleht	[ti:telʲeht]
capítulo (m)	peatükk	[peatʉkk]
excerto (m)	katkend	[katkent]
episódio (m)	episood	[episo:t]
enredo (m)	süžee	[sʉʒe:]
conteúdo (m)	sisu	[sisu]
índice (m)	sisukord	[sisukort]
protagonista (m)	peategelane	[peategelane]
volume (m)	köide	[køide]
capa (f)	kaas	[ka:s]
encadernação (f)	köide	[køide]
marcador (m) de página	järjehoidja	[jærjehojdja]
página (f)	lehekülg	[lehekʉlʲg]
folhear (vt)	lehitsema	[lehitsema]
margem (f)	ääred	[æ:ret]
anotação (f)	märge	[mærge]
nota (f) de rodapé	märkus	[mærkus]
texto (m)	tekst	[teksʲt]
fonte (f)	kiri	[kiri]
falha (f) de impressão	trükiviga	[trʉkiʋiga]
tradução (f)	tõlge	[tɜlʲge]
traduzir (vt)	tõlkima	[tɜlʲkima]
original (m)	originaal	[origina:lʲ]
famoso (adj)	kuulus	[ku:lus]
desconhecido (adj)	tundmatu	[tundmatu]
interessante (adj)	huvitav	[huʋitaʋ]
best-seller (m)	menuraamat	[menura:mat]

dicionário (m)	sõnaraamat	[sɜnara:mat]
livro (m) didático	õpik	[ɜpik]
enciclopédia (f)	entsüklopeedia	[entsʉklope:dia]

158. Caça. Pesca

caça (f)	küttimine	[kʉttimine]
caçar (vi)	jahil käima	[jahilʲ kæjma]
caçador (m)	jahimees	[jahime:s]

disparar, atirar (vi)	tulistama	[tulisʲtama]
rifle (m)	püss	[pʉss]
cartucho (m)	padrun	[padrun]
chumbo (m) de caça	haavlid	[ha:ʊlit]

armadilha (f)	püünis	[pʉ:nis]
armadilha (com corda)	lõks	[lɜks]
cair na armadilha	lõksu langema	[lɜksu langema]
pôr a armadilha	püüniseid üles panema	[pʉ:nisejt ʉles panema]

caçador (m) furtivo	salakütt	[salakʉtt]
caça (animais)	metslinnud	[metslinnut]
cão (m) de caça	jahikoer	[jahikoer]
safári (m)	safari	[safari]
animal (m) empalhado	topis	[topis]

pescador (m)	kalamees	[kalame:s]
pesca (f)	kalapüük	[kalapʉ:k]
pescar (vt)	kala püüdma	[kala pʉ:dma]

vara (f) de pesca	õng	[ɜng]
linha (f) de pesca	õngenöör	[ɜngenø:r]
anzol (m)	õngekonks	[ɜngekonks]

| boia (f), flutuador (m) | õngekork | [ɜngekork] |
| isca (f) | sööt | [sø:t] |

| lançar a linha | õnge vette viskama | [ɜnge ʊette ʊiskama] |
| morder (peixe) | näkkima | [nækkima] |

| pesca (f) | kalasaak | [kalasa:k] |
| buraco (m) no gelo | jääauk | [jæ::uk] |

| rede (f) | võrk | [ʊɜrk] |
| barco (m) | paat | [pa:t] |

pescar com rede	võrguga püüdma	[ʊɜrguga pʉ:dma]
lançar a rede	võrku vette heitma	[ʊɜrku ʊette hejtma]
puxar a rede	võrku välja tõmbama	[ʊɜrku ʊælja tɜmbama]
cair na rede	võrku langema	[ʊɜrku langema]

baleeiro (m)	vaalapüük	[ʊa:lapʉ:k]
baleeira (f)	vaalapüügilaev	[ʊa:lapʉ:gilaeʊ]
arpão (m)	harpuun	[harpu:n]

159. Jogos. Bilhar

bilhar (m)	piljard	[piljart]
sala (f) de bilhar	piljardiruum	[piljardiru:m]
bola (f) de bilhar	piljardikuul	[piljardiku:lʲ]
embolsar uma bola	kuuli ajama	[ku:li ajama]
taco (m)	kii	[ki:]
caçapa (f)	piljardiauk	[piljardiauk]

160. Jogos. Jogar cartas

ouros (m pl)	ruutu	[ru:tu]
espadas (f pl)	poti	[poti]
copas (f pl)	ärtu	[ærtu]
paus (m pl)	risti	[risʲti]
ás (m)	äss	[æss]
rei (m)	kuningas	[kuningas]
dama (f), rainha (f)	daam	[da:m]
valete (m)	soldat	[solʲdat]
carta (f) de jogar	kaart	[ka:rt]
cartas (f pl)	kaardid	[ka:rdit]
trunfo (m)	trump	[trump]
baralho (m)	kaardipakk	[ka:rdipakk]
ponto (m)	punkt, silm	[punkt], [silʲm]
dar, distribuir (vt)	kaarte välja jagama	[ka:rte ʋælja jagama]
embaralhar (vt)	kaarte segama	[ka:rte segama]
vez, jogada (f)	käik	[kæjk]
trapaceiro (m)	suli	[suli]

161. Casino. Roleta

cassino (m)	kasiino	[kasi:no]
roleta (f)	rulett	[rulett]
aposta (f)	panus	[panus]
apostar (vt)	panust tegema	[panusʲt tegema]
vermelho (m)	punane	[punane]
preto (m)	must	[musʲt]
apostar no vermelho	panust punasele panema	[panusʲt punasele panema]
apostar no preto	panust mustale panema	[panusʲt musʲtale panema]
croupier (m, f)	krupjee	[krupje:]
girar da roleta	trumlit keerutama	[trumlit ke:rutama]
regras (f pl) do jogo	mängureeglid	[mængure:glit]
ficha (f)	täring	[tæring]
ganhar (vi, vt)	võitma	[ʋɜitma]
ganho (m)	võit	[ʋɜit]

| perder (dinheiro) | kaotama | [kaotama] |
| perda (f) | kaotus | [kaotus] |

jogador (m)	mängija	[mængija]
blackjack, vinte-e-um (m)	Must Jack	[musꞌt dʒæk]
jogo (m) de dados	täringumäng	[tæringumæng]
dados (m pl)	täring	[tæring]
caça-níqueis (m)	mänguautomaat	[mænguautoma:t]

162. Descanso Jogos. Diversos

passear (vi)	jalutama	[jalutama]
passeio (m)	jalutuskäik	[jalutuskæjk]
viagem (f) de carro	lõbusõit	[lɜbusɜit]
aventura (f)	seiklus	[sejklus]
piquenique (m)	piknik	[piknik]

jogo (m)	mäng	[mæng]
jogador (m)	mängija	[mængija]
partida (f)	partii	[parti:]

colecionador (m)	kollektsionäär	[kolꞌektsionæ:r]
colecionar (vt)	koguma	[koguma]
coleção (f)	kollektsioon	[kolꞌektsio:n]

palavras (f pl) cruzadas	ristsõna	[risꞌtsɜna]
hipódromo (m)	hipodroom	[hipodro:m]
discoteca (f)	disko	[disko]

| sauna (f) | saun | [saun] |
| loteria (f) | loterii | [loteri:] |

campismo (m)	matk	[matk]
acampamento (m)	laager	[la:ger]
barraca (f)	telk	[telꞌk]
bússola (f)	kompass	[kompass]
campista (m)	matkaja	[matkaja]

ver (vt), assistir à …	vaatama	[ʋa:tama]
telespectador (m)	televaataja	[teleʋa:taja]
programa (m) de TV	telesaade	[telesa:de]

163. Fotografia

| máquina (f) fotográfica | fotoaparaat | [fotoapara:t] |
| foto, fotografia (f) | foto | [foto] |

fotógrafo (m)	fotograaf	[fotogra:f]
estúdio (m) fotográfico	fotostuudio	[fotosꞌtu:dio]
álbum (m) de fotografias	fotoalbum	[fotoalꞌbum]
lente (f) fotográfica	objektiiv	[objekti:ʋ]
lente (f) teleobjetiva	teleobjektiiv	[teleobjekti:ʋ]

| filtro (m) | filter | [fil'ter] |
| lente (f) | lääts | [l'æ:ts] |

ótica (f)	optika	[optika]
abertura (f)	diafragma	[diafragma]
exposição (f)	säriaeg	[særiaeg]
visor (m)	näidik	[næjdik]

câmera (f) digital	videokaamera	[uideoka:mera]
tripé (m)	statiiv	[s'tati:u]
flash (m)	välkvalgus	[uæl'kual'gus]

fotografar (vt)	pildistama	[pil'dis'tama]
tirar fotos	üles võtma	[ules uɜtma]
fotografar-se (vr)	pildistama	[pil'dis'tama]

foco (m)	teravus	[terauus]
focar (vt)	teravust reguleerima	[terauus't regule:rima]
nítido (adj)	terav	[terau]
nitidez (f)	teravus	[terauus]

| contraste (m) | kontrast | [kontras't] |
| contrastante (adj) | kontrastne | [kontras'tne] |

retrato (m)	foto	[foto]
negativo (m)	negatiiv	[negati:u]
filme (m)	filmilint	[fil'milint]
fotograma (m)	kaader	[ka:der]
imprimir (vt)	trükkima	[trukkima]

164. Praia. Natação

praia (f)	supelrand	[supel'rant]
areia (f)	liiv	[li:u]
deserto (adj)	inimtühi	[inimtuhi]

bronzeado (m)	päevitus	[pææuitus]
bronzear-se (vr)	päevitama	[pææuitama]
bronzeado (adj)	päevitunud	[pææuitunut]
protetor (m) solar	päevituskreem	[pææuituskre:m]

biquíni (m)	bikiinid	[biki:nit]
maiô (m)	trikoo	[triko:]
calção (m) de banho	supelpüksid	[supel'puksit]

piscina (f)	bassein	[bassejn]
nadar (vi)	ujuma	[ujuma]
chuveiro (m), ducha (f)	dušš	[duʃʃ]
mudar, trocar (vt)	ümber riietuma	[umber ri:etuma]
toalha (f)	käterätik	[kæterætik]

barco (m)	paat	[pa:t]
lancha (f)	kaater	[ka:ter]
esqui (m) aquático	veesuusad	[ue:su:sat]

barco (m) de pedais	vesivelo	[ʋesiʋelo]
surf, surfe (m)	purjelaud	[purjelaut]
surfista (m)	purjelaudur	[purjelaudur]
equipamento (m) de mergulho	akvalang	[akʋalang]
pé (m pl) de pato	lestad	[lesᵗtat]
máscara (f)	mask	[mask]
mergulhador (m)	sukelduja	[sukelʲduja]
mergulhar (vi)	sukelduma	[sukelʲduma]
debaixo d'água	vee all	[ʋe: alʲ]
guarda-sol (m)	päevavari	[pæeʋaʋari]
espreguiçadeira (f)	lamamistool	[lamamisᵗto:lʲ]
óculos (m pl) de sol	päikeseprillid	[pæjkeseprilʲit]
colchão (m) de ar	ujumismadrats	[ujumismadrats]
brincar (vi)	mängima	[mæŋgima]
ir nadar	suplema	[suplema]
bola (f) de praia	pall	[palʲ]
encher (vt)	täis puhuma	[tæjs puhuma]
inflável (adj)	täispuhutav	[tæjspuhutaʋ]
onda (f)	laine	[laine]
boia (f)	poi	[poj]
afogar-se (vr)	uppuma	[uppuma]
salvar (vt)	päästma	[pæ:sᵗtma]
colete (m) salva-vidas	päästevest	[pæ:sᵗteʋesᵗt]
observar (vt)	jälgima	[jælʲgima]
salva-vidas (pessoa)	päästja	[pæ:sᵗtja]

EQUIPAMENTO TÉCNICO. TRANSPORTES

Equipamento técnico. Transportes

165. Computador

computador (m)	arvuti	[aruuti]
computador (m) portátil	sülearvuti	[sɣlearuuti]
ligar (vt)	sisse lülitama	[sisse lɣlitama]
desligar (vt)	välja lülitama	[uælja lɣlitama]
teclado (m)	klaviatuur	[klauiatu:r]
tecla (f)	klahv	[klahʊ]
mouse (m)	hiir	[hi:r]
tapete (m) para mouse	hiirevaip	[hi:reuaip]
botão (m)	nupp	[nupp]
cursor (m)	kursor	[kursor]
monitor (m)	kuvar	[kuuar]
tela (f)	ekraan	[ekra:n]
disco (m) rígido	kõvaketas	[kɜuaketas]
capacidade (f) do disco rígido	kõvaketta mälumaht	[kɜuaketta mælumaht]
memória (f)	mälu	[mælu]
memória RAM (f)	operatiivmälu	[operati:umælu]
arquivo (m)	fail	[failʲ]
pasta (f)	kataloog	[katalo:g]
abrir (vt)	avama	[auama]
fechar (vt)	sulgema	[sulʲgema]
salvar (vt)	salvestama	[salʲuesʲtama]
deletar (vt)	eemaldama	[e:malʲdama]
copiar (vt)	kopeerima	[kope:rima]
ordenar (vt)	sorteerima	[sorte:rima]
copiar (vt)	ümber kirjutama	[ɣmber kirjutama]
programa (m)	programm	[programm]
software (m)	tarkvara	[tarkuara]
programador (m)	programmeerija	[programme:rija]
programar (vt)	programmeerima	[programme:rima]
hacker (m)	häkker	[hækker]
senha (f)	parool	[paro:lʲ]
vírus (m)	viirus	[ui:rus]
detectar (vt)	avastama	[auasʲtama]
byte (m)	bait	[bait]

megabyte (m)	megabait	[megabait]
dados (m pl)	andmed	[andmet]
base (f) de dados	andmebaas	[andmeba:s]

cabo (m)	kaabel	[ka:belʲ]
desconectar (vt)	välja lülitama	[vælja lʉlitama]
conectar (vt)	ühendama	[ʉhendama]

166. Internet. E-mail

internet (f)	internet	[internet]
browser (m)	brauser	[brauser]
motor (m) de busca	otsimisressurss	[otsimisressurss]
provedor (m)	provaider	[provaider]

webmaster (m)	veebimeister	[ve:bimejsʲter]
website (m)	veebilehekülg	[ve:bilehekʉlʲg]
web page (f)	veebilehekülg	[ve:bilehekʉlʲg]

| endereço (m) | aadress | [a:dress] |
| livro (m) de endereços | aadressiraamat | [a:dressira:mat] |

caixa (f) de correio	postkast	[posʲtkasʲt]
correio (m)	post	[posʲt]
cheia (caixa de correio)	täis	[tæjs]

mensagem (f)	teade	[teade]
mensagens (f pl) recebicas	sissetulevad sõnumid	[sissetulevat sɜnumit]
mensagens (f pl) enviadas	väljaminevad sõnumid	[væljaminevat sɜnumit]
remetente (m)	saatja	[sa:tja]
enviar (vt)	saatma	[sa:tma]
envio (m)	saatmine	[sa:tmine]
destinatário (m)	saaja	[sa:ja]
receber (vt)	kätte saama	[kætte sa:ma]

| correspondência (f) | kirjavahetus | [kirjavahetus] |
| corresponder-se (vr) | kirjavahetuses olema | [kirjavahetuses olema] |

arquivo (m)	fail	[failʲ]
fazer download, baixar (vt)	allalaadimine	[alʲæla:dimine]
criar (vt)	tegema	[tegema]
deletar (vt)	eemaldama	[e:malʲdama]
deletado (adj)	eemaldatud	[e:malʲdatut]

conexão (f)	side	[side]
velocidade (f)	kiirus	[ki:rus]
modem (m)	modem	[modem]
acesso (m)	juurdepääs	[ju:rdepæ:s]
porta (f)	port	[port]

conexão (f)	lülitus	[lʉlitus]
conectar (vi)	sisse lülitama	[sisse lʉlitama]
escolher (vt)	valima	[valima]
buscar (vt)	otsima	[otsima]

167. Eletricidade

eletricidade (f)	elekter	[elekter]
elétrico (adj)	elektri-	[elektri-]
planta (f) elétrica	elektrijaam	[elektrija:m]
energia (f)	energia	[energia]
energia (f) elétrica	elektrienergia	[elektrienergia]
lâmpada (f)	elektripirn	[elektripirn]
lanterna (f)	taskulamp	[taskulamp]
poste (m) de iluminação	tänavalatern	[tænaʋalatern]
luz (f)	elekter	[elekter]
ligar (vt)	sisse lülitama	[sisse lʉlitama]
desligar (vt)	välja lülitama	[ʋælja lʉlitama]
apagar a luz	tuld kustutama	[tulʲt kusʲtutama]
queimar (vi)	läbi põlema	[lʲæbi pɜlema]
curto-circuito (m)	lühiühendus	[lʉhiʉhendus]
ruptura (f)	katke	[katke]
contato (m)	kontakt	[kontakt]
interruptor (m)	lüliti	[lʉliti]
tomada (de parede)	pistikupesa	[pisʲtikupesa]
plugue (m)	pistik	[pisʲtik]
extensão (f)	pikendusjuhe	[pikendusjuhe]
fusível (m)	kaitse	[kaitse]
fio, cabo (m)	juhe	[juhe]
instalação (f) elétrica	juhtmed	[juhtmet]
ampère (m)	amper	[amper]
amperagem (f)	voolutugevus	[ʋo:lutugeʋus]
volt (m)	volt	[ʋolʲt]
voltagem (f)	pinge	[pinge]
aparelho (m) elétrico	elektririist	[elektriri:sʲt]
indicador (m)	indikaator	[indika:tor]
eletricista (m)	elektrik	[elektrik]
soldar (vt)	jootma	[jo:tma]
soldador (m)	jootekolb	[jo:tekolʲb]
corrente (f) elétrica	vool	[ʋo:lʲ]

168. Ferramentas

ferramenta (f)	tööriist	[tø:ri:sʲt]
ferramentas (f pl)	tööriistad	[tø:ri:sʲtat]
equipamento (m)	seadmed	[seadmet]
martelo (m)	haamer	[ha:mer]
chave (f) de fenda	kruvikeeraja	[kruʋike:raja]
machado (m)	kirves	[kirʋes]

serra (f)	saag	[sa:g]
serrar (vt)	saagima	[sa:gima]
plaina (f)	höövel	[hø:ʋelʲ]
aplainar (vt)	hööveldama	[hø:ʋelʲdama]
soldador (m)	jootekolb	[jo:tekolʲb]
soldar (vt)	jootma	[jo:tma]

lima (f)	viil	[ʋi:lʲ]
tenaz (f)	tangid	[tangit]
alicate (m)	näpitstangid	[næpitsʲtangit]
formão (m)	peitel	[pejtelʲ]

broca (f)	puur	[pu:r]
furadeira (f) elétrica	trellpuur	[trelʲpu:r]
furar (vt)	puurima	[pu:rima]

| faca (f) | nuga | [nuga] |
| lâmina (f) | noatera | [noatera] |

afiado (adj)	terav	[teraʋ]
cego (adj)	nüri	[nʉri]
embotar-se (vr)	nüriks minema	[nʉriks minema]
afiar, amolar (vt)	teritama	[teritama]

parafuso (m)	polt	[polʲt]
porca (f)	mutter	[mutter]
rosca (f)	vint	[ʋint]
parafuso (para madeira)	kruvi	[kruʋi]

| prego (m) | nael | [naelʲ] |
| cabeça (f) do prego | naelapea | [naelapea] |

régua (f)	joonlaud	[jo:nlaut]
fita (f) métrica	mõõdulint	[mɜ:dulint]
nível (m)	vaaderpass	[ʋa:derpass]
lupa (f)	luup	[lu:p]

medidor (m)	mõõteriist	[mɜ:teri:sʲt]
medir (vt)	mõõtma	[mɜ:tma]
escala (f)	skaala	[ska:la]
indicação (f), registro (m)	näit	[næjt]

| compressor (m) | kompressor | [kompressor] |
| microscópio (m) | mikroskoop | [mikrosko:p] |

bomba (f)	pump	[pump]
robô (m)	robot	[robot]
laser (m)	laser	[laser]

chave (f) de boca	mutrivõti	[mutriʋɜti]
fita (f) adesiva	kleeplint	[kle:plint]
cola (f)	liim	[li:m]

lixa (f)	liivapaber	[li:ʋapaber]
mola (f)	vedru	[ʋedru]
ímã (m)	magnet	[magnet]

luva (f)	kindad	[kindat]
corda (f)	nöör	[nø:r]
cabo (~ de nylon, etc.)	nöör	[nø:r]
fio (m)	juhe	[juhe]
cabo (~ elétrico)	kaabel	[ka:belʲ]

marreta (f)	sepavasar	[sepaʋasar]
pé de cabra (m)	kang	[kang]
escada (f) de mão	redel	[redelʲ]
escada (m)	treppredel	[treppredelʲ]

enroscar (vt)	kinni keerama	[kinni ke:rama]
desenroscar (vt)	lahti keerama	[lahti ke:rama]
apertar (vt)	kinni suruma	[kinni suruma]
colar (vt)	kleepima	[kle:pima]
cortar (vt)	lõikama	[lɜikama]

falha (f)	rike	[rike]
conserto (m)	parandamine	[parandamine]
consertar, reparar (vt)	remontima	[remontima]
regular, ajustar (vt)	reguleerima	[regule:rima]

verificar (vt)	kontrollima	[kontrolʲima]
verificação (f)	kontrollimine	[kontrolʲimine]
indicação (f), registro (m)	näit	[næjt]

| seguro (adj) | töökindel | [tø:kindelʲ] |
| complicado (adj) | keeruline | [ke:ruline] |

enferrujar (vi)	roostetama	[ro:sʲtetama]
enferrujado (adj)	roostetanud	[ro:sʲtetanut]
ferrugem (f)	rooste	[ro:sʲte]

Transportes

169. Avião

avião (m)	lennuk	[lennuk]
passagem (f) aérea	lennukipilet	[lennukipilet]
companhia (f) aérea	lennukompanii	[lennukompani:]
aeroporto (m)	lennujaam	[lennuja:m]
supersônico (adj)	ülehelikiiruse	[ʉleheliki:ruse]
comandante (m) do avião	lennukikomandör	[lennukikomandør]
tripulação (f)	meeskond	[me:skont]
piloto (m)	piloot	[pilo:t]
aeromoça (f)	stjuardess	[sʲtjuardess]
copiloto (m)	tüürimees	[tʉ:rime:s]
asas (f pl)	tiivad	[ti:ʋat]
cauda (f)	saba	[saba]
cabine (f)	kabiin	[kabi:n]
motor (m)	mootor	[mo:tor]
trem (m) de pouso	telik	[telik]
turbina (f)	turbiin	[turbi:n]
hélice (f)	propeller	[propelʲer]
caixa-preta (f)	must kast	[musʲt kasʲt]
coluna (f) de controle	tüür	[tʉ:r]
combustível (m)	kütus	[kʉtus]
instruções (f pl) de segurança	instruktsioon	[insʲtruktsio:n]
máscara (f) de oxigênio	hapnikumask	[hapnikumask]
uniforme (m)	vormiriietus	[ʋormiri:etus]
colete (m) salva-vidas	päästevest	[pæ:sʲteʋesʲt]
paraquedas (m)	langevari	[langeʋari]
decolagem (f)	õhkutõusmine	[ɜhkutɜusmine]
descolar (vi)	õhku tõusma	[ɜhku tɜusma]
pista (f) de decolagem	tõusurada	[tɜusurada]
visibilidade (f)	nähtavus	[næhtaʋus]
voo (m)	lend	[lent]
altura (f)	kõrgus	[kɜrgus]
poço (m) de ar	õhuauk	[ɜhuauk]
assento (m)	koht	[koht]
fone (m) de ouvido	kõrvaklapid	[kɜrʋaklapit]
mesa (f) retrátil	klapplaud	[klapplaut]
janela (f)	illuminaator	[ilʲumina:tor]
corredor (m)	vahekäik	[ʋahekæjk]

170. Comboio

trem (m)	rong	[rong]
trem (m) elétrico	elektrirong	[elektrirong]
trem (m)	kiirrong	[ki:rrong]
locomotiva (f) diesel	mootorvedur	[mo:torvedur]
locomotiva (f) a vapor	auruvedur	[auruvedur]
vagão (f) de passageiros	vagun	[vagun]
vagão-restaurante (m)	restoranvagun	[res'toranvagun]
carris (m pl)	rööpad	[rø:pat]
estrada (f) de ferro	raudtee	[raudte:]
travessa (f)	liiper	[li:per]
plataforma (f)	platvorm	[platvorm]
linha (f)	tee	[te:]
semáforo (m)	semafor	[semafor]
estação (f)	jaam	[ja:m]
maquinista (m)	vedurijuht	[vedurijuht]
bagageiro (m)	pakikandja	[pakikandja]
hospedeiro, -a (m, f)	vagunisaatja	[vagunisa:tja]
passageiro (m)	reisija	[rejsija]
revisor (m)	kontrolör	[kontrolør]
corredor (m)	koridor	[koridor]
freio (m) de emergência	hädapidur	[hædapidur]
compartimento (m)	kupee	[kupe:]
cama (f)	nari	[nari]
cama (f) de cima	ülemine nari	[ulemine nari]
cama (f) de baixo	alumine nari	[alumine nari]
roupa (f) de cama	voodipesu	[vo:dipesu]
passagem (f)	pilet	[pilet]
horário (m)	sõiduplaan	[sɜidupla:n]
painel (m) de informação	tabloo	[tablo:]
partir (vt)	väljuma	[væljuma]
partida (f)	väljumine	[væljumine]
chegar (vi)	saabuma	[sa:buma]
chegada (f)	saabumine	[sa:bumine]
chegar de trem	rongiga saabuma	[rongiga sa:buma]
pegar o trem	rongile minema	[rongile minema]
descer de trem	rongilt maha minema	[rongil't maha minema]
acidente (m) ferroviário	rongiõnnetus	[rongiɜnnetus]
descarrilar (vi)	rööbastelt maha jooksma	[rø:bas'tel't maha jo:ksma]
locomotiva (f) a vapor	auruvedur	[auruvedur]
foguista (m)	kütja	[kutja]
fornalha (f)	kolle	[kol'e]
carvão (m)	süsi	[susi]

171. Barco

| navio (m) | laev | [laeʋ] |
| embarcação (f) | laev | [laeʋ] |

barco (m) a vapor	aurik	[aurik]
barco (m) fluvial	mootorlaev	[mo:torlaeʋ]
transatlântico (m)	liinilaev	[li:nilaeʋ]
cruzeiro (m)	ristleja	[risʲtleja]

iate (m)	jaht	[jaht]
rebocador (m)	puksiir	[puksi:r]
barcaça (f)	lodi	[lodi]
ferry (m)	parvlaev	[parʋlaeʋ]

| veleiro (m) | purjelaev | [purjelaeʋ] |
| bergantim (m) | brigantiin | [briganti:n] |

| quebra-gelo (m) | jäälõhkuja | [jæː:lɜhkuja] |
| submarino (m) | allveelaev | [alʲʋeːlaeʋ] |

bote, barco (m)	paat	[pa:t]
baleeira (bote salva-vidas)	luup	[lu:p]
bote (m) salva-vidas	päästepaat	[pæːsʲtepa:t]
lancha (f)	kaater	[ka:ter]

capitão (m)	kapten	[kapten]
marinheiro (m)	madrus	[madrus]
marujo (m)	meremees	[mereme:s]
tripulação (f)	meeskond	[me:skont]

contramestre (m)	pootsman	[po:tsman]
grumete (m)	junga	[junga]
cozinheiro (m) de bordo	kokk	[kokk]
médico (m) de bordo	laevaarst	[laeʋa:rsʲt]

convés (m)	tekk	[tekk]
mastro (m)	mast	[masʲt]
vela (f)	puri	[puri]

porão (m)	trümm	[trʉmm]
proa (f)	vöör	[ʋøː:r]
popa (f)	ahter	[ahter]
remo (m)	aer	[aer]
hélice (f)	kruvi	[kruʋi]

cabine (m)	kajut	[kajut]
sala (f) dos oficiais	ühiskajut	[ʉhiskajut]
sala (f) das máquinas	masinaruum	[masinaru:m]
ponte (m) de comando	kaptenisild	[kaptenisilʲt]
sala (f) de comunicações	raadiosõlm	[ra:diosɜlʲm]
onda (f)	raadiolaine	[ra:diolaine]
diário (m) de bordo	logiraamat	[logira:mat]
luneta (f)	pikksilm	[pikksilʲm]
sino (m)	kirikukell	[kirikukelʲ]

bandeira (f)	lipp	[lipp]
cabo (m)	köis	[køis]
nó (m)	sõlm	[sɔlʲm]

| corrimão (m) | käsipuu | [kæsipu:] |
| prancha (f) de embarque | trapp | [trapp] |

âncora (f)	ankur	[ankur]
recolher a âncora	ankur sisse	[ankur sisse]
jogar a âncora	ankur välja	[ankur ʋælja]
amarra (corrente de âncora)	ankrukett	[ankrukett]

porto (m)	sadam	[sadam]
cais, amarradouro (m)	sadam	[sadam]
atracar (vi)	randuma	[randuma]
desatracar (vi)	kaldast eemalduma	[kalʲdasʲt e:malʲduma]

viagem (f)	reis	[rejs]
cruzeiro (m)	kruiis	[krui:s]
rumo (m)	kurss	[kurss]
itinerário (m)	marsruut	[marsru:t]

canal (m) de navegação	laevasõidutee	[laeʋasɜidute:]
banco (m) de areia	madalik	[madalik]
encalhar (vt)	madalikule jääma	[madalikule jæ:ma]

tempestade (f)	torm	[torm]
sinal (m)	signaal	[signa:lʲ]
afundar-se (vr)	uppuma	[uppuma]
Homem ao mar!	Mees üle parda!	[me:s ɥle parda!]
SOS	SOS	[sos]
boia (f) salva-vidas	päästerõngas	[pæ:sʲterɜngas]

172. Aeroporto

aeroporto (m)	lennujaam	[lennuja:m]
avião (m)	lennuk	[lennuk]
companhia (f) aérea	lennukompanii	[lennukompani:]
controlador (m) de tráfego aéreo	dispetšer	[dispetʃer]

partida (f)	väljalend	[ʋæljalent]
chegada (f)	saabumine	[sa:bumine]
chegar (vi)	saabuma	[sa:buma]

| hora (f) de partida | väljalennuaeg | [ʋæljalennuaeg] |
| hora (f) de chegada | saabumisaeg | [sa:bumisaeg] |

| estar atrasado | hilinema | [hilinema] |
| atraso (m) de voo | väljalend hilineb | [ʋæljalent hilineb] |

painel (m) de informação	teadetetabloo	[teadetetablo:]
informação (f)	teave	[teaʋe]
anunciar (vt)	teatama	[teatama]

voo (m)	reis	[rejs]
alfândega (f)	toll	[tolʲ]
funcionário (m) da alfândega	tolliametnik	[tolʲiametnik]

declaração (f) alfandegária	deklaratsioon	[deklaratsio:n]
preencher (vt)	täitma	[tæjtma]
preencher a declaração	deklaratsiooni täitma	[deklaratsio:ni tæjtma]
controle (m) de passaporte	passikontroll	[passikontrolʲ]

bagagem (f)	pagas	[pagas]
bagagem (f) de mão	käsipakid	[kæsipakit]
carrinho (m)	pagasikäru	[pagasikæru]

pouso (m)	maandumine	[ma:ndumine]
pista (f) de pouso	maandumisrada	[ma:ndumisrada]
aterrissar (vi)	maanduma	[ma:nduma]
escada (f) de avião	lennukitrepp	[lennukitrepp]

check-in (m)	registreerimine	[regisʲtre:rimine]
balcão (m) do check-in	registreerimiselett	[regisʲtre:rimiselett]
fazer o check-in	registreerima	[regisʲtre:rima]
cartão (m) de embarque	lennukissemineku talong	[lennukissemineku talong]
portão (m) de embarque	lennukisse minek	[lennukisse minek]

trânsito (m)	transiit	[transi:t]
esperar (vi, vt)	ootama	[o:tama]
sala (f) de espera	ooteruum	[o:teru:m]
despedir-se (acompanhar)	saatma	[sa:tma]
despedir-se (dizer adeus)	hüvasti jätma	[hʉʋasʲti jætma]

173. Bicicleta. Motocicleta

bicicleta (f)	jalgratas	[jalʲgratas]
lambreta (f)	motoroller	[motorolʲer]
moto (f)	mootorratas	[mo:torratas]

ir de bicicleta	jalgrattaga sõitma	[jalʲgrattaga sɜitma]
guidão (m)	rool	[ro:lʲ]
pedal (m)	pedaal	[peda:lʲ]
freios (m pl)	pidur	[pidur]
banco, selim (m)	sadul	[sadulʲ]

bomba (f)	pump	[pump]
bagageiro (m) de teto	pakiruum	[pakiru:m]
lanterna (f)	lamp	[lamp]
capacete (m)	kiiver	[ki:ʋer]

roda (f)	ratas	[ratas]
para-choque (m)	poritiib	[poriti:b]
aro (m)	velg	[ʋelʲg]
raio (m)	kodar	[kodar]

Carros

174. Tipos de carros

carro, automóvel (m)	auto	[auto]
carro (m) esportivo	spordiauto	[spordiauto]
limusine (f)	limusiin	[limusi:n]
todo o terreno (m)	maastur	[ma:sʲtur]
conversível (m)	kabriolett	[kabriolett]
minibus (m)	väikebuss	[ʋæjkebuss]
ambulância (f)	kiirabi	[ki:rabi]
limpa-neve (m)	lumekoristusauto	[lumekorisʲtusauto]
caminhão (m)	veoauto	[ʋeoauto]
caminhão-tanque (m)	bensiiniauto	[bensi:niauto]
perua, van (f)	furgoon	[furgo:n]
caminhão-trator (m)	veduk	[ʋeduk]
reboque (m)	järelkäru	[jærelʲkæru]
confortável (adj)	mugav	[mugaʋ]
usado (adj)	kasutatud	[kasutatut]

175. Carros. Carroçaria

capô (m)	kapott	[kapott]
para-choque (m)	tiib	[ti:b]
teto (m)	katus	[katus]
para-brisa (m)	tuuleklaas	[tu:lekla:s]
retrovisor (m)	tahavaatepeegel	[tahaʋa:tepe:gelʲ]
esguicho (m)	uhtuja	[uhtuja]
limpadores (m) de para-brisas	klaasipuhasti	[kla:sipuhasʲti]
vidro (m) lateral	küljeklaas	[kᵾljekla:s]
elevador (m) do vidro	klaasitõstja	[kla:sit3sʲtja]
antena (f)	antenn	[antenn]
teto (m) solar	luuk	[lu:k]
para-choque (m)	kaitseraud	[kaitseraut]
porta-malas (f)	pakiruum	[pakiru:m]
bagageira (f)	pakiraam	[pakira:m]
porta (f)	uksed	[ukset]
maçaneta (f)	ukselink	[ukselink]
fechadura (f)	lukk	[lukk]
placa (f)	autonumber	[autonumber]
silenciador (m)	summutaja	[summutaja]

tanque (m) de gasolina	bensiinipaak	[bensi:nipa:k]
tubo (m) de exaustão	heitgaasitoru	[hejtga:sitoru]
acelerador (m)	gaas	[ga:s]
pedal (m)	pedaal	[peda:lʲ]
pedal (m) do acelerador	gaasipedaal	[ga:sipeda:lʲ]
freio (m)	pidur	[pidur]
pedal (m) do freio	piduripedaal	[piduripeda:lʲ]
frear (vt)	pidurdama	[pidurdama]
freio (m) de mão	seisupidur	[sejsupidur]
embreagem (f)	sidur	[sidur]
pedal (m) da embreagem	siduripedaal	[siduripeda:lʲ]
disco (m) de embreagem	siduriketas	[siduriketas]
amortecedor (m)	amortisaator	[amortisa:tor]
roda (f)	ratas	[ratas]
pneu (m) estepe	tagavararatas	[tagaʋararatas]
pneu (m)	rehv	[rehʋ]
calota (f)	kilp	[kilʲp]
rodas (f pl) motrizes	veorattad	[ʋeorattat]
de tração dianteira	eesveoga	[e:sʋeoga]
de tração traseira	tagaveoga	[tagaʋeoga]
de tração às 4 rodas	täisveoga	[tæjsʋeoga]
caixa (f) de mudanças	käigukast	[kæjgukasʲt]
automático (adj)	automaatne	[automa:tne]
mecânico (adj)	mehaaniline	[meha:niline]
alavanca (f) de câmbio	käigukang	[kæjgukang]
farol (m)	latern	[latern]
faróis (m pl)	laternad	[laternat]
farol (m) baixo	lähituled	[lʲæhitulet]
farol (m) alto	kaugtuled	[kaugtulet]
luzes (f pl) de parada	stopp-signaal	[sʲtopp-signa:lʲ]
luzes (f pl) de posição	gabariittuled	[gabari:ttulet]
luzes (f pl) de emergência	avariituled	[aʋari:tulet]
faróis (m pl) de neblina	udulaternad	[udulaternat]
pisca-pisca (m)	pöörmetuled	[pø:rmetulet]
luz (f) de marcha ré	tagasikäik	[tagasikæjk]

176. Carros. Habitáculo

interior (do carro)	sõitjateruum	[sɜitjateru:m]
de couro	nahast	[nahasʲt]
de veludo	veluurist	[ʋelu:risʲt]
estofamento (m)	kattematerjal	[kattematerjalʲ]
indicador (m)	seade	[seade]
painel (m)	armatuurlaud	[armatu:rlaut]

| velocímetro (m) | spidomeeter | [spidome:ter] |
| ponteiro (m) | nool | [no:lʲ] |

hodômetro, odômetro (m)	taksomeeter	[taksome:ter]
indicador (m)	andur	[andur]
nível (m)	tase	[tase]
luz (f) de aviso	elektripirn	[elektripirn]

volante (m)	rool, rooliratas	[ro:l, ro:liratas]
buzina (f)	signaal	[signa:lʲ]
botão (m)	nupp	[nupp]
interruptor (m)	suunatuli	[su:natuli]

assento (m)	iste	[isʲte]
costas (f pl) do assento	seljatugi	[seljatugi]
cabeceira (f)	peatugi	[peatugi]
cinto (m) de segurança	turvavöö	[turʋaʋø:]
apertar o cinto	turvavööd kinni panema	[turʋaʋø:t kinni panema]
ajuste (m)	reguleerimine	[regule:rimine]

| airbag (m) | õhkpadi | [ɜhkpadi] |
| ar (m) condicionado | konditsioneer | [konditsione:r] |

rádio (m)	raadio	[ra:dio]
leitor (m) de CD	CD-mängija	[ʦede mæŋgija]
ligar (vt)	sisse lülitama	[sisse lʉlitama]
antena (f)	antenn	[antenn]
porta-luvas (m)	kindalaegas	[kindalaegas]
cinzeiro (m)	tuhatoos	[tuhato:s]

177. Carros. Motor

motor (m)	mootor	[mo:tor]
a diesel	diisel	[di:selʲ]
a gasolina	bensiini	[bensi:ni]

cilindrada (f)	mootorimaht	[mo:torimaht]
potência (f)	võimsus	[ʋɜimsus]
cavalo (m) de potência	hobujõud	[hobujɜut]
pistão (m)	kolb	[kolʲb]
cilindro (m)	silinder	[silinder]
válvula (f)	klapp	[klapp]

injetor (m)	suru-jugapump	[suru-jugapump]
gerador (m)	generaator	[genera:tor]
carburador (m)	karburaator	[karbura:tor]
óleo (m) de motor	mootoriõli	[mo:toriɜli]

radiador (m)	radiaator	[radia:tor]
líquido (m) de arrefecimento	jahutusvedelik	[jahutusʋedelik]
ventilador (m)	ventilaator	[ʋentila:tor]

| bateria (f) | aku | [aku] |
| dispositivo (m) de arranque | käiviti | [kæjʉiti] |

ignição (f)	süüde	[sʉ:de]
vela (f) de ignição	süüteküünal	[sʉ:tekʉ:nalʲ]

terminal (m)	klemm	[klemm]
terminal (m) positivo	pluss	[pluss]
terminal (m) negativo	miinus	[mi:nus]
fusível (m)	kaitse	[kaitse]

filtro (m) de ar	õhufilter	[ɜhufilʲter]
filtro (m) de óleo	õlifilter	[ɜlifilʲter]
filtro (m) de combustível	kütusefilter	[kʉtusefilʲter]

178. Carros. Batidas. Reparação

acidente (m) de carro	avarii	[aʋari:]
acidente (m) rodoviário	liiklusõnnetus	[li:klusɜnnetus]
bater (~ num muro)	sisse sõitma	[sisse sɜitma]
sofrer um acidente	purunema	[purunema]
dano (m)	vigastus	[ʋigasʲtus]
intato	terve	[terʋe]

pane (f)	rike	[rike]
avariar (vi)	purunema	[purunema]
cabo (m) de reboque	puksiirtross	[puksi:rtross]

furo (m)	auk	[auk]
estar furado	tühjaks minema	[tʉhjaks minema]
encher (vt)	täis pumpama	[tæjs pumpama]
pressão (f)	rõhk	[rɜhk]
verificar (vt)	kontrollima	[kontrolʲima]

reparo (m)	remont	[remont]
oficina (f) automotiva	autoremonditöökoda	[autoremonditø:koda]
peça (f) de reposição	varuosa	[ʋaruosa]
peça (f)	detail	[detailʲ]

parafuso (com porca)	polt	[polʲt]
parafuso (m)	vint	[ʋint]
porca (f)	mutter	[mutter]
arruela (f)	seib	[sejb]
rolamento (m)	kuullaager	[ku:lʲæ:ger]

tubo (m)	toru	[toru]
junta, gaxeta (f)	tihend	[tihent]
fio, cabo (m)	juhe	[juhe]

macaco (m)	tungraud	[tungraut]
chave (f) de boca	mutrivõti	[mutriʋɜti]
martelo (m)	haamer	[ha:mer]
bomba (f)	pump	[pump]
chave (f) de fenda	kruvikeeraja	[kruʋike:raja]

extintor (m)	tulekustuti	[tulekusʲtuti]
triângulo (m) de emergência	avariikolmnurk	[aʋari:kolʲmnurk]

morrer (motor)	välja surema	[ʋælja surema]
paragem, "morte" (f)	seisak	[sejsak]
estar quebrado	rikkis	[rikkis]

superaquecer-se (vr)	üle kuumenema	[ɥle kuːmenema]
entupir-se (vr)	ummistuma	[ummisʲtuma]
congelar-se (vr)	kinni külmuma	[kinni kɥlʲmuma]
rebentar (vi)	lõhki minema	[lɜhki minema]

pressão (f)	rõhk	[rɜhk]
nível (m)	tase	[tase]
frouxo (adj)	nõrk	[nɜrk]

batida (f)	muljutis	[muljutis]
ruído (m)	koputus	[koputus]
fissura (f)	pragu	[pragu]
arranhão (m)	kriimustus	[kriːmusʲtus]

179. Carros. Estrada

estrada (f)	tee	[teː]
autoestrada (f)	kiirtee	[kiːrteː]
rodovia (f)	maantee	[maːnteː]
direção (f)	suund	[suːnt]
distância (f)	vahemaa	[ʋahemaː]

ponte (f)	sild	[silʲt]
parque (m) de estacionamento	parkla	[parkla]
praça (f)	väljak	[ʋæljak]
nó (m) rodoviário	liiklussõlm	[liːklussɜlʲm]
túnel (m)	tunnel	[tunnelʲ]

posto (m) de gasolina	tankla	[tankla]
parque (m) de estacionamento	parkla	[parkla]
bomba (f) de gasolina	tankla	[tankla]
oficina (f) automotiva	garaaž	[garaːʒ]
abastecer (vt)	tankima	[tankima]
combustível (m)	kütus	[kɥtus]
galão (m) de gasolina	kanister	[kanisʲter]

asfalto (m)	asfalt	[asfalʲt]
marcação (f) de estradas	märgistus	[mærgisʲtus]
meio-fio (m)	piire	[piːre]
guard-rail (m)	tara	[tara]
valeta (f)	kraav	[kraːʋ]
acostamento (m)	teeperv	[teːperʋ]
poste (m) de luz	post	[posʲt]

dirigir (vt)	juhtima	[juhtima]
virar (~ para a direita)	pöörama	[pøːrama]
dar retorno	ümber pöörama	[ɥmber pøːrama]
ré (f)	tagasikäik	[tagasikæjk]
buzinar (vi)	signaali andma	[signaːli andma]
buzina (f)	helisignaal	[helisignaːlʲ]

atolar-se (vr)	kinni jääma	[kinni jæ:ma]
patinar (na lama)	puksima	[puksima]
desligar (vt)	seisma jätma	[sejsma jætma]

velocidade (f)	kiirus	[ki:rus]
exceder a velocidade	kiirust ületama	[ki:rusⁱt ɯletama]
multar (vt)	trahvima	[trahʋima]
semáforo (m)	valgusfoor	[ʋalⁱgusfo:r]
carteira (f) de motorista	juhiload	[juhiloat]

passagem (f) de nível	ülesõit	[ɯlesɜit]
cruzamento (m)	ristmik	[risⁱtmik]
faixa (f)	jalakäijate ülekäik	[jalakæjjate ɯlekæjk]
curva (f)	kurv	[kurʋ]
zona (f) de pedestres	jalakäijate tsoon	[jalakæjjate tso:n]

180. Sinais de trânsito

código (m) de trânsito	liikluseeskirjad	[li:kluse:skirjat]
sinal (m) de trânsito	liiklusmärk	[li:klusmærk]
ultrapassagem (f)	möödasõit	[mø:dasɜit]
curva (f)	kurv	[kurʋ]
retorno (m)	tagasipöördekoht	[tagasipø:rdekoht]
rotatória (f)	ringliiklus	[ringli:klus]

sentido proibido	sissesõidu keeld	[sissesɜidu ke:lⁱt]
trânsito proibido	sõidu keeld	[sɜidu ke:lⁱt]
proibido de ultrapassar	möödasõidu keeld	[mø:dasɜidu ke:lⁱt]
estacionamento proibido	parkimise keeld	[parkimise ke:lⁱt]
paragem proibida	peatumise keeld	[peatumise ke:lⁱt]

curva (f) perigosa	järsk kurv	[jærsk kurʋ]
descida (f) perigosa	järsk lang	[jærsk lang]
trânsito de sentido único	ühesuunalisele teele	[ɯhesu:nalisele te:le]
faixa (f)	ülekäigurada	[ɯlekæjgurada]
pavimento (m) escorregadio	libe tee	[libe te:]
conceder passagem	anna teed	[anna te:t]

PESSOAS. EVENTOS

Eventos

181. Férias. Evento

festa (f)	pidu	[pidu]
feriado (m) nacional	rahvuspüha	[rahʊuspʉha]
feriado (m)	pidupäev	[pidupæəʊ]
festejar (vt)	pidu pidama	[pidu pidama]
evento (festa, etc.)	sündmus	[sʉndmus]
evento (banquete, etc.)	üritus	[ʉritus]
banquete (m)	bankett	[bankett]
recepção (f)	vastuvõtt	[ʋasⁱtuʊɔtt]
festim (m)	pidu	[pidu]
aniversário (m)	aastapäev	[aːsⁱtapæəʊ]
jubileu (m)	juubelipidu	[juːbelipidu]
celebrar (vt)	tähistama	[tæhisⁱtama]
Ano (m) Novo	Uusaasta	[uːsaːsⁱta]
Feliz Ano Novo!	Head uut aastat!	[heat uːt aːsⁱtat!]
Papai Noel (m)	Jõuluvana	[jɜuluʋana]
Natal (m)	Jõulud	[jɜulut]
Feliz Natal!	Rõõmsaid jõulupühi!	[rɜːmsait jɜulupʉhi!]
árvore (f) de Natal	jõulukuusk	[jɜuluku:sk]
fogos (m pl) de artifício	saluut	[salu:t]
casamento (m)	pulmad	[pulⁱmat]
noivo (m)	peigmees	[pejgme:s]
noiva (f)	pruut	[pru:t]
convidar (vt)	kutsuma	[kutsuma]
convite (m)	kutse	[kutse]
convidado (m)	külaline	[kʉlaline]
visitar (vt)	külla minema	[kʉlⁱæ minema]
receber os convidados	külalisi vastu võtma	[kʉlalisi ʋasⁱtu ʊɔtma]
presente (m)	kingitus	[kingitus]
oferecer, dar (vt)	kinkima	[kinkima]
receber presentes	kingitusi saama	[kingitusi sa:ma]
buquê (m) de flores	lillekimp	[lilⁱekimp]
felicitações (f pl)	õnnitlus	[ɜnnitlus]
felicitar (vt)	õnnitlema	[ɜnnitlema]
cartão (m) de parabéns	õnnitluskaart	[ɜnnitluska:rt]

| enviar um cartão postal | kaarti saatma | [ka:rti sa:tma] |
| receber um cartão postal | kaarti saama | [ka:rti sa:ma] |

brinde (m)	toost	[to:sⁱt]
oferecer (vt)	kostitama	[kosⁱtitama]
champanhe (m)	šampus	[ʃampus]

divertir-se (vr)	lõbutsema	[lɜbutsema]
diversão (f)	lust	[lusⁱt]
alegria (f)	rõõm	[rɜ:m]

| dança (f) | tants | [tants] |
| dançar (vi) | tantsima | [tantsima] |

| valsa (f) | valss | [ʋalⁱss] |
| tango (m) | tango | [tango] |

182. Funerais. Enterro

cemitério (m)	kalmistu	[kalⁱmisⁱtu]
sepultura (f), túmulo (m)	haud	[haut]
cruz (f)	rist	[risⁱt]
lápide (f)	hauakivi	[hauakiʋi]
cerca (f)	piirdeaed	[pi:rdeaet]
capela (f)	kabel	[kabelⁱ]

morte (f)	surm	[surm]
morrer (vi)	surema	[surema]
defunto (m)	kadunu	[kadunu]
luto (m)	lein	[lejn]

enterrar, sepultar (vt)	matma	[matma]
funerária (f)	matusebüroo	[matusebʉro:]
funeral (m)	matus	[matus]

coroa (f) de flores	pärg	[pærg]
caixão (m)	kirst	[kirsⁱt]
carro (m) funerário	katafalk	[katafalⁱk]
mortalha (f)	surilina	[surilina]

procissão (f) funerária	matuserongkäik	[matuserongkæjk]
urna (f) funerária	urn	[urn]
crematório (m)	krematoorium	[kremato:rium]

obituário (m), necrologia (f)	nekroloog	[nekrolo:g]
chorar (vi)	nutma	[nutma]
soluçar (vi)	ulguma	[ulⁱguma]

183. Guerra. Soldados

| pelotão (m) | jagu | [jagu] |
| companhia (f) | rood | [ro:t] |

regimento (m)	polk	[polʲk]
exército (m)	kaitsevägi	[kaitseʋægi]
divisão (f)	divisjon	[diʋisjon]

esquadrão (m)	rühm	[rʉhm]
hoste (f)	vägi	[ʋægi]

soldado (m)	sõdur	[sɜdur]
oficial (m)	ohvitser	[ohʋitser]

soldado (m) raso	reamees	[reame:s]
sargento (m)	seersant	[se:rsant]
tenente (m)	leitnant	[lejtnant]
capitão (m)	kapten	[kapten]
major (m)	major	[major]
coronel (m)	kolonel	[kolonelʲ]
general (m)	kindral	[kindralʲ]

marujo (m)	meremees	[mereme:s]
capitão (m)	kapten	[kapten]
contramestre (m)	pootsman	[po:tsman]

artilheiro (m)	suurtükiväelane	[su:rtʉkiʋæælane]
soldado (m) paraquedista	dessantväelane	[dessantʋæælane]
piloto (m)	lendur	[lendur]
navegador (m)	tüürimees	[tʉ:rime:s]
mecânico (m)	mehaanik	[meha:nik]

sapador-mineiro (m)	sapöör	[sapø:r]
paraquedista (m)	langevarjur	[langeʋarjur]
explorador (m)	luuraja	[lu:raja]
atirador (m) de tocaia	snaiper	[snaiper]

patrulha (f)	patrull	[patrulʲ]
patrulhar (vt)	patrullima	[patrulʲima]
sentinela (f)	tunnimees	[tunnime:s]

guerreiro (m)	sõjamees	[sɜjame:s]
patriota (m)	patrioot	[patrio:t]

herói (m)	kangelane	[kangelane]
heroína (f)	kangelanna	[kangelanna]

traidor (m)	äraandja	[æra:ndja]
trair (vt)	ära andma	[æra andma]

desertor (m)	desertöör	[desertø:r]
desertar (vt)	deserteerima	[deserte:rima]

mercenário (m)	palgasõdur	[palʲgasɜdur]
recruta (m)	noorsõdur	[no:rsɜdur]
voluntário (m)	vabatahtlik	[ʋabatahtlik]

morto (m)	tapetu	[tapetu]
ferido (m)	haavatu	[ha:ʋatu]
prisioneiro (m) de guerra	sõjavang	[sɜjaʋang]

guerra (f)	sõda	[sɜda]
guerrear (vt)	sõdima	[sɜdima]
guerra (f) civil	kodusõda	[kodusɜda]

perfidamente	reetlikult	[reːtlikuˈt]
declaração (f) de guerra	sõjakuulutamine	[sɜjakuːlutamine]
declarar guerra	sõda kuulutama	[sɜda kuːlutama]
agressão (f)	agressioon	[agressioːn]
atacar (vt)	kallale tungima	[kalˈæle tungima]

invadir (vt)	anastama	[anasˈtama]
invasor (m)	anastaja	[anasˈtaja]
conquistador (m)	vallutaja	[ʋalˈutaja]

defesa (f)	kaitse	[kaitse]
defender (vt)	kaitsma	[kaitsma]
defender-se (vr)	ennast kaitsma	[ennasˈt kaitsma]

inimigo (m)	vaenlane	[ʋaenlane]
adversário (m)	vastane	[ʋasˈtane]
inimigo (adj)	vaenulik	[ʋaenulik]

| estratégia (f) | strateegia | [sˈtrateːgia] |
| tática (f) | taktika | [taktika] |

ordem (f)	käsk	[kæsk]
comando (m)	käsk	[kæsk]
ordenar (vt)	käskima	[kæskima]
missão (f)	ülesanne	[ɨlesanne]
secreto (adj)	salajane	[salajane]

| batalha (f) | võitlus | [ʋɜitlus] |
| combate (m) | lahing | [lahing] |

ataque (m)	rünnak	[rɨnnak]
assalto (m)	rünnak	[rɨnnak]
assaltar (vt)	ründama	[rɨndama]
assédio, sítio (m)	ümberpiiramine	[ɨmberpiːramine]

| ofensiva (f) | pealetung | [pealetung] |
| tomar à ofensiva | peale tungima | [peale tungima] |

| retirada (f) | taganemine | [taganemine] |
| retirar-se (vr) | taganema | [taganema] |

| cerco (m) | ümberpiiramine | [ɨmberpiːramine] |
| cercar (vt) | ümber piirama | [ɨmber piːrama] |

bombardeio (m)	pommitamine	[pommitamine]
lançar uma bomba	pommi heitma	[pommi hejtma]
bombardear (vt)	pommitama	[pommitama]
explosão (f)	plahvatus	[plahʋatus]
tiro (m)	lask	[lask]

| dar um tiro | tulistama | [tulisⁱtama] |
| tiroteio (m) | tulistamine | [tulisⁱtamine] |

apontar para ...	sihtima	[sihtima]
apontar (vt)	sihikule võtma	[sihikule ʋɜtma]
acertar (vt)	tabama	[tabama]

afundar (~ um navio, etc.)	põhja laskma	[pɜhja laskma]
brecha (f)	mürsuauk	[mʉrsuauk]
afundar-se (vr)	põhja minema	[pɜhja minema]

frente (m)	rinne	[rinne]
evacuação (f)	evakuatsioon	[eʋakuatsio:n]
evacuar (vt)	evakueerima	[eʋakue:rima]

trincheira (f)	kaevik	[kaeʋik]
arame (m) enfarpado	okastraat	[okasⁱtra:t]
barreira (f) anti-tanque	kaitsevall	[kaitseʋalʲ]
torre (f) de vigia	vaatetorn	[ʋa:tetorn]

hospital (m) militar	hospital	[hospitalʲ]
ferir (vt)	haavama	[ha:ʋama]
ferida (f)	haav	[ha:ʋ]
ferido (m)	haavatu	[ha:ʋatu]
ficar ferido	haavata saama	[ha:ʋata sa:ma]
grave (ferida ~)	raske	[raske]

185. Guerra. Ações militares. Parte 2

cativeiro (m)	vangistus	[ʋangisⁱtus]
capturar (vt)	vangi võtma	[ʋangi ʋɜtma]
estar em cativeiro	vangis olema	[ʋangis olema]
ser aprisionado	vangi sattuma	[ʋangi sattuma]

campo (m) de concentração	koonduslaager	[ko:ndusla:ger]
prisioneiro (m) de guerra	sõjavang	[sɜjaʋang]
escapar (vi)	vangist põgenema	[ʋangisⁱt pɜgenema]

trair (vt)	reetma, ära andma	[re:tma, æra andma]
traidor (m)	äraandja	[æra:ndja]
traição (f)	reetmine	[re:tmine]

| fuzilar, executar (vt) | maha laskma | [maha laskma] |
| fuzilamento (m) | mahalaskmine | [mahalaskmine] |

equipamento (m)	vormiriietus	[ʋormiri:etus]
insígnia (f) de ombro	pagun	[pagun]
máscara (f) de gás	gaasimask	[ga:simask]

rádio (m)	raadiosaatja	[ra:diosa:tja]
cifra (f), código (m)	šiffer	[ʃiffer]
conspiração (f)	konspiratsioon	[konspiratsio:n]
senha (f)	parool	[paro:lʲ]
mina (f)	miin	[mi:n]

| minar (vt) | mineerima | [mine:rima] |
| campo (m) minado | miiniväli | [mi:niʋæli] |

alarme (m) aéreo	õhuhäire	[ɜhuhæjre]
alarme (m)	häire	[hæjre]
sinal (m)	signaal	[signa:lʲ]
sinalizador (m)	signaalrakett	[signa:lʲrakett]

quartel-general (m)	staap	[sʲta:p]
reconhecimento (m)	luure	[lu:re]
situação (f)	olukord	[olukort]
relatório (m)	raport	[raport]
emboscada (f)	varistus	[ʋarisʲtus]
reforço (m)	lisajõud	[lisajɜut]

alvo (m)	märklaud	[mærklaut]
campo (m) de tiro	polügoon	[polʉgo:n]
manobras (f pl)	manöövrid	[manø:ʋrit]

pânico (m)	paanika	[pa:nika]
devastação (f)	häving	[hæʋing]
ruínas (f pl)	purustused	[purusʲtuset]
destruir (vt)	purustama	[purusʲtama]

sobreviver (vi)	ellu jääma	[elʲu jæ:ma]
desarmar (vt)	relvituks tegema	[relʲʋituks tegema]
manusear (vt)	relva käsitlema	[relʲʋa kæsitlema]

| Sentido! | Valvel! | [ʋalʲʋel!] |
| Descansar! | Vabalt! | [ʋabalʲt!] |

façanha (f)	kangelastegu	[kangelasʲtegu]
juramento (m)	tõotus	[tɜotus]
jurar (vi)	tõotama	[tɜotama]

condecoração (f)	autasu	[autasu]
condecorar (vt)	autasustama	[autasusʲtama]
medalha (f)	medal	[medalʲ]
ordem (f)	orden	[orden]

vitória (f)	võit	[ʋɜit]
derrota (f)	kaotus	[kaotus]
armistício (m)	vaherahu	[ʋaherahu]

bandeira (f)	lipp	[lipp]
glória (f)	kuulsus	[ku:lʲsus]
parada (f)	paraad	[para:t]
marchar (vi)	marssima	[marssima]

186. Armas

arma (f)	relv	[relʲʋ]
arma (f) de fogo	tulirelv	[tulirelʲʋ]
arma (f) branca	külmrelv	[kʉlʲmrelʲʋ]

arma (f) química	keemiarelv	[keːmiarelʲʊ]
nuclear (adj)	tuuma-	[tuːma-]
arma (f) nuclear	tuumarelv	[tuːmarelʲʊ]
bomba (f)	pomm	[pomm]
bomba (f) atômica	aatomipomm	[aːtomipomm]
pistola (f)	püstol	[pʉsʲtolʲ]
rifle (m)	püss	[pʉss]
semi-automática (f)	automaat	[automaːt]
metralhadora (f)	kuulipilduja	[kuːlipilʲduja]
boca (f)	püssitoru	[pʉssitoru]
cano (m)	püssitoru	[pʉssitoru]
calibre (m)	kaliiber	[kaliːber]
gatilho (m)	vinn	[ʊinn]
mira (f)	sihik	[sihik]
carregador (m)	padrunisalv	[padrunisalʲʊ]
coronha (f)	püssipära	[pʉssipæra]
granada (f) de mão	granaat	[granaːt]
explosivo (m)	lõhkeaine	[lɜhkeaine]
bala (f)	kuul	[kuːlʲ]
cartucho (m)	padrun	[padrun]
carga (f)	laeng	[laeng]
munições (f pl)	lahingumoon	[lahingumoːn]
bombardeiro (m)	pommilennuk	[pommilennuk]
avião (m) de caça	hävituslennuk	[hæʊituslennuk]
helicóptero (m)	helikopter	[helikopter]
canhão (m) antiaéreo	õhutõrjekahur	[ɜhutɜrjekahur]
tanque (m)	tank	[tank]
canhão (de um tanque)	kahur	[kahur]
artilharia (f)	kahurivägi	[kahuriʊægi]
canhão (m)	suurtükk	[suːrtʉkk]
fazer a pontaria	sihikule võtma	[sihikule ʊɜtma]
projétil (m)	mürsk	[mʉrsk]
granada (f) de morteiro	miin	[miːn]
morteiro (m)	miinipilduja	[miːnipilʲduja]
estilhaço (m)	kild	[kilʲt]
submarino (m)	allveelaev	[alʲʊeːlaeʊ]
torpedo (m)	torpeedo	[torpeːdo]
míssil (m)	rakett	[rakett]
carregar (uma arma)	laadima	[laːdima]
disparar, atirar (vi)	tulistama	[tulisʲtama]
apontar para ...	sihtima	[sihtima]
baioneta (f)	tääk	[tæːk]
espada (f)	mõõk	[mɜːk]
sabre (m)	saabel	[saːbelʲ]

lança (f)	oda	[oda]
arco (m)	vibu	[ʋibu]
flecha (f)	nool	[noːlʲ]
mosquete (m)	musket	[musket]
besta (f)	arbalett	[arbalett]

187. Povos da antiguidade

primitivo (adj)	ürgne	[ɯrgne]
pré-histórico (adj)	eelajalooline	[eːlajaloːline]
antigo (adj)	iidne	[iːdne]

Idade (f) da Pedra	kiviaeg	[kiʋiaeg]
Idade (f) do Bronze	pronksiaeg	[pronksiaeg]
Era (f) do Gelo	jääaeg	[jæːːeg]

tribo (f)	suguharu	[suguharu]
canibal (m)	inimsööja	[inimsøːja]
caçador (m)	kütt	[kɯtt]
caçar (vi)	jahil käima	[jahilʲ kæjma]
mamute (m)	mammut	[mammut]

caverna (f)	koobas	[koːbas]
fogo (m)	tuli	[tuli]
fogueira (f)	lõke	[lɜke]
pintura (f) rupestre	kaljujoonis	[kaljujoːnis]

ferramenta (f)	tööriist	[tøːriːsʲt]
lança (f)	oda	[oda]
machado (m) de pedra	kivikirves	[kiʋikirʋes]

| guerrear (vt) | sõdima | [sɜdima] |
| domesticar (vt) | kodustama | [kodusʲtama] |

| ídolo (m) | iidol | [iːdolʲ] |
| adorar, venerar (vt) | kummardama | [kummardama] |

| superstição (f) | ebausk | [ebausk] |
| ritual (m) | riitus | [riːtus] |

| evolução (f) | evolutsioon | [eʋolutsioːn] |
| desenvolvimento (m) | areng | [areng] |

| extinção (f) | kadumine | [kadumine] |
| adaptar-se (vr) | kohanema | [kohanema] |

arqueologia (f)	arheoloogia	[arheoloːgia]
arqueólogo (m)	arheoloog	[arheoloːg]
arqueológico (adj)	arheoloogiline	[arheoloːgiline]

escavação (sítio)	väljakaevamised	[ʋæljakaeʋamiset]
escavações (f pl)	väljakaevamised	[ʋæljakaeʋamiset]
achado (m)	leid	[lejt]
fragmento (m)	fragment	[fragment]

188. Idade média

povo (m)	rahvas	[rahʋas]
povos (m pl)	rahvad	[rahʋat]
tribo (f)	suguharu	[suguharu]
tribos (f pl)	hõimud	[hɜimut]

bárbaros (pl)	barbar	[barbar]
galeses (pl)	gallid	[galʲit]
godos (pl)	goodid	[goːdit]
eslavos (pl)	slaavlased	[slaːʋlaset]
viquingues (pl)	viikingid	[ʋiːkingit]

| romanos (pl) | roomlased | [roːmlaset] |
| romano (adj) | rooma | [roːma] |

bizantinos (pl)	bütsantslased	[bʉtsantslaset]
Bizâncio	Bütsants	[bʉtsants]
bizantino (adj)	bütsantsi	[bʉtsantsi]

imperador (m)	imperaator	[imperaːtor]
líder (m)	pealik	[pealik]
poderoso (adj)	võimas	[ʋɜimas]
rei (m)	kuningas	[kuningas]
governante (m)	valitseja	[ʋalitseja]

cavaleiro (m)	rüütel	[rʉːtelʲ]
senhor feudal (m)	feodaal	[feodaːlʲ]
feudal (adj)	feodaalne	[feodaːlʲne]
vassalo (m)	vasall	[ʋasalʲ]

duque (m)	hertsog	[hertsog]
conde (m)	krahv	[krahʋ]
barão (m)	parun	[parun]
bispo (m)	piiskop	[piːskop]

armadura (f)	lahinguvarustus	[lahinguʋarusʲtus]
escudo (m)	kilp	[kilʲp]
espada (f)	mõõk	[mɜːk]
viseira (f)	visiir	[ʋisiːr]
cota (f) de malha	raudrüü	[raudrʉː]

| cruzada (f) | ristiretk | [risʲtiretk] |
| cruzado (m) | ristirüütel | [risʲtirʉːtelʲ] |

território (m)	territoorium	[territoːrium]
atacar (vt)	kallale tungima	[kalʲæle tungima]
conquistar (vt)	vallutama	[ʋalʲutama]
ocupar, invadir (vt)	anastama	[anasʲtama]

assédio, sítio (m)	ümberpiiramine	[ʉmberpiːramine]
sitiado (adj)	ümberpiiratud	[ʉmberpiːratut]
assediar, sitiar (vt)	ümber piirama	[ʉmber piːrama]
inquisição (f)	inkvisitsioon	[inkʋisitsioːn]
inquisidor (m)	inkvisiitor	[inkʋisiːtor]

tortura (f)	piinamine	[pi:namine]
cruel (adj)	julm	[julˈm]
herege (m)	ketser	[ketser]
heresia (f)	ketserlus	[ketserlus]

navegação (f) marítima	meresõit	[meresзit]
pirata (m)	piraat	[pira:t]
pirataria (f)	piraatlus	[pira:tlus]
abordagem (f)	abordaaž	[aborda:ʒ]
presa (f), butim (m)	sõjasaak	[sзjasa:k]
tesouros (m pl)	aarded	[a:rdet]

descobrimento (m)	maadeavastamine	[ma:deaʋasˈtamine]
descobrir (novas terras)	avastama	[aʋasˈtama]
expedição (f)	ekspeditsioon	[ekspeditsio:n]

mosqueteiro (m)	musketär	[musketær]
cardeal (m)	kardinal	[kardinalʲ]
heráldica (f)	heraldika	[heralʲdika]
heráldico (adj)	heraldiline	[heralʲdiline]

189. Líder. Chefe. Autoridades

rei (m)	kuningas	[kuningas]
rainha (f)	kuninganna	[kuninganna]
real (adj)	kuninglik	[kuninglik]
reino (m)	kuningriik	[kuningri:k]

| príncipe (m) | prints | [prints] |
| princesa (f) | printsess | [printsess] |

presidente (m)	president	[president]
vice-presidente (m)	asepresident	[asepresident]
senador (m)	senaator	[sena:tor]

monarca (m)	monarh	[monarh]
governante (m)	valitseja	[ʋalitseja]
ditador (m)	diktaator	[dikta:tor]
tirano (m)	türann	[tʉrann]
magnata (m)	magnaat	[magna:t]

diretor (m)	direktor	[direktor]
chefe (m)	šeff	[ʃeff]
gerente (m)	juhataja	[juhataja]
patrão (m)	boss	[boss]
dono (m)	peremees	[pereme:s]

líder (m)	liider	[li:der]
chefe (m)	juht	[juht]
autoridades (f pl)	võimud	[ʋзimut]
superiores (m pl)	juhtkond	[juhtkont]

| governador (m) | kuberner | [kuberner] |
| cônsul (m) | konsul | [konsulʲ] |

diplomata (m)	diplomaat	[diploma:t]
Presidente (m) da Câmara	linnapea	[linnapea]
xerife (m)	šerif	[ʃerif]

imperador (m)	imperaator	[impera:tor]
czar (m)	tsaar	[tsa:r]
faraó (m)	vaarao	[ʋa:rao]
cã, khan (m)	khaan	[kha:n]

190. Estrada. Caminho. Direções

estrada (f)	tee	[te:]
via (f)	tee	[te:]

rodovia (f)	maantee	[ma:nte:]
autoestrada (f)	kiirtee	[ki:rte:]
estrada (f) nacional	üldriiklik tee	[ʉlʲdri:klik te:]

estrada (f) principal	peatee	[peate:]
estrada (f) de terra	metsavahetee	[metsaʋahete:]

trilha (f)	rada	[rada]
pequena trilha (f)	jalgrada	[jalʲgrada]

Onde?	Kus?	[kus?]
Para onde?	Kuhu?	[kuhu?]
De onde?	Kust?	[kusʲt?]

direção (f)	suund	[su:nt]
indicar (~ o caminho)	näitama	[næjtama]

para a esquerda	vasakule	[ʋasakule]
para a direita	paremale	[paremale]
em frente	otse	[otse]
para trás	tagasi	[tagasi]

curva (f)	kurv	[kurʋ]
virar (~ para a direita)	pöörama	[pø:rama]
dar retorno	ümber pöörama	[ʉmber pø:rama]

estar visível	paistma	[paisʲtma]
aparecer (vi)	paistma	[paisʲtma]

paragem (pausa)	peatus	[peatus]
descansar (vi)	puhkama	[puhkama]
descanso, repouso (m)	puhkus	[puhkus]

perder-se (vr)	ära eksima	[æra eksima]
conduzir a ... (caminho)	... viima	[... ʋi:ma]
chegar a ...	... välja jõudma	[... ʋælja jɜudma]
trecho (m)	vahemaa	[ʋahema:]

asfalto (m)	asfalt	[asfalʲt]
meio-fio (m)	piire	[pi:re]

valeta (f)	kraav	[kraːʊ]
tampa (f) de esgoto	luuk	[luːk]
acostamento (m)	teeperv	[teːperʊ]
buraco (m)	auk	[auk]

| ir (a pé) | minema | [minema] |
| ultrapassar (vt) | järele jõudma | [jærele jɜudma] |

| passo (m) | samm | [samm] |
| a pé | jalgsi | [jalʲgsi] |

bloquear (vt)	tõkestama	[tɜkesʲtama]
cancela (f)	tõkkepuu	[tɜkkepuː]
beco (m) sem saída	umbtänav	[umbtænaʊ]

191. Violação da lei. Criminosos. Parte 1

bandido (m)	bandiit	[bandiːt]
crime (m)	kuritegu	[kuritegu]
criminoso (m)	kurjategija	[kurjategija]

ladrão (m)	varas	[ʊaras]
roubar (vt)	varastama	[ʊarasʲtama]
furto, roubo (m)	vargus	[ʊargus]

raptar, sequestrar (vt)	röövima	[røːʊima]
sequestro (m)	inimrööv	[inimrøːʊ]
sequestrador (m)	röövija	[røːʊija]

| resgate (m) | lunaraha | [lunaraha] |
| pedir resgate | lunaraha nõudma | [lunaraha nɜudma] |

roubar (vt)	röövima	[røːʊima]
assalto, roubo (m)	rööv	[røːʊ]
assaltante (m)	röövel	[røːʊelʲ]

extorquir (vt)	välja pressima	[ʊælja pressima]
extorsionário (m)	väljapressija	[ʊæljapressija]
extorsão (f)	väljapressimine	[ʊæljapressimine]

matar, assassinar (vt)	tapma	[tapma]
homicídio (m)	mõrv	[mɜrʊ]
homicida, assassino (m)	mõrvar	[mɜrʊar]

tiro (m)	lask	[lask]
dar um tiro	tulistama	[tulisʲtama]
matar a tiro	maha laskma	[maha laskma]
disparar, atirar (vi)	tulistama	[tulisʲtama]
tiroteio (m)	laskmine	[laskmine]

incidente (m)	juhtum	[juhtum]
briga (~ de rua)	kaklus	[kaklus]
Socorro!	Appi!	[appi!]
vítima (f)	ohver	[ohʊer]

danificar (vt)	vigastama	[ʋigasʲtama]
dano (m)	vigastus	[ʋigasʲtus]
cadáver (m)	laip	[laip]
grave (adj)	ränk	[rænk]

atacar (vt)	kallale tungima	[kalʲæle tungima]
bater (espancar)	lööma	[lø:ma]
espancar (vt)	läbi peksma	[lʲæbi peksma]
tirar, roubar (dinheiro)	ära võtma	[æra ʋɜtma]
esfaquear (vt)	pussitama	[pussitama]
mutilar (vt)	sandiks peksma	[sandiks peksma]
ferir (vt)	haavama	[ha:ʋama]

chantagem (f)	šantaaž	[ʃanta:ʒ]
chantagear (vt)	šantažeerima	[ʃantaʒe:rima]
chantagista (m)	šantažeerija	[ʃantaʒe:rija]

extorsão (f)	reket	[reket]
extorsionário (m)	väljapressija	[ʋæljapressija]
gângster (m)	gangster	[gangsʲter]
máfia (f)	maffia	[maffia]

punguista (m)	taskuvaras	[taskuʋaras]
assaltante, ladrão (m)	murdvaras	[murdʋaras]
contrabando (m)	salakaubandus	[salakaubandus]
contrabandista (m)	salakaubavedaja	[salakaubaʋedaja]

falsificação (f)	võltsing	[ʋɜlʲtsing]
falsificar (vt)	võltsima	[ʋɜlʲtsima]
falsificado (adj)	võltsitud	[ʋɜlʲtsitut]

192. Violação da lei. Criminosos. Parte 2

estupro (m)	vägistamine	[ʋægisʲtamine]
estuprar (vt)	vägistama	[ʋægisʲtama]
estuprador (m)	vägistaja	[ʋægisʲtaja]
maníaco (m)	maniakk	[maniakk]

prostituta (f)	prostituut	[prosʲtitu:t]
prostituição (f)	prostitutsioon	[prosʲtitutsio:n]
cafetão (m)	sutenöör	[sutenø:r]

drogado (m)	narkomaan	[narkoma:n]
traficante (m)	narkokaupmees	[narkokaupme:s]

explodir (vt)	õhku laskma	[ɜhku laskma]
explosão (f)	plahvatus	[plahʋatus]
incendiar (vt)	süütama	[sɥ:tama]
incendiário (m)	süütaja	[sɥ:taja]

terrorismo (m)	terrorism	[terrorism]
terrorista (m)	terrorist	[terrorisʲt]
refém (m)	pantvang	[pantʋang]
enganar (vt)	petma	[petma]

| engano (m) | pettus | [pettus] |
| vigarista (m) | petis | [petis] |

subornar (vt)	pistist andma	[pis'tis't andma]
suborno (atividade)	pistise andmine	[pis'tise andmine]
suborno (dinheiro)	altkäemaks	[al'tkæəmaks]

veneno (m)	mürk	[mʉrk]
envenenar (vt)	mürgitama	[mʉrgitama]
envenenar-se (vr)	ennast mürgitama	[ennas't mʉrgitama]

| suicídio (m) | enesetapp | [enesetapp] |
| suicida (m) | enesetapja | [enesetapja] |

ameaçar (vt)	ähvardama	[æhʋardama]
ameaça (f)	ähvardus	[æhʋardus]
atentar contra a vida de ...	kallale kippuma	[kal'æle kippuma]
atentado (m)	elule kallalekippumine	[elule kal'ælekippumine]

| roubar (um carro) | ärandama | [ærandama] |
| sequestrar (um avião) | kaaperdama | [ka:perdama] |

| vingança (f) | kättemaks | [kættemaks] |
| vingar (vt) | kätte maksma | [kætte maksma] |

torturar (vt)	piinama	[pi:nama]
tortura (f)	piinamine	[pi:namine]
atormentar (vt)	vaevama	[ʋaeʋama]

pirata (m)	piraat	[pira:t]
desordeiro (m)	huligaan	[huliga:n]
armado (adj)	relvastatud	[rel'ʋas'tatut]
violência (f)	vägivald	[ʋægiʋal't]
ilegal (adj)	illegaalne	[il'ega:l'ne]

| espionagem (f) | spionaaž | [spiona:ʒ] |
| espionar (vi) | nuhkima | [nuhkima] |

193. Polícia. Lei. Parte 1

| justiça (sistema de ~) | kohtumõistmine | [kohtumɜis'tmine] |
| tribunal (m) | kohus | [kohus] |

juiz (m)	kohtunik	[kohtunik]
jurados (m pl)	vandemees	[ʋandeme:s]
tribunal (m) do júri	vandemeeste kohus	[ʋandeme:s'te kohus]
julgar (vt)	kohut mõistma	[kohut mɜis'tma]

advogado (m)	advokaat	[adʋoka:t]
réu (m)	kohtualune	[kohtualune]
banco (m) dos réus	kohtupink	[kohtupink]

| acusação (f) | süüdistus | [sʉ:dis'tus] |
| acusado (m) | süüdistatav | [sʉ:dis'tataʋ] |

sentença (f)	kohtuotsus	[kohtuotsus]
sentenciar (vt)	süüdi mõistma	[sʉ:di mɜisˈtma]
culpado (m)	süüdlane	[sʉ:tlane]
punir (vt)	karistama	[karisˈtama]
punição (f)	karistus	[karisˈtus]
multa (f)	trahv	[trahʊ]
prisão (f) perpétua	eluaegne vanglakaristus	[eluaegne ʊanglakarisˈtus]
pena (f) de morte	surmanuhtlus	[surmanuhtlus]
cadeira (f) elétrica	elektritool	[elektrito:lʲ]
forca (f)	võllas	[ʊɜlʲæs]
executar (vt)	hukkama	[hukkama]
execução (f)	hukkamine	[hukkamine]
prisão (f)	vangla	[ʊangla]
cela (f) de prisão	vangikong	[ʊangikong]
escolta (f)	konvoi	[konʊoj]
guarda (m) prisional	vangivalvur	[ʊangiʊalʲʊur]
preso, prisioneiro (m)	vang	[ʊang]
algemas (f pl)	käerauad	[kæərauat]
algemar (vt)	käsi raudu panema	[kæsi raudu panema]
fuga, evasão (f)	põgenemine	[pɜgenemine]
fugir (vi)	põgenema	[pɜgenema]
desaparecer (vi)	kadunuks jääma	[kadunuks jæ:ma]
soltar, libertar (vt)	vabastama	[ʊabasˈtama]
anistia (f)	amnestia	[amnesˈtia]
polícia (instituição)	politsei	[politsej]
polícia (m)	politseinik	[politsejnik]
delegacia (f) de polícia	politseijaoskond	[politsejjaoskont]
cassetete (m)	kumminui	[kumminui]
megafone (m)	ruupor	[ru:por]
carro (m) de patrulha	patrullauto	[patrulʲæuto]
sirene (f)	sireen	[sire:n]
ligar a sirene	sireeni sisse lülitama	[sire:ni sisse lʉlitama]
toque (m) da sirene	sireen heli	[sire:n heli]
cena (f) do crime	sündmuspaik	[sʉndmuspaik]
testemunha (f)	tunnistaja	[tunnisˈtaja]
liberdade (f)	vabadus	[ʊabadus]
cúmplice (m)	kaasosaline	[ka:sosaline]
escapar (vi)	varjuma	[ʊarjuma]
traço (não deixar ~s)	jälg	[jælʲg]

194. Polícia. Lei. Parte 2

procura (f)	tagaotsimine	[tagaotsimine]
procurar (vt)	otsima ...	[otsima ...]

suspeita (f)	kahtlustus	[kahtlusⁱtus]
suspeito (adj)	kahtlane	[kahtlane]
parar (veículo, etc.)	peatama	[peatama]
deter (fazer parar)	kinni pidama	[kinni pidama]
caso (~ criminal)	kohtuasi	[kohtuasi]
investigação (f)	uurimine	[u:rimine]
detetive (m)	detektiiv	[detekti:ʋ]
investigador (m)	uurija	[u:rija]
versão (f)	versioon	[ʋersio:n]
motivo (m)	motiiv	[moti:ʋ]
interrogatório (m)	ülekuulamine	[ɯleku:lamine]
interrogar (vt)	üle kuulama	[ɯle ku:lama]
questionar (vt)	küsitlema	[kɯsitlema]
verificação (f)	kontrollimine	[kontrolⁱimine]
batida (f) policial	haarang	[ha:rang]
busca (f)	läbiotsimine	[lⁱæbiotsimine]
perseguição (f)	tagaajamine	[taga:jamine]
perseguir (vt)	jälitama	[jælitama]
seguir, rastrear (vt)	jälgima	[jælⁱgima]
prisão (f)	arest	[aresⁱt]
prender (vt)	arreteerima	[arrete:rima]
pegar, capturar (vt)	kinni võtma	[kinni ʋɜtma]
captura (f)	kinnivõtmine	[kinniʋɜtmine]
documento (m)	dokument	[dokument]
prova (f)	tõestus	[tɜesⁱtus]
provar (vt)	tõestama	[tɜesⁱtama]
pegada (f)	jälg	[jælⁱg]
impressões (f pl) digitais	sõrmejäljed	[sɜrmejæljet]
prova (f)	süütõend	[sɯ:tɜent]
álibi (m)	alibi	[alibi]
inocente (adj)	süütu	[sɯ:tu]
injustiça (f)	ebaõiglus	[ebaɜiglus]
injusto (adj)	ebaõiglane	[ebaɜiglane]
criminal (adj)	kriminaalne	[krimina:lⁱne]
confiscar (vt)	konfiskeerima	[konfiske:rima]
droga (f)	narkootik	[narko:tik]
arma (f)	relv	[relⁱʋ]
desarmar (vt)	relvituks tegema	[relⁱʋituks tegema]
ordenar (vt)	käskima	[kæskima]
desaparecer (vi)	ära kaduma	[æra kaduma]
lei (f)	seadus	[seadus]
legal (adj)	seaduslik	[seaduslik]
ilegal (adj)	ebaseaduslik	[ebaseaduslik]
responsabilidade (f)	vastutus	[ʋasⁱtutus]
responsável (adj)	vastutama	[ʋasⁱtutama]

NATUREZA

A Terra. Parte 1

195. Espaço sideral

espaço, cosmo (m)	kosmos	[kosmos]
espacial, cósmico (adj)	kosmiline	[kosmiline]
espaço (m) cósmico	maailmaruum	[maːilʲmaruːm]
mundo (m)	maailm	[maːilʲm]
universo (m)	universum	[uniʋersum]
galáxia (f)	galaktika	[galaktika]
estrela (f)	täht	[tæht]
constelação (f)	tähtkuju	[tæhtkuju]
planeta (m)	planeet	[planeːt]
satélite (m)	satelliit	[satelʲiːt]
meteorito (m)	meteoriit	[meteoriːt]
cometa (m)	komeet	[komeːt]
asteroide (m)	asteroid	[asʲterojt]
órbita (f)	orbiit	[orbiːt]
girar (vi)	keerlema	[keːrlema]
atmosfera (f)	atmosfäär	[atmosfæːr]
Sol (m)	Päike	[pæjke]
Sistema (m) Solar	Päikesesüsteem	[pæjkesesʉsʲteːm]
eclipse (m) solar	päiksevarjutus	[pæjkseʋarjutus]
Terra (f)	Maa	[maː]
Lua (f)	Kuu	[kuː]
Marte (m)	Marss	[marss]
Vênus (f)	Veenus	[ʋeːnus]
Júpiter (m)	Jupiter	[jupiter]
Saturno (m)	Saturn	[saturn]
Mercúrio (m)	Merkuur	[merkuːr]
Urano (m)	Uraan	[uraːn]
Netuno (m)	Neptuun	[neptuːn]
Plutão (m)	Pluuto	[pluːto]
Via Láctea (f)	Linnutee	[linnuteː]
Ursa Maior (f)	Suur Vanker	[suːr ʋanker]
Estrela Polar (f)	Põhjanael	[pɜhjanaelʲ]
marciano (m)	marslane	[marslane]
extraterrestre (m)	võõra planeedi asukas	[ʋɜːra planeːdi asukas]

alienígena (m)	**tulnukas**	[tulʲnukas]
disco (m) voador	**lendav taldrik**	[lendaʊ talʲdrik]
espaçonave (f)	**kosmoselaev**	[kosmoselaeʊ]
estação (f) orbital	**orbitaaljaam**	[orbita:lja:m]
lançamento (m)	**start**	[sʲtart]
motor (m)	**mootor**	[mo:tor]
bocal (m)	**düüs**	[dʉ:s]
combustível (m)	**kütus**	[kʉtus]
cabine (f)	**kabiin**	[kabi:n]
antena (f)	**antenn**	[antenn]
vigia (f)	**illuminaator**	[ilʲumina:tor]
bateria (f) solar	**päikesepatarei**	[pæjkesepatarej]
traje (m) espacial	**skafander**	[skafander]
imponderabilidade (f)	**kaaluta olek**	[ka:luta olek]
oxigênio (m)	**hapnik**	[hapnik]
acoplagem (f)	**põkkumine**	[pɜkkumine]
fazer uma acoplagem	**põkkama**	[pɜkkama]
observatório (m)	**observatoorium**	[obseruato:rium]
telescópio (m)	**teleskoop**	[telesko:p]
observar (vt)	**jälgima**	[jælʲgima]
explorar (vt)	**uurima**	[u:rima]

196. A Terra

Terra (f)	**Maa**	[ma:]
globo terrestre (Terra)	**maakera**	[ma:kera]
planeta (m)	**planeet**	[plane:t]
atmosfera (f)	**atmosfäär**	[atmosfæ:r]
geografia (f)	**geograafia**	[geogra:fia]
natureza (f)	**loodus**	[lo:dus]
globo (mapa esférico)	**gloobus**	[glo:bus]
mapa (m)	**kaart**	[ka:rt]
atlas (m)	**atlas**	[atlas]
Europa (f)	**Euroopa**	[euro:pa]
Ásia (f)	**Aasia**	[a:sia]
África (f)	**Aafrika**	[a:frika]
Austrália (f)	**Austraalia**	[ausʲtra:lia]
América (f)	**Ameerika**	[ame:rika]
América (f) do Norte	**Põhja-Ameerika**	[pɜhja-ame:rika]
América (f) do Sul	**Lõuna-Ameerika**	[lɜuna-ame:rika]
Antártida (f)	**Antarktis**	[antarktis]
Ártico (m)	**Arktika**	[arktika]

197. Pontos cardeais

norte (m)	põhi	[pɜhi]
para norte	põhja	[pɜhja]
no norte	põhjas	[pɜhjas]
do norte (adj)	põhja-	[pɜhja-]

sul (m)	lõuna	[lɜuna]
para sul	lõunasse	[lɜunasse]
no sul	lõunas	[lɜunas]
do sul (adj)	lõuna-	[lɜuna-]

oeste, ocidente (m)	lääs	[lʲæ:s]
para oeste	läände	[lʲæ:nde]
no oeste	läänes	[lʲæ:nes]
ocidental (adj)	lääne-	[lʲæ:ne-]

leste, oriente (m)	ida	[ida]
para leste	itta	[itta]
no leste	idas	[idas]
oriental (adj)	ida-	[ida-]

198. Mar. Oceano

mar (m)	meri	[meri]
oceano (m)	ookean	[o:kean]
golfo (m)	laht	[laht]
estreito (m)	väin	[ʋæjn]

terra (f) firme	maismaa	[maisma:]
continente (m)	manner	[manner]
ilha (f)	saar	[sa:r]
península (f)	poolsaar	[po:lʲsa:r]
arquipélago (m)	arhipelaag	[arhipela:g]

baía (f)	laht	[laht]
porto (m)	sadam	[sadam]
lagoa (f)	laguun	[lagu:n]
cabo (m)	neem	[ne:m]

atol (m)	atoll	[atolʲ]
recife (m)	riff	[riff]
coral (m)	korall	[koralʲ]
recife (m) de coral	korallrahu	[koralʲrahu]

profundo (adj)	sügav	[sʉgaʋ]
profundidade (f)	sügavus	[sʉgaʋus]
abismo (m)	sügavik	[sʉgaʋik]
fossa (f) oceânica	nõgu	[nɜgu]

corrente (f)	hoovus	[ho:ʋus]
banhar (vt)	uhtuma	[uhtuma]
litoral (m)	rand	[rant]

costa (f)	rannik	[rannik]
maré (f) alta	tõus	[tɜus]
refluxo (m)	mõõn	[mɜ:n]
restinga (f)	madalik	[madalik]
fundo (m)	põhi	[pɜhi]

onda (f)	laine	[laine]
crista (f) da onda	lainehari	[lainehari]
espuma (f)	vaht	[ʋaht]

tempestade (f)	torm	[torm]
furacão (m)	orkaan	[orka:n]
tsunami (m)	tsunami	[tsunami]
calmaria (f)	tuulevaikus	[tu:leʋaikus]
calmo (adj)	rahulik	[rahulik]

polo (m)	poolus	[po:lus]
polar (adj)	polaar-	[pola:r-]

latitude (f)	laius	[laius]
longitude (f)	pikkus	[pikkus]
paralela (f)	paralleel	[paralʲe:lʲ]
equador (m)	ekvaator	[ekʋa:tor]

céu (m)	taevas	[taeʋas]
horizonte (m)	silmapiir	[silʲmapi:r]
ar (m)	õhk	[ɜhk]

farol (m)	majakas	[majakas]
mergulhar (vi)	sukelduma	[sukelʲduma]
afundar-se (vr)	uppuma	[uppuma]
tesouros (m pl)	aarded	[a:rdet]

199. Nomes de Mares e Oceanos

Oceano (m) Atlântico	Atlandi ookean	[atlandi o:kean]
Oceano (m) Índico	India ookean	[india o:kean]
Oceano (m) Pacífico	Vaikne ookean	[ʋaikne o:kean]
Oceano (m) Ártico	Põhja-Jäämeri	[pɜhja-jæ:meri]

Mar (m) Negro	Must meri	[musʲt meri]
Mar (m) Vermelho	Punane meri	[punane meri]
Mar (m) Amarelo	Kollane meri	[kolʲæne meri]
Mar (m) Branco	Valge meri	[ʋalʲge meri]

Mar (m) Cáspio	Kaspia meri	[kaspia meri]
Mar (m) Morto	Surnumeri	[surnumeri]
Mar (m) Mediterrâneo	Vahemeri	[ʋahemeri]

Mar (m) Egeu	Egeuse meri	[egeuse meri]
Mar (m) Adriático	Aadria meri	[a:dria meri]

Mar (m) Arábico	Araabia meri	[ara:bia meri]
Mar (m) do Japão	Jaapani meri	[ja:pani meri]

| Mar (m) de Bering | Beringi meri | [beringi meri] |
| Mar (m) da China Meridional | Lõuna-Hiina meri | [lɜuna-hi:na meri] |

Mar (m) de Coral	Korallide meri	[koralʲide meri]
Mar (m) de Tasman	Tasmaania meri	[tasma:nia meri]
Mar (m) do Caribe	Kariibi meri	[kari:bi meri]

| Mar (m) de Barents | Barentsi meri | [barentsi meri] |
| Mar (m) de Kara | Kara meri | [kara meri] |

Mar (m) do Norte	Põhjameri	[pɜhjameri]
Mar (m) Báltico	Läänemeri	[lʲæ:nemeri]
Mar (m) da Noruega	Norra meri	[norra meri]

200. Montanhas

montanha (f)	mägi	[mægi]
cordilheira (f)	mäeahelik	[mæɵahelik]
serra (f)	mäeahelik	[mæɵahelik]

cume (m)	tipp	[tipp]
pico (m)	mäetipp	[mæɵtipp]
pé (m)	jalam	[jalam]
declive (m)	nõlv	[nɜlʲu]

vulcão (m)	vulkaan	[uulʲka:n]
vulcão (m) ativo	tegutsev vulkaan	[tegutseu uulʲka:n]
vulcão (m) extinto	kustunud vulkaan	[kusʲtunut uulʲka:n]

erupção (f)	vulkaanipurse	[uulʲka:nipurse]
cratera (f)	kraater	[kra:ter]
magma (m)	magma	[magma]
lava (f)	laava	[la:ua]
fundido (lava ~a)	hõõguv	[hɜ:guu]

cânion, desfiladeiro (m)	kanjon	[kanjon]
garganta (f)	kuristik, taarn	[kurisʲtik, ta:rn]
fenda (f)	kaljulõhe	[kaljulɜhe]
precipício (m)	kuristik	[kurisʲtik]

passo, colo (m)	kuru	[kuru]
planalto (m)	platoo	[plato:]
falésia (f)	kalju	[kalju]
colina (f)	küngas	[kʉngas]

geleira (f)	liustik	[liusʲtik]
cachoeira (f)	juga	[juga]
gêiser (m)	geiser	[gejser]
lago (m)	järv	[jæru]

planície (f)	lausmaa	[lausma:]
paisagem (f)	maastik	[ma:sʲtik]
eco (m)	kaja	[kaja]
alpinista (m)	alpinist	[alʲpinisʲt]

escalador (m)	**kaljuronija**	[kaljuronija]
conquistar (vt)	**vallutama**	[ʋalʲutama]
subida, escalada (f)	**mäkketõus**	[mækketɜus]

201. Nomes de montanhas

Alpes (m pl)	**Alpid**	[alʲpit]
Monte Branco (m)	**Mont Blanc**	[mon blan]
Pirineus (m pl)	**Püreneed**	[pʉrene:t]
Cárpatos (m pl)	**Karpaadid**	[karpa:dit]
Urais (m pl)	**Uurali mäed**	[u:rali mæet]
Cáucaso (m)	**Kaukasus**	[kaukasus]
Elbrus (m)	**Elbrus**	[elʲbrus]
Altai (m)	**Altai**	[alʲtai]
Tian Shan (m)	**Tjan-Šan**	[tjanʃan]
Pamir (m)	**Pamiir**	[pami:r]
Himalaia (m)	**Himaalaja**	[hima:laja]
monte Everest (m)	**Everest**	[eʋeresʲt]
Cordilheira (f) dos Andes	**Andid**	[andit]
Kilimanjaro (m)	**Kilimandžaaro**	[kilimandʒa:ro]

202. Rios

rio (m)	**jõgi**	[jɜgi]
fonte, nascente (f)	**allikas**	[alʲikas]
leito (m) de rio	**säng**	[sæng]
bacia (f)	**bassein**	[bassejn]
desaguar no ...	**suubuma**	[su:buma]
afluente (m)	**lisajõgi**	[lisajɜgi]
margem (do rio)	**kallas**	[kalʲæs]
corrente (f)	**vool**	[ʋo:lʲ]
rio abaixo	**allavoolu**	[alʲæʋo:lu]
rio acima	**ülesvoolu**	[ʉlesʋo:lu]
inundação (f)	**üleujutus**	[ʉleujutus]
cheia (f)	**suurvesi**	[su:rʋesi]
transbordar (vi)	**üle ujutama**	[ʉle ujutama]
inundar (vt)	**uputama**	[uputama]
banco (m) de areia	**madalik**	[madalik]
corredeira (f)	**lävi**	[lʲæʋi]
barragem (f)	**pais**	[pais]
canal (m)	**kanal**	[kanalʲ]
reservatório (m) de água	**veehoidla**	[ʋe:hojtla]
eclusa (f)	**lüüs**	[lʉ:s]
corpo (m) de água	**veekogu**	[ʋe:kogu]

pântano (m)	soo	[so:]
lamaçal (m)	õõtssoo	[ɜ:tsso:]
redemoinho (m)	veekeeris	[ʋe:ke:ris]

riacho (m)	oja	[oja]
potável (adj)	joogi-	[jo:gi-]
doce (água)	mage-	[mage-]

| gelo (m) | jää | [jæ:] |
| congelar-se (vr) | külmuma | [kɤlʲmuma] |

203. Nomes de rios

| rio Sena (m) | Seine | [sen] |
| rio Loire (m) | Loire | [lua:r] |

rio Tâmisa (m)	Thames	[tems]
rio Reno (m)	Rein	[rejn]
rio Danúbio (m)	Doonau	[do:nau]

rio Volga (m)	Volga	[ʋolʲga]
rio Don (m)	Don	[don]
rio Lena (m)	Leena	[le:na]

rio Amarelo (m)	Huang He	[huanhe]
rio Yangtzé (m)	Jangtse	[jangtse]
rio Mekong (m)	Mekong	[mekong]
rio Ganges (m)	Ganges	[ganges]

rio Nilo (m)	Niilus	[ni:lus]
rio Congo (m)	Kongo	[kongo]
rio Cubango (m)	Okavango	[okaʋango]
rio Zambeze (m)	Zambezi	[sambesi]
rio Limpopo (m)	Limpopo	[limpopo]
rio Mississippi (m)	Mississippi	[misisippi]

204. Floresta

| floresta (f), bosque (m) | mets | [mets] |
| florestal (adj) | metsa- | [metsa-] |

mata (f) fechada	tihnik	[tihnik]
arvoredo (m)	salu	[salu]
clareira (f)	lagendik	[lagendik]

| matagal (m) | padrik | [padrik] |
| mato (m), caatinga (f) | põõsastik | [pɜ:sasʲtik] |

pequena trilha (f)	jalgrada	[jalʲgrada]
ravina (f)	jäärak	[jæ:rak]
árvore (f)	puu	[pu:]
folha (f)	leht	[leht]

folhagem (f)	lehestik	[lehesˈtik]
queda (f) das folhas	lehtede langemine	[lehtede langemine]
cair (vi)	langema	[langema]
topo (m)	latv	[latʊ]

ramo (m)	oks	[oks]
galho (m)	oks	[oks]
botão (m)	pung	[pung]
agulha (f)	okas	[okas]
pinha (f)	käbi	[kæbi]

buraco (m) de árvore	puuõõs	[pu:ɜ:s]
ninho (m)	pesa	[pesa]
toca (f)	urg	[urg]

tronco (m)	tüvi	[tɐʊi]
raiz (f)	juur	[ju:r]
casca (f) de árvore	koor	[ko:r]
musgo (m)	sammal	[sammalʲ]

arrancar pela raiz	juurima	[ju:rima]
cortar (vt)	raiuma	[raiuma]
desflorestar (vt)	maha raiuma	[maha raiuma]
toco, cepo (m)	känd	[kænt]

fogueira (f)	lõke	[lɔke]
incêndio (m) florestal	tulekahju	[tulekahju]
apagar (vt)	kustutama	[kusˈtutama]

guarda-parque (m)	metsavaht	[metsaʊaht]
proteção (f)	taimekaitse	[taimekaitse]
proteger (a natureza)	looduskaitse	[lo:duskaitse]
caçador (m) furtivo	salakütt	[salakɐtt]
armadilha (f)	püünis	[pɐ:nis]

colher (cogumelos, bagas)	korjama	[korjama]
perder-se (vr)	ära eksima	[æra eksima]

205. Recursos naturais

recursos (m pl) naturais	loodusvarad	[lo:dusʊarat]
minerais (m pl)	maavarad	[ma:ʊarat]
depósitos (m pl)	lademed	[lademet]
jazida (f)	leiukoht	[lejukoht]

extrair (vt)	kaevandama	[kaeʊandama]
extração (f)	kaevandamine	[kaeʊandamine]
minério (m)	maak	[ma:k]
mina (f)	kaevandus	[kaeʊandus]
poço (m) de mina	šaht	[ʃaht]
mineiro (m)	kaevur	[kaeʊur]

gás (m)	gaas	[ga:s]
gasoduto (m)	gaasijuhe	[ga:sijuhe]

petróleo (m)	nafta	[nafta]
oleoduto (m)	naftajuhe	[naftajuhe]
poço (m) de petróleo	nafta puurtorn	[nafta pu:rtorn]
torre (f) petrolífera	puurtorn	[pu:rtorn]
petroleiro (m)	tanker	[tanker]

areia (f)	liiv	[li:ʋ]
calcário (m)	paekivi	[paekiʋi]
cascalho (m)	kruus	[kru:s]
turfa (f)	turvas	[turʋas]
argila (f)	savi	[saʋi]
carvão (m)	süsi	[sʉsi]

ferro (m)	raud	[raut]
ouro (m)	kuld	[kulʲt]
prata (f)	hõbe	[hɜbe]
níquel (m)	nikkel	[nikkelʲ]
cobre (m)	vask	[ʋask]

zinco (m)	tsink	[tsink]
manganês (m)	mangaan	[manga:n]
mercúrio (m)	elavhõbe	[elaʋhɜbe]
chumbo (m)	seatina	[seatina]

mineral (m)	mineraal	[minera:lʲ]
cristal (m)	kristall	[krisʲtalʲ]
mármore (m)	marmor	[marmor]
urânio (m)	uraan	[ura:n]

A Terra. Parte 2

206. Tempo

tempo (m)	ilm	[il'm]
previsão (f) do tempo	ilmaennustus	[il'maennus'tus]
temperatura (f)	temperatuur	[temperatu:r]
termômetro (m)	kraadiklaas	[kra:dikla:s]
barômetro (m)	baromeeter	[barome:ter]
úmido (adj)	niiske	[ni:ske]
umidade (f)	niiskus	[ni:skus]
calor (m)	kuumus	[ku:mus]
tórrido (adj)	kuum	[ku:m]
está muito calor	on kuum	[on ku:m]
está calor	soojus	[so:jus]
quente (morno)	soe	[soe]
está frio	on külm	[on kʉl'm]
frio (adj)	külm	[kʉl'm]
sol (m)	päike	[pæjke]
brilhar (vi)	paistma	[pais'tma]
de sol, ensolarado	päikseline	[pæjkseline]
nascer (vi)	tõusma	[tɜusma]
pôr-se (vr)	loojuma	[lo:juma]
nuvem (f)	pilv	[pil'ʊ]
nublado (adj)	pilves	[pil'ʊes]
nuvem (f) preta	pilv	[pil'ʊ]
escuro, cinzento (adj)	sompus	[sompus]
chuva (f)	vihm	[ʊihm]
está a chover	vihma sajab	[ʊihma sajab]
chuvoso (adj)	vihmane	[ʊihmane]
chuviscar (vi)	tibutama	[tibutama]
chuva (f) torrencial	paduvihm	[paduʊihm]
aguaceiro (m)	hoovihm	[ho:ʊihm]
forte (chuva, etc.)	tugev	[tugeʊ]
poça (f)	lomp	[lomp]
molhar-se (vr)	märjaks saama	[mærjaks sa:ma]
nevoeiro (m)	udu	[udu]
de nevoeiro	udune	[udune]
neve (f)	lumi	[lumi]
está nevando	lund sajab	[lunt sajab]

207. Tempo extremo. Catástrofes naturais

trovoada (f)	äike	[æjke]
relâmpago (m)	välk	[uælⁱk]
relampejar (vi)	välku lööma	[uælⁱku lø:ma]
trovão (m)	kõu	[kɜu]
trovejar (vi)	müristama	[muris̩tama]
está trovejando	müristab	[muris̩tab]
granizo (m)	rahe	[rahe]
está caindo granizo	rahet sajab	[rahet sajab]
inundar (vt)	üle ujutama	[ule ujutama]
inundação (f)	üleujutus	[uleujutus]
terremoto (m)	maavärin	[ma:uærin]
abalo, tremor (m)	tõuge	[tɜuge]
epicentro (m)	epitsenter	[epitsenter]
erupção (f)	vulkaanipurse	[uulⁱka:nipurse]
lava (f)	laava	[la:ua]
tornado (m)	tromb	[tromb]
tornado (m)	tornaado	[torna:do]
tufão (m)	taifuun	[taifu:n]
furacão (m)	orkaan	[orka:n]
tempestade (f)	torm	[torm]
tsunami (m)	tsunami	[tsuɲami]
ciclone (m)	tsüklon	[tsuklon]
mau tempo (m)	halb ilm	[halⁱb ilⁱm]
incêndio (m)	tulekahju	[tulekahju]
catástrofe (f)	katastroof	[katas̩tro:f]
meteorito (m)	meteoriit	[meteori:t]
avalanche (f)	laviin	[laui:n]
deslizamento (m) de neve	varing	[uaring]
nevasca (f)	lumetorm	[lumetorm]
tempestade (f) de neve	tuisk	[tuisk]

208. Ruídos. Sons

silêncio (m)	vaikus	[uaikus]
som (m)	heli	[heli]
ruído, barulho (m)	lärm	[lⁱærm]
fazer barulho	lärmama	[lⁱærmama]
ruidoso, barulhento (adj)	lärmakas	[lⁱærmakas]
alto	valjusti	[ualjus̩ti]
alto (ex. voz ~a)	vali	[uali]
constante (ruído, etc.)	pidev	[pideu]

grito (m)	karje	[karje]
gritar (vi)	karjuma	[karjuma]
sussurro (m)	sosin	[sosin]
sussurrar (vi, vt)	sosistama	[sosisˈtama]

| latido (m) | haukumine | [haukumine] |
| latir (vi) | haukuma | [haukuma] |

gemido (m)	oie	[oje]
gemer (vi)	oigama	[ojgama]
tosse (f)	köha	[køha]
tossir (vi)	köhima	[køhima]

assobio (m)	vile	[ʋile]
assobiar (vi)	vilistama	[ʋilisˈtama]
batida (f)	koputus	[koputus]
bater (à porta)	koputama	[koputama]

| estalar (vi) | ragisema | [ragisema] |
| estalido (m) | ragin | [ragin] |

sirene (f)	sireen	[sire:n]
apito (m)	vile	[ʋile]
apitar (vi)	undama	[undama]
buzina (f)	signaal	[signa:lʲ]
buzinar (vi)	signaali andma	[signa:li andma]

209. Inverno

inverno (m)	talv	[talʲʊ]
de inverno	talvine	[talʲʊine]
no inverno	talvel	[talʲʊelʲ]

neve (f)	lumi	[lumi]
está nevando	lund sajab	[lunt sajab]
queda (f) de neve	lumesadu	[lumesadu]
amontoado (m) de neve	hang	[hang]

floco (m) de neve	lumehelbeke	[lumehelʲbeke]
bola (f) de neve	lumepall	[lumepalʲ]
boneco (m) de neve	lumememm	[lumememm]
sincelo (m)	purikas	[purikas]

dezembro (m)	detsember	[detsember]
janeiro (m)	jaanuar	[ja:nuar]
fevereiro (m)	veebruar	[ʋe:bruar]

| gelo (m) | pakane | [pakane] |
| gelado (tempo ~) | pakasene | [pakasene] |

abaixo de zero	alla nulli	[alʲæ nulʲi]
primeira geada (f)	öökülmad	[ø:kʉlʲmat]
geada (f) branca	härmatis	[hærmatis]
frio (m)	külm	[kʉlʲm]

está frio	külmalt	[kʉlʲmalʲt]
casaco (m) de pele	kasukas	[kasukas]
mitenes (f pl)	labakindad	[labakindat]
adoecer (vi)	haigeks jääma	[haigeks jæ:ma]
resfriado (m)	külmetus	[kʉlʲmetus]
ficar resfriado	külmetuma	[kʉlʲmetuma]
gelo (m)	jää	[jæ:]
gelo (m) na estrada	kiilasjää	[ki:lasjæ:]
congelar-se (vr)	külmuma	[kʉlʲmuma]
bloco (m) de gelo	jääpank	[jæ:pank]
esqui (m)	suusad	[su:sat]
esquiador (m)	suusataja	[su:sataja]
esquiar (vi)	suusatama	[su:satama]
patinar (vi)	uisutama	[uisutama]

Fauna

210. Mamíferos. Predadores

predador (m)	**kiskja**	[kiskja]
tigre (m)	**tiiger**	[ti:ger]
leão (m)	**lõvi**	[lɜʋi]
lobo (m)	**hunt**	[hunt]
raposa (f)	**rebane**	[rebane]
jaguar (m)	**jaaguar**	[ja:guar]
leopardo (m)	**leopard**	[leopart]
chita (f)	**gepard**	[gepart]
pantera (f)	**panter**	[panter]
puma (m)	**puuma**	[pu:ma]
leopardo-das-neves (m)	**lumeleopard**	[lumeleopart]
lince (m)	**ilves**	[ilʲʋes]
coiote (m)	**koiott**	[kojott]
chacal (m)	**šaakal**	[ʃa:kalʲ]
hiena (f)	**hüään**	[hʉæ:n]

211. Animais selvagens

animal (m)	**loom**	[lo:m]
besta (f)	**metsloom**	[metslo:m]
esquilo (m)	**orav**	[oraʋ]
ouriço (m)	**siil**	[si:lʲ]
lebre (f)	**jänes**	[jænes]
coelho (m)	**küülik**	[kʉ:lik]
texugo (m)	**mäger**	[mæger]
guaxinim (m)	**pesukaru**	[pesukaru]
hamster (m)	**hamster**	[hamsʲter]
marmota (f)	**koopaorav**	[ko:paoraʋ]
toupeira (f)	**mutt**	[mutt]
rato (m)	**hiir**	[hi:r]
ratazana (f)	**rott**	[rott]
morcego (m)	**nahkhiir**	[nahkhi:r]
arminho (m)	**kärp**	[kærp]
zibelina (f)	**soobel**	[so:belʲ]
marta (f)	**nugis**	[nugis]
doninha (f)	**nirk**	[nirk]
visom (m)	**naarits**	[na:rits]

castor (m)	kobras	[kobras]
lontra (f)	saarmas	[sa:rmas]
cavalo (m)	hobune	[hobune]
alce (m)	põder	[pɜder]
veado (m)	põhjapõder	[pɜhjapɜder]
camelo (m)	kaamel	[ka:melʲ]
bisão (m)	piison	[pi:son]
auroque (m)	euroopa piison	[euro:pa pi:son]
búfalo (m)	pühvel	[pʉhʋelʲ]
zebra (f)	sebra	[sebra]
antílope (m)	antiloop	[antilo:p]
corça (f)	metskits	[metskits]
gamo (m)	kabehirv	[kabehiru]
camurça (f)	mägikits	[mægikits]
javali (m)	metssiga	[metssiga]
baleia (f)	vaal	[ʋa:lʲ]
foca (f)	hüljes	[hʉljes]
morsa (f)	merihobu	[merihobu]
urso-marinho (m)	kotik	[kotik]
golfinho (m)	delfiin	[delfi:n]
urso (m)	karu	[karu]
urso (m) polar	jääkaru	[jæ:karu]
panda (m)	panda	[panda]
macaco (m)	ahv	[ahʊ]
chimpanzé (m)	šimpans	[ʃimpans]
orangotango (m)	orangutang	[orangutang]
gorila (m)	gorilla	[gorilʲæ]
macaco (m)	makaak	[maka:k]
gibão (m)	gibon	[gibon]
elefante (m)	elevant	[eleʋant]
rinoceronte (m)	ninasarvik	[ninasaruik]
girafa (f)	kaelkirjak	[kaelʲkirjak]
hipopótamo (m)	jõehobu	[jɜehobu]
canguru (m)	känguru	[kænguru]
coala (m)	koaala	[koa:la]
mangusto (m)	mangust	[mangusʲt]
chinchila (f)	tšintšilja	[tʃintʃilja]
cangambá (f)	skunk	[skunk]
porco-espinho (m)	okassiga	[okassiga]

212. Animais domésticos

gata (f)	kass	[kass]
gato (m) macho	kass	[kass]
cão (m)	koer	[koer]

cavalo (m)	hobune	[hobune]
garanhão (m)	täkk	[tækk]
égua (f)	mära	[mæra]
vaca (f)	lehm	[lehm]
touro (m)	pull	[pulʲ]
boi (m)	härg	[hærg]
ovelha (f)	lammas	[lammas]
carneiro (m)	oinas	[ojnas]
cabra (f)	kits	[kits]
bode (m)	sokk	[sokk]
burro (m)	eesel	[e:selʲ]
mula (f)	muul	[mu:lʲ]
porco (m)	siga	[siga]
leitão (m)	põrsas	[pɜrsas]
coelho (m)	küülik	[kʉ:lik]
galinha (f)	kana	[kana]
galo (m)	kukk	[kukk]
pata (f), pato (m)	part	[part]
pato (m)	sinikaelpart	[sinikaelʲpart]
ganso (m)	hani	[hani]
peru (m)	kalkun	[kalʲkun]
perua (f)	kalkun	[kalʲkun]
animais (m pl) domésticos	koduloomad	[kodulo:mat]
domesticado (adj)	kodustatud	[kodusʲtatut]
domesticar (vt)	taltsutama	[talʲtsutama]
criar (vt)	üles kasvatama	[ʉles kasʋatama]
fazenda (f)	farm	[farm]
aves (f pl) domésticas	kodulinnud	[kodulinnut]
gado (m)	kariloomad	[karilo:mat]
rebanho (m), manada (f)	kari	[kari]
estábulo (m)	hobusetall	[hobusetalʲ]
chiqueiro (m)	sigala	[sigala]
estábulo (m)	lehmalaut	[lehmalaut]
coelheira (f)	küülikukasvandus	[kʉ:likukasʋandus]
galinheiro (m)	kanala	[kanala]

213. Cães. Raças de cães

cão (m)	koer	[koer]
cão pastor (m)	lambakoer	[lambakoer]
pastor-alemão (m)	saksa lambakoer	[saksa lambakoer]
poodle (m)	puudel	[pu:delʲ]
linguicinha (m)	taksikoer	[taksikoer]
buldogue (m)	buldog	[bulʲdog]

boxer (m)	bokser	[bokser]
mastim (m)	Mastif	[mas'tif]
rottweiler (m)	Rotveiler	[rotʋejler]
dóberman (m)	dobermann	[dobermann]

basset (m)	basset	[basset]
pastor inglês (m)	vana-inglise lambakoer	[ʋana-inglise lambakoer]
dálmata (m)	Dalmaatsia koer	[dal'ma:tsia koer]
cocker spaniel (m)	kokkerspanjel	[kokkerspanjel']

| terra-nova (m) | Newfoundlandi koer | [njufauntlandi koer] |
| são-bernardo (m) | bernhardiin | [bernhardi:n] |

husky (m) siberiano	siberi husky	[siberi husky]
Chow-chow (m)	Tšau-tšau	[tʃau-tʃau]
spitz alemão (m)	spits	[spits]
pug (m)	mops	[mops]

214. Sons produzidos pelos animais

latido (m)	haukumine	[haukumine]
latir (vi)	haukuma	[haukuma]
miar (vi)	näuguma	[næuguma]
ronronar (vi)	nurru lööma	[nurru lø:ma]

mugir (vaca)	ammuma	[ammuma]
bramir (touro)	möirgama	[møirgama]
rosnar (vi)	urisema	[urisema]

uivo (m)	ulg	[ul'g]
uivar (vi)	ulguma	[ul'guma]
ganir (vi)	niutsuma	[niutsuma]

balir (vi)	määgima	[mæ:gima]
grunhir (vi)	röhkima	[røhkima]
guinchar (vi)	vinguma	[ʋinguma]

coaxar (sapo)	krooksuma	[kro:ksuma]
zumbir (inseto)	vinguma	[ʋinguma]
ziziar (vi)	siristama	[siris'tama]

215. Animais jovens

cria (f), filhote (m)	loomalaps	[lo:malaps]
gatinho (m)	kassipoeg	[kassipoeg]
ratinho (m)	hiirepoeg	[hi:repoeg]
cachorro (m)	kutsikas	[kutsikas]

filhote (m) de lebre	jänesepoeg	[jænesepoeg]
coelhinho (m)	küülikupoeg	[kʉ:likupoeg]
lobinho (m)	hundikutsikas	[hundikutsikas]
filhote (m) de raposa	rebasekutsikas	[rebasekutsikas]

filhote (m) de urso	karupoeg	[karupoeg]
filhote (m) de leão	lõvikutsikas	[lɜuikutsikas]
filhote (m) de tigre	tiigrikutsikas	[ti:grikutsikas]
filhote (m) de elefante	elevandipoeg	[eleuandipoeg]
leitão (m)	põrsas	[pɜrsas]
bezerro (m)	vasikas	[uasikas]
cabrito (m)	kitsetall	[kitsetalʲ]
cordeiro (m)	lambatall	[lambatalʲ]
filhote (m) de veado	põdravasikas	[pɜdrauasikas]
cria (f) de camelo	kaamelipoeg	[ka:melipoeg]
filhote (m) de serpente	ussipoeg	[ussipoeg]
filhote (m) de rã	konnapoeg	[konnapoeg]
cria (f) de ave	linnupoeg	[linnupoeg]
pinto (m)	kanapoeg	[kanapoeg]
patinho (m)	pardipoeg	[pardipoeg]

216. Pássaros

pássaro (m), ave (f)	lind	[lint]
pombo (m)	tuvi	[tuui]
pardal (m)	varblane	[uarblane]
chapim-real (m)	tihane	[tihane]
pega-rabuda (f)	harakas	[harakas]
corvo (m)	ronk	[ronk]
gralha-cinzenta (f)	vares	[uares]
gralha-de-nuca-cinzenta (f)	hakk	[hakk]
gralha-calva (f)	künnivares	[künniuares]
pato (m)	part	[part]
ganso (m)	hani	[hani]
faisão (m)	faasan	[fa:san]
águia (f)	kotkas	[kotkas]
açor (m)	kull	[kulʲ]
falcão (m)	kotkas	[kotkas]
abutre (m)	raisakull	[raisakulʲ]
condor (m)	kondor	[kondor]
cisne (m)	luik	[luik]
grou (m)	kurg	[kurg]
cegonha (f)	toonekurg	[to:nekurg]
papagaio (m)	papagoi	[papagoj]
beija-flor (m)	koolibri	[ko:libri]
pavão (m)	paabulind	[pa:bulint]
avestruz (m)	jaanalind	[ja:nalint]
garça (f)	haigur	[haigur]
flamingo (m)	flamingo	[flamingo]
pelicano (m)	pelikan	[pelikan]

rouxinol (m)	ööbik	[ø:bik]
andorinha (f)	suitsupääsuke	[suitsupæ:suke]
tordo-zornal (m)	rästas	[ræsʲtas]
tordo-músico (m)	laulurästas	[lauluræsʲtas]
melro-preto (m)	musträstas	[musʲtræsʲtas]
andorinhão (m)	piiripääsuke	[pi:ripæ:suke]
cotovia (f)	lõoke	[lɜoke]
codorna (f)	vutt	[ʋutt]
pica-pau (m)	rähn	[ræhn]
cuco (m)	kägu	[kægu]
coruja (f)	öökull	[ø:kulʲ]
bufo-real (m)	kakk	[kakk]
tetraz-grande (m)	metsis	[metsis]
tetraz-lira (m)	teder	[teder]
perdiz-cinzenta (f)	põldpüü	[pɜlʲtpʉ:]
estorninho (m)	kuldnokk	[kulʲdnokk]
canário (m)	kanaarilind	[kana:rilint]
galinha-do-mato (f)	laanepüü	[la:nepʉ:]
tentilhão (m)	metsvint	[metsʋint]
dom-fafe (m)	leevike	[le:ʋike]
gaivota (f)	kajakas	[kajakas]
albatroz (m)	albatross	[alʲbatross]
pinguim (m)	pingviin	[pinguʲi:n]

217. Pássaros. Canto e sons

cantar (vi)	laulma	[laulʲma]
gritar, chamar (vi)	karjuma	[karjuma]
cantar (o galo)	kirema	[kirema]
cocorocó (m)	kikerikii	[kikeriki:]
cacarejar (vi)	kaagutama	[ka:gutama]
crocitar (vi)	kraaksuma	[kra:ksuma]
grasnar (vi)	prääksuma	[præ:ksuma]
piar (vi)	piiksuma	[pi:ksuma]
chilrear, gorjear (vi)	siristama	[sirisʲtama]

218. Peixes. Animais marinhos

brema (f)	latikas	[latikas]
carpa (f)	karpkala	[karpkala]
perca (f)	ahven	[ahʋen]
siluro (m)	säga	[sæga]
lúcio (m)	haug	[haug]
salmão (m)	lõhe	[lɜhe]
esturjão (m)	tuurakala	[tu:rakala]

arenque (m)	heeringas	[he:ringas]
salmão (m) do Atlântico	väärislõhe	[ʋæː:rislɔhe]
cavala, sarda (f)	skumbria	[skumbria]
solha (f), linguado (m)	lest	[lesʲt]
lúcio perca (m)	kohakala	[kohakala]
bacalhau (m)	tursk	[tursk]
atum (m)	tuunikala	[tu:nikala]
truta (f)	forell	[forelʲ]
enguia (f)	angerjas	[angerjas]
raia (f) elétrica	elektrirai	[elektrirai]
moreia (f)	mureen	[mure:n]
piranha (f)	piraaja	[piraːja]
tubarão (m)	haikala	[haikala]
golfinho (m)	delfiin	[delfi:n]
baleia (f)	vaal	[ʋaːlʲ]
caranguejo (m)	krabi	[krabi]
água-viva (f)	meduus	[medu:s]
polvo (m)	kaheksajalg	[kaheksajalʲg]
estrela-do-mar (f)	meritäht	[meritæht]
ouriço-do-mar (m)	merisiil	[merisi:lʲ]
cavalo-marinho (m)	merihobuke	[merihobuke]
ostra (f)	auster	[ausʲter]
camarão (m)	krevett	[kreʋett]
lagosta (f)	homaar	[homa:r]
lagosta (f)	langust	[langusʲt]

219. Anfíbios. Répteis

cobra (f)	uss	[uss]
venenoso (adj)	mürgine	[murgine]
víbora (f)	rästik	[ræsʲtik]
naja (f)	kobra	[kobra]
píton (m)	püüton	[pu:ton]
jiboia (f)	boamadu	[boamadu]
cobra-de-água (f)	nastik	[nasʲtik]
cascavel (f)	lõgismadu	[lɔgismadu]
anaconda (f)	anakonda	[anakonda]
lagarto (m)	sisalik	[sisalik]
iguana (f)	iguaan	[igua:n]
varano (m)	varaan	[ʋara:n]
salamandra (f)	salamander	[salamander]
camaleão (m)	kameeleon	[kame:leon]
escorpião (m)	skorpion	[skorpion]
tartaruga (f)	kilpkonn	[kilʲpkonn]
rã (f)	konn	[konn]

| sapo (m) | kärnkonn | [kærnkonn] |
| crocodilo (m) | krokodill | [krokodilʲ] |

220. Insetos

inseto (m)	putukas	[putukas]
borboleta (f)	liblikas	[liblikas]
formiga (f)	sipelgas	[sipelʲgas]
mosca (f)	kärbes	[kærbes]
mosquito (m)	sääsk	[sæːsk]
escaravelho (m)	sitikas	[sitikas]

vespa (f)	herilane	[herilane]
abelha (f)	mesilane	[mesilane]
mamangaba (f)	metsmesilane	[metsmesilane]
moscardo (m)	kiin	[kiːn]

| aranha (f) | ämblik | [æmblik] |
| teia (f) de aranha | ämblikuvõrk | [æmblikuʋɜrk] |

libélula (f)	kiil	[kiːlʲ]
gafanhoto (m)	rohutirts	[rohutirts]
traça (f)	liblikas	[liblikas]

barata (f)	tarakan	[tarakan]
carrapato (m)	puuk	[puːk]
pulga (f)	kirp	[kirp]
borrachudo (m)	kihulane	[kihulane]

gafanhoto (m)	rändtirts	[rændtirts]
caracol (m)	tigu	[tigu]
grilo (m)	ritsikas	[ritsikas]
pirilampo, vaga-lume (m)	jaaniuss	[jaːniuss]
joaninha (f)	lepatriinu	[lepatriːnu]
besouro (m)	maipõrnikas	[maipɜrnikas]

sanguessuga (f)	kaan	[kaːn]
lagarta (f)	tõuk	[tɜuk]
minhoca (f)	vagel	[ʋagelʲ]
larva (f)	tõuk	[tɜuk]

221. Animais. Partes do corpo

bico (m)	nokk	[nokk]
asas (f pl)	tiivad	[tiːʋat]
pata (f)	jalg	[jalʲg]
plumagem (f)	sulestik	[sulesʲtik]
pena, pluma (f)	sulg	[sulʲg]
crista (f)	pappus	[pappus]

| brânquias, guelras (f pl) | lõpused | [lɜpuset] |
| ovas (f pl) | kalamari | [kalamari] |

larva (f)	vastne	[ʋasʲtne]
barbatana (f)	uim	[uim]
escama (f)	soomus	[so:mus]

presa (f)	kihv	[kihʋ]
pata (f)	käpp	[kæpp]
focinho (m)	nägu	[nægu]
boca (f)	koon	[ko:n]
cauda (f), rabo (m)	saba	[saba]
bigodes (m pl)	vurrud	[ʋurrut]

| casco (m) | kabi | [kabi] |
| corno (m) | sarv | [sarʋ] |

carapaça (f)	soomuskate	[so:muskate]
concha (f)	koda	[koda]
casca (f) de ovo	munakoor	[munako:r]

| pelo (m) | karvad | [karʋat] |
| pele (f), couro (m) | nahk | [nahk] |

222. Ações dos animais

| voar (vi) | lendama | [lendama] |
| dar voltas | keerlema | [ke:rlema] |

| voar (para longe) | ära lendama | [æra lendama] |
| bater as asas | lehvitama | [lehʋitama] |

| bicar (vi) | nokkima | [nokkima] |
| incubar (vt) | poegi välja hauduma | [poegi ʋælja hauduma] |

| sair do ovo | munast välja tulema | [munasʲt ʋælja tulema] |
| fazer o ninho | pesa punuma | [pesa punuma] |

rastejar (vi)	roomama	[ro:mama]
picar (vt)	nõelama	[nɜelama]
morder (cachorro, etc.)	hammustama	[hammusʲtama]

cheirar (vt)	nuusutama	[nu:sutama]
latir (vi)	haukuma	[haukuma]
silvar (vi)	susisema	[susisema]

| assustar (vt) | ehmatama | [ehmatama] |
| atacar (vt) | kallale tungima | [kalʲæle tungima] |

roer (vt)	närima	[nærima]
arranhar (vt)	kriimustama	[kri:musʲtama]
esconder-se (vr)	ennast ära peitma	[ennasʲt æra pejtma]

brincar (vi)	mängima	[mængima]
caçar (vi)	jahil käima	[jahilʲ kæjma]
hibernar (vi)	talveunes olema	[talʲʋeunes olema]
extinguir-se (vr)	välja surema	[ʋælja surema]

223. Animais. Habitats

hábitat (m)	elukeskkond	[elukeskkont]
migração (f)	migratsioon	[migratsio:n]
montanha (f)	mägi	[mægi]
recife (m)	riff	[riff]
falésia (f)	kalju	[kalju]
floresta (f)	mets	[mets]
selva (f)	džungel	[dʒungelʲ]
savana (f)	savann	[sauann]
tundra (f)	tundra	[tundra]
estepe (f)	stepp	[sʲtepp]
deserto (m)	kõrb	[kɜrb]
oásis (m)	oaas	[oa:s]
mar (m)	meri	[meri]
lago (m)	järv	[jæru]
oceano (m)	ookean	[o:kean]
pântano (m)	soo	[so:]
de água doce	mageveeline	[mageue:line]
lagoa (f)	tiik	[ti:k]
rio (m)	jõgi	[jɜgi]
toca (f) do urso	karukoobas	[karuko:bas]
ninho (m)	pesa	[pesa]
buraco (m) de árvore	õõs	[ɜ:s]
toca (f)	urg	[urg]
formigueiro (m)	sipelgapesa	[sipelʲgapesa]

224. Cuidados com os animais

jardim (m) zoológico	loomaaed	[lo:ma:et]
reserva (f) natural	looduskaitseala	[lo:duskaitseala]
viveiro (m)	kasvandus	[kasuandus]
jaula (f) de ar livre	jooksuaed	[jo:ksuaet]
jaula, gaiola (f)	puur	[pu:r]
casinha (f) de cachorro	kuut	[ku:t]
pombal (m)	tuvila	[tuuila]
aquário (m)	akvaarium	[akua:rium]
delfinário (m)	delfinaarium	[delfina:rium]
criar (vt)	loomi pidama	[lo:mi pidama]
cria (f)	järglased	[jærglaset]
domesticar (vt)	taltsutama	[talʲtsutama]
adestrar (vt)	dresseerima	[dresse:rima]
ração (f)	sööt	[sø:t]
alimentar (vt)	söötma	[sø:tma]

loja (f) de animais	zookauplus	[zo:kauplus]
focinheira (m)	suukorv	[su:korʋ]
coleira (f)	kaelarihm	[kaelarihm]
nome (do animal)	nimi	[nimi]
pedigree (m)	sugupuu	[sugupu:]

225. Animais. Diversos

alcateia (f)	hundikari	[hundikari]
bando (pássaros)	linnuparv	[linnuparʋ]
cardume (peixes)	kalaparv	[kalaparʋ]
manada (cavalos)	hobusekari	[hobusekari]

macho (m)	isasloom	[isaslo:m]
fêmea (f)	emasloom	[emaslo:m]

faminto (adj)	näljane	[næljane]
selvagem (adj)	metsik	[metsik]
perigoso (adj)	ohtlik	[ohtlik]

226. Cavalos

cavalo (m)	hobune	[hobune]
raça (f)	tõug	[tɜug]

potro (m)	varss	[ʋarss]
égua (f)	mära	[mæra]

mustangue (m)	mustang	[musʲtang]
pônei (m)	poni	[poni]
cavalo (m) de tiro	raskeveohobune	[raskeʋeohobune]

crina (f)	lakk	[lakk]
rabo (m)	saba	[saba]

casco (m)	kabi	[kabi]
ferradura (f)	hobuseraud	[hobuseraut]
ferrar (vt)	hobust rautama	[hobusʲt rautama]
ferreiro (m)	sepp	[sepp]

sela (f)	sadul	[sadulʲ]
estribo (m)	jalus	[jalus]
brida (f)	valjad	[ʋaljat]
rédeas (f pl)	ohjad	[ohjat]
chicote (m)	piits	[pi:ts]

cavaleiro (m)	ratsutaja	[ratsutaja]
colocar sela	saduldama	[sadulʲdama]
montar no cavalo	sadulasse istuma	[sadulasse isʲtuma]

galope (m)	galopp	[galopp]
galopar (vi)	galoppi sõitma	[galoppi sɜitma]

trote (m)	**traav**	[traːʋ]
a trote	**traavi**	[traːʋi]
ir a trote	**traavi sõitma**	[traːʋi sɜitma]
cavalo (m) de corrida	**ratsahobune**	[ratsahobune]
corridas (f pl)	**ratsavõistlused**	[ratsaʋɜisʲtluset]
estábulo (m)	**hobusetall**	[hobusetalʲ]
alimentar (vt)	**söötma**	[søːtma]
feno (m)	**hein**	[hejn]
dar água	**jootma**	[joːtma]
limpar (vt)	**puhastama**	[puhasʲtama]
carroça (f)	**kaarik**	[kaːrik]
pastar (vi)	**karjamaal olema**	[karjamaːlʲ olema]
relinchar (vi)	**hirnuma**	[hirnuma]
dar um coice	**jalaga lööma**	[jalaga løːma]

Flora

227. Árvores

árvore (f)	puu	[pu:]
decídua (adj)	lehtpuu	[lehtpu:]
conífera (adj)	okaspuu	[okaspu:]
perene (adj)	igihaljas	[igihaljas]
macieira (f)	õunapuu	[ɜunapu:]
pereira (f)	pirnipuu	[pirnipu:]
cerejeira (f)	murelipuu	[murelipu:]
ginjeira (f)	kirsipuu	[kirsipu:]
ameixeira (f)	ploomipuu	[plo:mipu:]
bétula (f)	kask	[kask]
carvalho (m)	tamm	[tamm]
tília (f)	pärn	[pærn]
choupo-tremedor (m)	haav	[ha:ʋ]
bordo (m)	vaher	[ʋaher]
espruce (m)	kuusk	[ku:sk]
pinheiro (m)	mänd	[mænt]
alerce, lariço (m)	lehis	[lehis]
abeto (m)	nulg	[nulʲg]
cedro (m)	seeder	[se:der]
choupo, álamo (m)	pappel	[pappelʲ]
tramazeira (f)	pihlakas	[pihlakas]
salgueiro (m)	paju	[paju]
amieiro (m)	lepp	[lepp]
faia (f)	pöök	[pø:k]
ulmeiro, olmo (m)	jalakas	[jalakas]
freixo (m)	saar	[sa:r]
castanheiro (m)	kastan	[kasʲtan]
magnólia (f)	magnoolia	[magno:lia]
palmeira (f)	palm	[palʲm]
cipreste (m)	küpress	[kʉpress]
mangue (m)	mangroovipuu	[mangro:ʋipu:]
embondeiro, baobá (m)	ahvileivapuu	[ahʋilejʋapu:]
eucalipto (m)	eukalüpt	[eukalʉpt]
sequoia (f)	sekvoia	[sekʋoja]

228. Arbustos

arbusto (m)	põõsas	[pɜ:sas]
arbusto (m), moita (f)	põõsastik	[pɜ:sasʲtik]

| videira (f) | viinamarjad | [ʋi:namarjat] |
| vinhedo (m) | viinamarjaistandus | [ʋi:namarjaisˈtandus] |

framboeseira (f)	vaarikas	[ʋa:rikas]
groselheira-negra (f)	mustsõstra põõsas	[musˈt sɜsˈtra pɜ:sas]
groselheira-vermelha (f)	punane sõstar põõsas	[punane sɜsˈtar pɜ:sas]
groselheira (f) espinhosa	karusmari	[karusmari]

acácia (f)	akaatsia	[aka:tsia]
bérberis (f)	kukerpuu	[kukerpu:]
jasmim (m)	jasmiin	[jasmi:n]

junípero (m)	kadakas	[kadakas]
roseira (f)	roosipõõsas	[ro:sipɜ:sas]
roseira (f) brava	kibuvits	[kibuʋits]

229. Cogumelos

cogumelo (m)	seen	[se:n]
cogumelo (m) comestível	söödav seen	[sø:daʋ se:n]
cogumelo (m) venenoso	mürgine seen	[mʉrgine se:n]
chapéu (m)	seenekübar	[se:nekʉbar]
pé, caule (m)	seenejalg	[se:nejalˈg]

boleto, porcino (m)	kivipuravik	[kiʋipuraʋik]
boleto (m) alaranjado	haavapuravik	[ha:ʋapuraʋik]
boleto (m) de bétula	kasepuravik	[kasepuraʋik]
cantarelo (m)	kukeseen	[kukese:n]
rússula (f)	pilvik	[pilˈʋik]

morchella (f)	mürkel	[mʉrkelˈ]
agário-das-moscas (m)	kärbseseen	[kærbsese:n]
cicuta (f) verde	sitaseen	[sitase:n]

230. Frutos. Bagas

fruta (f)	puuvili	[pu:ʋili]
frutas (f pl)	puuviljad	[pu:ʋiljat]
maçã (f)	õun	[ɜun]
pera (f)	pirn	[pirn]
ameixa (f)	ploom	[plo:m]

morango (m)	aedmaasikas	[aedma:sikas]
ginja (f)	kirss	[kirss]
cereja (f)	murel	[murelˈ]
uva (f)	viinamarjad	[ʋi:namarjat]

framboesa (f)	vaarikas	[ʋa:rikas]
groselha (f) negra	must sõstar	[musˈt sɜsˈtar]
groselha (f) vermelha	punane sõstar	[punane sɜsˈtar]
groselha (f) espinhosa	karusmari	[karusmari]
oxicoco (m)	jõhvikas	[jɜhʋikas]

laranja (f)	apelsin	[apelˈsin]
tangerina (f)	mandariin	[mandari:n]
abacaxi (m)	ananass	[ananass]
banana (f)	banaan	[bana:n]
tâmara (f)	dattel	[dattelˈ]

limão (m)	sidrun	[sidrun]
damasco (m)	aprikoos	[apriko:s]
pêssego (m)	virsik	[ʋirsik]
quiuí (m)	kiivi	[ki:ʋi]
toranja (f)	greip	[grejp]

baga (f)	mari	[mari]
bagas (f pl)	marjad	[marjat]
arando (m) vermelho	pohlad	[pohlat]
morango-silvestre (m)	maasikas	[ma:sikas]
mirtilo (m)	mustikas	[musˈtikas]

231. Flores. Plantas

| flor (f) | lill | [lilˈ] |
| buquê (m) de flores | lillekimp | [lilˈekimp] |

rosa (f)	roos	[ro:s]
tulipa (f)	tulp	[tulˈp]
cravo (m)	nelk	[nelˈk]
gladíolo (m)	gladiool	[gladio:lˈ]

centáurea (f)	rukkilill	[rukkililˈ]
campainha (f)	kellukas	[kelˈukas]
dente-de-leão (m)	võilill	[ʋɜililˈ]
camomila (f)	karikakar	[karikakar]

aloé (m)	aaloe	[a:loe]
cacto (m)	kaktus	[kaktus]
fícus (m)	kummipuu	[kummipu:]

lírio (m)	liilia	[li:lia]
gerânio (m)	geraanium	[gera:nium]
jacinto (m)	hüatsint	[hɐatsint]

mimosa (f)	mimoos	[mimo:s]
narciso (m)	nartsiss	[nartsiss]
capuchinha (f)	kress	[kress]

orquídea (f)	orhidee	[orhide:]
peônia (f)	pojeng	[pojeng]
violeta (f)	kannike	[kannike]

amor-perfeito (m)	võõrasemad	[ʋɜ:rasemat]
não-me-esqueças (m)	meelespea	[me:lespea]
margarida (f)	margareeta	[margare:ta]
papoula (f)	moon	[mo:n]
cânhamo (m)	kanep	[kanep]

hortelã, menta (f)	piparmünt	[piparmʉnt]
lírio-do-vale (m)	maikelluke	[maikelʲuke]
campânula-branca (f)	lumikelluke	[lumikelʲuke]

urtiga (f)	nõges	[nɔges]
azedinha (f)	hapuoblikas	[hapuoblikas]
nenúfar (m)	vesiroos	[ʋesiro:s]
samambaia (f)	sõnajalg	[sɔnajalʲg]
líquen (m)	samblik	[samblik]

estufa (f)	kasvuhoone	[kasʋuho:ne]
gramado (m)	muru	[muru]
canteiro (m) de flores	lillepeenar	[lilʲepe:nar]

planta (f)	taim	[taim]
grama (f)	rohi	[rohi]
folha (f) de grama	rohulible	[rohulible]

folha (f)	leht	[leht]
pétala (f)	õieleht	[ɜieleht]
talo (m)	vars	[ʋars]
tubérculo (m)	sibul	[sibulʲ]

broto, rebento (m)	idu	[idu]
espinho (m)	okas	[okas]

florescer (vi)	õitsema	[ɜitsema]
murchar (vi)	närtsima	[nærtsima]
cheiro (m)	lõhn	[lɜhn]
cortar (flores)	lõikama	[lɜikama]
colher (uma flor)	murdma	[murdma]

232. Cereais, grãos

grão (m)	vili	[ʋili]
cereais (plantas)	teraviljad	[teraʋiljat]
espiga (f)	kõrs	[kɜrs]

trigo (m)	nisu	[nisu]
centeio (m)	rukis	[rukis]
aveia (f)	kaer	[kaer]

painço (m)	hirss	[hirss]
cevada (f)	oder	[oder]

milho (m)	mais	[mais]
arroz (m)	riis	[ri:s]
trigo-sarraceno (m)	tatar	[tatar]

ervilha (f)	hernes	[hernes]
feijão (m) roxo	aedoad	[aedoat]
soja (f)	soja	[soja]
lentilha (f)	lääts	[lʲæ:ts]
feijão (m)	põldoad	[pɜlʲdoat]

233. Vegetais. Verduras

vegetais (m pl)	juurviljad	[juːrʋiljat]
verdura (f)	maitseroheline	[maitseroheline]
tomate (m)	tomat	[tomat]
pepino (m)	kurk	[kurk]
cenoura (f)	porgand	[porgant]
batata (f)	kartul	[kartulʲ]
cebola (f)	sibul	[sibulʲ]
alho (m)	küüslauk	[kʉːslauk]
couve (f)	kapsas	[kapsas]
couve-flor (f)	lillkapsas	[lilʲkapsas]
couve-de-bruxelas (f)	brüsseli kapsas	[brʉsseli kapsas]
brócolis (m pl)	brokkoli	[brokkoli]
beterraba (f)	peet	[peːt]
berinjela (f)	baklažaan	[baklaʒaːn]
abobrinha (f)	suvikõrvits	[suʋikɜrʋits]
abóbora (f)	kõrvits	[kɜrʋits]
nabo (m)	naeris	[naeris]
salsa (f)	petersell	[peterselʲ]
endro, aneto (m)	till	[tilʲ]
alface (f)	salat	[salat]
aipo (m)	seller	[selʲer]
aspargo (m)	aspar	[aspar]
espinafre (m)	spinat	[spinat]
ervilha (f)	hernes	[hernes]
feijão (~ soja, etc.)	põldoad	[pɜlʲdoat]
milho (m)	mais	[mais]
feijão (m) roxo	aedoad	[aedoat]
pimentão (m)	pipar	[pipar]
rabanete (m)	redis	[redis]
alcachofra (f)	artišokk	[artiʃokk]

GEOGRAFIA REGIONAL

Países. Nacionalidades

234. Europa Ocidental

Europa (f)	Euroopa	[euro:pa]
União (f) Europeia	Euroopa Liit	[euro:pa li:t]
europeu (m)	eurooplane	[euro:plane]
europeu (adj)	euroopa	[euro:pa]
Áustria (f)	Austria	[aus'tria]
austríaco (m)	austerlane	[aus'terlane]
austríaca (f)	austerlanna	[aus'terlanna]
austríaco (adj)	austria	[aus'tria]
Grã-Bretanha (f)	Suurbritannia	[su:rbritannia]
Inglaterra (f)	Inglismaa	[inglisma:]
inglês (m)	inglane	[inglane]
inglesa (f)	inglanna	[inglanna]
inglês (adj)	inglise	[inglise]
Bélgica (f)	Belgia	[bel'gia]
belga (m)	belglane	[bel'glane]
belga (f)	belglanna	[bel'glanna]
belga (adj)	belgia	[bel'gia]
Alemanha (f)	Saksamaa	[saksama:]
alemão (m)	sakslane	[sakslane]
alemã (f)	sakslanna	[sakslanna]
alemão (adj)	saksa	[saksa]
Países Baixos (m pl)	Madalmaad	[madal'ma:t]
Holanda (f)	Holland	[hol'ænt]
holandês (m)	hollandlane	[hol'æntlane]
holandesa (f)	hollandlanna	[hol'æntlanna]
holandês (adj)	hollandi	[hol'ændi]
Grécia (f)	Kreeka	[kre:ka]
grego (m)	kreeklane	[kre:klane]
grega (f)	kreeklanna	[kre:klanna]
grego (adj)	kreeka	[kre:ka]
Dinamarca (f)	Taani	[ta:ni]
dinamarquês (m)	taanlane	[ta:nlane]
dinamarquesa (f)	taanlanna	[ta:nlanna]
dinamarquês (adj)	taani	[ta:ni]
Irlanda (f)	Iirimaa	[i:rima:]
irlandês (m)	iirlane	[i:rlane]

irlandesa (f)	iirlanna	[i:rlanna]
irlandês (adj)	iiri	[i:ri]
Islândia (f)	Island	[islant]
islandês (m)	islandlane	[islantlane]
islandesa (f)	islandlanna	[islantlanna]
islandês (adj)	islandi	[islandi]
Espanha (f)	Hispaania	[hispa:nia]
espanhol (m)	hispaanlane	[hispa:nlane]
espanhola (f)	hispaanlanna	[hispa:nlanna]
espanhol (adj)	hispaania	[hispa:nia]
Itália (f)	Itaalia	[ita:lia]
italiano (m)	itaallane	[ita:lʲæne]
italiana (f)	itaallanna	[ita:lʲænna]
italiano (adj)	itaalia	[ita:lia]
Chipre (m)	Küpros	[kʉpros]
cipriota (m)	küproslane	[kʉproslane]
cipriota (f)	küproslanna	[kʉproslanna]
cipriota (adj)	küprose	[kʉprose]
Malta (f)	Malta	[malʲta]
maltês (m)	maltalane	[malʲtalane]
maltesa (f)	maltalanna	[malʲtalanna]
maltês (adj)	malta	[malʲta]
Noruega (f)	Norra	[norra]
norueguês (m)	norralane	[norralane]
norueguesa (f)	norralanna	[norralanna]
norueguês (adj)	norra	[norra]
Portugal (m)	Portugal	[portugalʲ]
português (m)	portugallane	[portugalʲæne]
portuguesa (f)	portugallanna	[portugalʲænna]
português (adj)	portugali	[portugali]
Finlândia (f)	Soome	[so:me]
finlandês (m)	soomlane	[so:mlane]
finlandesa (f)	soomlanna	[so:mlanna]
finlandês (adj)	soome	[so:me]
França (f)	Prantsusmaa	[prantsusma:]
francês (m)	prantslane	[prantslane]
francesa (f)	prantslanna	[prantslanna]
francês (adj)	prantsuse	[prantsuse]
Suécia (f)	Rootsi	[ro:tsi]
sueco (m)	rootslane	[ro:tslane]
sueca (f)	rootslanna	[ro:tslanna]
sueco (adj)	rootsi	[ro:tsi]
Suíça (f)	Šveits	[ʃʊejts]
suíço (m)	šveitslane	[ʃʊejtslane]
suíça (f)	šveitslanna	[ʃʊejtslanna]

suíço (adj)	šveitsi	[ʃʋejtsi]
Escócia (f)	Šotimaa	[ʃotima:]
escocês (m)	šotlane	[ʃotlane]
escocesa (f)	šotlanna	[ʃotlanna]
escocês (adj)	šoti	[ʃoti]

Vaticano (m)	Vatikan	[ʋatikan]
Liechtenstein (m)	Liechtenstein	[lihtenʃtejn]
Luxemburgo (m)	Luxembourg	[luksembourg]
Mônaco (m)	Monaco	[monako]

235. Europa Central e de Leste

Albânia (f)	Albaania	[alʲba:nia]
albanês (m)	albaanlane	[alʲba:nlane]
albanesa (f)	albaanlanna	[alʲba:nlanna]
albanês (adj)	albaania	[alʲba:nia]

Bulgária (f)	Bulgaaria	[bulʲga:ria]
búlgaro (m)	bulgaarlane	[bulʲga:rlane]
búlgara (f)	bulgaarlanna	[bulʲga:rlanna]
búlgaro (adj)	bulgaaria	[bulʲga:ria]

Hungria (f)	Ungari	[ungari]
húngaro (m)	ungarlane	[ungarlane]
húngara (f)	ungarlanna	[ungarlanna]
húngaro (adj)	ungari	[ungari]

Letônia (f)	Läti	[lʲæti]
letão (m)	lätlane	[lʲætlane]
letã (f)	lätlanna	[lʲætlanna]
letão (adj)	läti	[lʲæti]

Lituânia (f)	Leedu	[le:du]
lituano (m)	leedulane	[le:dulane]
lituana (f)	leedulanna	[le:dulanna]
lituano (adj)	leedu	[le:du]

Polônia (f)	Poola	[po:la]
polonês (m)	poolakas	[po:lakas]
polonesa (f)	poolatar	[po:latar]
polonês (adj)	poola	[po:la]

Romênia (f)	Rumeenia	[rume:nia]
romeno (m)	rumeenlane	[rume:nlane]
romena (f)	rumeenlanna	[rume:nlanna]
romeno (adj)	rumeenia	[rume:nia]

Sérvia (f)	Serbia	[serbia]
sérvio (m)	serblane	[serblane]
sérvia (f)	serblanna	[serblanna]
sérvio (adj)	serbia	[serbia]
Eslováquia (f)	Slovakkia	[sloʋakkia]
eslovaco (m)	slovakk	[sloʋakk]

| eslovaca (f) | slovakitar | [slouakitar] |
| eslovaco (adj) | slovaki | [slouaki] |

Croácia (f)	Kroaatia	[kroa:tia]
croata (m)	kroaat	[kroa:t]
croata (f)	horvaaditar	[horua:ditar]
croata (adj)	kroaadi	[kroa:di]

República (f) Checa	Tšehhia	[tʃehhia]
checo (m)	tšehh	[tʃehh]
checa (f)	tšehhitar	[tʃehhitar]
checo (adj)	tšehhi	[tʃehhi]

Estônia (f)	Eesti	[e:sˡti]
estônio (m)	eestlane	[e:sˡtlane]
estônia (f)	eestlanna	[e:sˡtlanna]
estônio (adj)	eesti	[e:sˡti]

Bósnia e Herzegovina (f)	Bosnia ja Hertsegoviina	[bosnia ja hertsegoui:na]
Macedônia (f)	Makedoonia	[makedo:nia]
Eslovênia (f)	Sloveenia	[sloue:nia]
Montenegro (m)	Montenegro	[montenegro]

236. Países da ex-URSS

Azerbaijão (m)	Aserbaidžaan	[aserbaidʒa:n]
azeri (m)	aserbaidžaanlane	[aserbaidʒa:nlane]
azeri (f)	aserbaidžaanlanna	[aserbaidʒa:nlanna]
azeri, azerbaijano (adj)	aserbaidžaani	[aserbaidʒa:ni]

Armênia (f)	Armeenia	[arme:nia]
armênio (m)	armeenlane	[arme:nlane]
armênia (f)	armeenlanna	[arme:nlanna]
armênio (adj)	armeenia	[arme:nia]

Belarus	Valgevenemaa	[ualˡgeuenema:]
bielorrusso (m)	valgevenelane	[ualˡgeuenelane]
bielorrussa (f)	valgevenelanna	[ualˡgeuenelanna]
bielorrusso (adj)	valgevene	[ualˡgeuene]

Geórgia (f)	Gruusia	[gru:sia]
georgiano (m)	grusiin	[grusi:n]
georgiana (f)	grusiinlanna	[grusi:nlanna]
georgiano (adj)	gruusia	[gru:sia]

Cazaquistão (m)	Kasahstan	[kasahsˡtan]
cazaque (m)	kasahh	[kasahh]
cazaque (f)	kasahhitar	[kasahhitar]
cazaque (adj)	kasahhi	[kasahhi]

Quirguistão (m)	Kõrgõzstan	[kɜrgɜsˡtan]
quirguiz (m)	kirgiis	[kirgi:s]
quirguiz (f)	kirgiisitar	[kirgi:sitar]
quirguiz (adj)	kirgiisi	[kirgi:si]

Moldávia (f)	**Moldova**	[mol'doʋa]
moldavo (m)	**moldaavlane**	[mol'da:ʋlane]
moldava (f)	**moldaavlanna**	[mol'da:ʋlanna]
moldavo (adj)	**moldaavia**	[mol'da:ʋia]
Rússia (f)	**Venemaa**	[ʋenema:]
russo (m)	**venelane**	[ʋenelane]
russa (f)	**venelanna**	[ʋenelanna]
russo (adj)	**vene**	[ʋene]
Tajiquistão (m)	**Tadžikistan**	[tadʒikis'tan]
tajique (m)	**tadžikk**	[tadʒikk]
tajique (f)	**tadžikitar**	[tadʒikitar]
tajique (adj)	**tadžiki**	[tadʒiki]
Turquemenistão (m)	**Türkmenistan**	[tʉrkmenis'tan]
turcomeno (m)	**turkmeen**	[turkme:n]
turcomena (f)	**turkmeenlanna**	[turkme:nlanna]
turcomeno (adj)	**turkmeeni**	[turkme:ni]
Uzbequistão (f)	**Usbekistan**	[usbekis'tan]
uzbeque (m)	**usbekk**	[usbekk]
uzbeque (f)	**usbekitar**	[usbekitar]
uzbeque (adj)	**usbeki**	[usbeki]
Ucrânia (f)	**Ukraina**	[ukraina]
ucraniano (m)	**ukrainlane**	[ukrainlane]
ucraniana (f)	**ukrainlanna**	[ukrainlanna]
ucraniano (adj)	**ukraina**	[ukraina]

237. Asia

Ásia (f)	**Aasia**	[a:sia]
asiático (adj)	**aasialik**	[a:sialik]
Vietnã (m)	**Vietnam**	[ʋietnam]
vietnamita (m)	**vietnamlane**	[ʋietnamlane]
vietnamita (f)	**vietnamlanna**	[ʋietnamlanna]
vietnamita (adj)	**vietnami**	[ʋietnami]
Índia (f)	**India**	[india]
indiano (m)	**hindu**	[hindu]
indiana (f)	**hindulanna**	[hindulanna]
indiano (adj)	**india**	[india]
Israel (m)	**Iisrael**	[i:srael']
israelense (m)	**iisraellane**	[i:srael'æne]
israelita (f)	**iisraellanna**	[i:srael'ænna]
israelense (adj)	**iisraeli**	[i:sraeli]
judeu (m)	**juut**	[ju:t]
judia (f)	**juuditar**	[ju:ditar]
judeu (adj)	**juudi**	[ju:di]
China (f)	**Hiina**	[hi:na]

chinês (m)	**hiinlane**	[hi:nlane]
chinesa (f)	**hiinlanna**	[hi:nlanna]
chinês (adj)	**hiina**	[hi:na]
coreano (m)	**korealane**	[korealane]
coreana (f)	**korealanna**	[korealanna]
coreano (adj)	**korea**	[korea]
Líbano (m)	**Liibanon**	[li:banon]
libanês (m)	**liibanonlane**	[li:banonlane]
libanesa (f)	**liibanonlanna**	[li:banonlanna]
libanês (adj)	**liibanoni**	[li:banoni]
Mongólia (f)	**Mongoolia**	[mongo:lia]
mongol (m)	**mongol**	[mongolʲ]
mongol (f)	**mongolitar**	[mongolitar]
mongol (adj)	**mongoli**	[mongoli]
Malásia (f)	**Malaisia**	[malaisia]
malaio (m)	**malailane**	[malailane]
malaia (f)	**malailanna**	[malailanna]
malaio (adj)	**malai**	[malai]
Paquistão (m)	**Pakistan**	[pakisʲtan]
paquistanês (m)	**pakistanlane**	[pakisʲtanlane]
paquistanesa (f)	**pakistanlanna**	[pakisʲtanlanna]
paquistanês (adj)	**pakistani**	[pakisʲtani]
Arábia (f) Saudita	**Saudi Araabia**	[saudi ara:bia]
árabe (m)	**araablane**	[ara:blane]
árabe (f)	**araablanna**	[ara:blanna]
árabe (adj)	**araabia**	[ara:bia]
Tailândia (f)	**Tai**	[tai]
tailandês (m)	**tailane**	[tailane]
tailandesa (f)	**tailanna**	[tailanna]
tailandês (adj)	**tai**	[tai]
Taiwan (m)	**Taivan**	[taiʋan]
taiwanês (m)	**taivanlane**	[taiʋanlane]
taiwanesa (f)	**taivanlanna**	[taiʋanlanna]
taiwanês (adj)	**taivani**	[taiʋani]
Turquia (f)	**Türgi**	[tʉrgi]
turco (m)	**türklane**	[tʉrklane]
turca (f)	**türklanna**	[tʉrklanna]
turco (adj)	**türgi**	[tʉrgi]
Japão (m)	**Jaapan**	[ja:pan]
japonês (m)	**jaapanlane**	[ja:panlane]
japonesa (f)	**jaapanlanna**	[ja:panlanna]
japonês (adj)	**jaapani**	[ja:pani]
Afeganistão (m)	**Afganistan**	[afganisʲtan]
Bangladesh (m)	**Bangladesh**	[bangladesh]
Indonésia (f)	**Indoneesia**	[indone:sia]

Jordânia (f)	Jordaania	[jorda:nia]
Iraque (m)	Iraak	[ira:k]
Irã (m)	Iraan	[ira:n]
Camboja (f)	Kambodža	[kambodʒa]
Kuwait (m)	Kuveit	[kuʋejt]

Laos (m)	Laos	[laos]
Birmânia (f)	Mjanma	[mjanma]
Nepal (m)	Nepal	[nepalʲ]
Emirados Árabes Unidos	Araabia Ühendemiraadid	[ara:bia ühendemira:dit]

Síria (f)	Süüria	[sʉ:ria]
Palestina (f)	Palestiina autonoomia	[palesʲti:na autono:mia]
Coreia (f) do Sul	Lõuna-Korea	[lɜuna-korea]
Coreia (f) do Norte	Põhja-Korea	[pɜhja-korea]

238. América do Norte

Estados Unidos da América	Ameerika Ühendriigid	[ame:rika ühendri:git]
americano (m)	ameeriklane	[ame:riklane]
americana (f)	ameeriklanna	[ame:riklanna]
americano (adj)	ameerika	[ame:rika]

Canadá (m)	Kanada	[kanada]
canadense (m)	kanadalane	[kanadalane]
canadense (f)	kanadalanna	[kanadalanna]
canadense (adj)	kanada	[kanada]

México (m)	Mehhiko	[mehhiko]
mexicano (m)	mehhiklane	[mehhiklane]
mexicana (f)	mehhiklanna	[mehhiklanna]
mexicano (adj)	mehhiko	[mehhiko]

239. América Central do Sul

Argentina (f)	Argentiina	[argenti:na]
argentino (m)	argentiinlane	[argenti:nlane]
argentina (f)	argentiinlanna	[argenti:nlanna]
argentino (adj)	argentiina	[argenti:na]

Brasil (m)	Brasiilia	[brasi:lia]
brasileiro (m)	brasiillane	[brasi:lʲæne]
brasileira (f)	brasiillanna	[brasi:lʲænna]
brasileiro (adj)	brasiilia	[brasi:lia]

Colômbia (f)	Kolumbia	[kolumbia]
colombiano (m)	kolumbialane	[kolumbialane]
colombiana (f)	kolumbialanna	[kolumbialanna]
colombiano (adj)	kolumbia	[kolumbia]

| Cuba (f) | Kuuba | [ku:ba] |
| cubano (m) | kuubalane | [ku:balane] |

cubana (f)	**kuubalanna**	[ku:balanna]
cubano (adj)	**kuuba**	[ku:ba]
Chile (m)	**Tšiili**	[tʃi:li]
chileno (m)	**tšiillane**	[tʃi:lʲæne]
chilena (f)	**tšiilitar**	[tʃi:litar]
chileno (adj)	**tšiili**	[tʃi:li]
Bolívia (f)	**Boliivia**	[boli:ʋia]
Venezuela (f)	**Venetsueela**	[ʋenetsue:la]
Paraguai (m)	**Paraguai**	[paraguai]
Peru (m)	**Peruu**	[peru:]
Suriname (m)	**Suriname**	[suriname]
Uruguai (m)	**Uruguai**	[uruguai]
Equador (m)	**Ecuador**	[ekuador]
Bahamas (f pl)	**Bahama saared**	[bahama sa:ret]
Haiti (m)	**Haiiti**	[hai:ti]
República Dominicana	**Dominikaani Vabariik**	[dominika:ni ʋabari:k]
Panamá (m)	**Panama**	[panama]
Jamaica (f)	**Jamaika**	[jamaika]

240. Africa

Egito (m)	**Egiptus**	[egiptus]
egípcio (m)	**egiptlane**	[egiptlane]
egípcia (f)	**egiptlanna**	[egiptlanna]
egípcio (adj)	**egiptuse**	[egiptuse]
Marrocos	**Maroko**	[maroko]
marroquino (m)	**marokolane**	[marokolane]
marroquina (f)	**marokolanna**	[marokolanna]
marroquino (adj)	**maroko**	[maroko]
Tunísia (f)	**Tuneesia**	[tune:sia]
tunisiano (m)	**tuneeslane**	[tune:slane]
tunisiana (f)	**tuneeslanna**	[tune:slanna]
tunisiano (adj)	**tuneesia**	[tune:sia]
Gana (f)	**Gaana**	[ga:na]
Zanzibar (m)	**Sansibar**	[sansibar]
Quênia (f)	**Keenia**	[ke:nia]
Líbia (f)	**Liibüa**	[li:bʉa]
Madagascar (m)	**Madagaskar**	[madagaskar]
Namíbia (f)	**Namiibia**	[nami:bia]
Senegal (m)	**Senegal**	[senegalʲ]
Tanzânia (f)	**Tansaania**	[tansa:nia]
África (f) do Sul	**Lõuna-Aafrika Vabariik**	[lɜuna-a:frika ʋabari:k]
africano (m)	**aafriklane**	[a:friklane]
africana (f)	**aafriklanna**	[a:friklanna]
africano (adj)	**aafrika**	[a:frika]

241. Austrália. Oceania

Austrália (f)	Austraalia	[ausˈtraːlia]
australiano (m)	austraallane	[ausˈtraːlʲæne]
australiana (f)	austraallanna	[ausˈtraːlʲænna]
australiano (adj)	austraalia	[ausˈtraːlia]
Nova Zelândia (f)	Uus Meremaa	[uːs merema:]
neozelandês (m)	uusmeremaalane	[uːsmerema:lane]
neozelandesa (f)	uusmeremaalanna	[uːsmerema:lanna]
neozelandês (adj)	uusmeremaa	[uːsmerema:]
Tasmânia (f)	Tasmaania	[tasmaːnia]
Polinésia (f) Francesa	Prantsuse Polüneesia	[prantsuse polʉneːsia]

242. Cidades

Amesterdã, Amsterdã	Amsterdam	[amsˈterdam]
Ancara	Ankara	[ankara]
Atenas	Ateena	[ateːna]
Bagdade	Bagdad	[bagdat]
Bancoque	Bangkok	[bangkok]
Barcelona	Barcelona	[barselona]
Beirute	Beirut	[bejrut]
Berlim	Berliin	[berliːn]
Bonn	Bonn	[bonn]
Bordéus	Bordeaux	[bordoː]
Bratislava	Bratislava	[bratislaʋa]
Bruxelas	Brüssel	[brʉsselʲ]
Bucareste	Bukarest	[bukaresʲt]
Budapeste	Budapest	[budapesʲt]
Cairo	Kairo	[kajro]
Calcutá	Kalkuta	[kalʲkuta]
Chicago	Chicago	[tʃikago]
Cidade do México	Mexico	[mehiko]
Copenhague	Kopenhaagen	[kopenhaːgen]
Dar es Salaam	Dar Es Salaam	[dar es salaːm]
Deli	Delhi	[deli]
Dubai	Dubai	[dubai]
Dublim	Dublin	[dublin]
Düsseldorf	Düsseldorf	[dʉsselʲdorf]
Estocolmo	Stockholm	[stokholʲm]
Florença	Firenze	[firenze]
Frankfurt	Frankfurt	[frankfurt]
Genebra	Genf	[genf]
Haia	Haag	[haːg]
Hamburgo	Hamburg	[hamburg]
Hanói	Hanoi	[hanoj]

Havana	**Havanna**	[hauanna]
Helsinque	**Helsingi**	[helʲsingi]
Hiroshima	**Hiroshima**	[hiroshima]
Hong Kong	**Hongkong**	[honkong]
Istambul	**Istanbul**	[istanbulʲ]
Jerusalém	**Jeruusalemm**	[jeru:salemm]
Kiev, Quieve	**Kiiev**	[ki:eu]
Kuala Lumpur	**Kuala Lumpur**	[kuala lumpur]
Lion	**Lyon**	[lyon]
Lisboa	**Lissabon**	[lissssabon]
Londres	**London**	[london]
Los Angeles	**Los Angeles**	[los angeles]
Madrid	**Madrid**	[madrit]
Marselha	**Marseille**	[marselʲ]
Miami	**Miami**	[majæmi]
Montreal	**Montreal**	[montrealʲ]
Moscou	**Moskva**	[moskua]
Mumbai	**Bombay**	[bombej]
Munique	**München**	[munhen]
Nairóbi	**Nairobi**	[nairobi]
Nápoles	**Napoli**	[napoli]
Nice	**Nice**	[nitsə]
Nova York	**New York**	[nju york]
Oslo	**Oslo**	[oslo]
Ottawa	**Ottawa**	[ottawa]
Paris	**Pariis**	[pari:s]
Pequim	**Peking**	[peking]
Praga	**Praha**	[praha]
Rio de Janeiro	**Rio de Janeiro**	[rio de ʒanejro]
Roma	**Rooma**	[ro:ma]
São Petersburgo	**Peterburi**	[peterburi]
Seul	**Soul**	[soulʲ]
Singapura	**Singapur**	[singapur]
Sydney	**Sidney**	[sidni]
Taipé	**Taibei**	[taibej]
Tóquio	**Tokio**	[tokio]
Toronto	**Toronto**	[toronto]
Varsóvia	**Varssavi**	[uarssaui]
Veneza	**Veneetsia**	[uene:tsia]
Viena	**Viin**	[ui:n]
Washington	**Washington**	[uoʃington]
Xangai	**Shanghai**	[ʃanhai]

243. Política. Governo. Parte 1

política (f)	**poliitika**	[poli:tika]
político (adj)	**poliitiline**	[poli:tiline]

político (m)	poliitik	[poli:tik]
estado (m)	riik	[ri:k]
cidadão (m)	kodanik	[kodanik]
cidadania (f)	kodakondsus	[kodakondsus]

| brasão (m) de armas | riigivapp | [ri:givapp] |
| hino (m) nacional | riigihümn | [ri:gihumn] |

governo (m)	valitsus	[valitsus]
Chefe (m) de Estado	riigijuht	[ri:gijuht]
parlamento (m)	riigikogu	[ri:gikogu]
partido (m)	erakond	[erakont]

| capitalismo (m) | kapitalism | [kapitalism] |
| capitalista (adj) | kapitalistlik | [kapitalis'tlik] |

| socialismo (m) | sotsialism | [sotsialism] |
| socialista (adj) | sotsialistlik | [sotsialis'tlik] |

comunismo (m)	kommunism	[kommunism]
comunista (adj)	kommunistlik	[kommunis'tlik]
comunista (m)	kommunist	[kommunis't]

democracia (f)	demokraatia	[demokra:tia]
democrata (m)	demokraat	[demokra:t]
democrático (adj)	demokraatlik	[demokra:tlik]
Partido (m) Democrático	demokraatlik erakond	[demokra:tlik erakont]

| liberal (m) | liberaal | [libera:l'] |
| liberal (adj) | liberaalne | [libera:l'ne] |

| conservador (m) | konservaator | [konserva:tor] |
| conservador (adj) | konservatiivne | [konservati:vne] |

república (f)	vabariik	[vabari:k]
republicano (m)	vabariiklane	[vabari:klane]
Partido (m) Republicano	vabariiklik erakond	[vabari:klik erakont]

eleições (f pl)	valimised	[valimiset]
eleger (vt)	valima	[valima]
eleitor (m)	valija	[valija]
campanha (f) eleitoral	valimiskampaania	[valimiskampa:nia]

votação (f)	hääletamine	[hæ:letamine]
votar (vi)	hääletama	[hæ:letama]
sufrágio (m)	hääleõigus	[hæ:lezigus]

candidato (m)	kandidaat	[kandida:t]
candidatar-se (vi)	kandideerima	[kandide:rima]
campanha (f)	kampaania	[kampa:nia]

| da oposição | opositsiooniline | [opositsio:niline] |
| oposição (f) | opositsioon | [opositsio:n] |

| visita (f) | visiit | [visi:t] |
| visita (f) oficial | ametlik visiit | [ametlik visi:t] |

218

internacional (adj)	rahvusvaheline	[rahʋusʋaheline]
negociações (f pl)	läbirääkimised	[lʲæbiræ:kimiset]
negociar (vi)	läbirääkimisi pidama	[lʲæbiræ:kimisi pidama]

244. Política. Governo. Parte 2

sociedade (f)	ühiskond	[ʉhiskont]
constituição (f)	konstitutsioon	[konsʲtitutsio:n]
poder (ir para o ~)	võim	[ʋɜim]
corrupção (f)	korruptsioon	[korruptsio:n]

| lei (f) | seadus | [seadus] |
| legal (adj) | seaduslik | [seaduslik] |

| justeza (f) | õiglus | [ɜiglus] |
| justo (adj) | õiglane | [ɜiglane] |

comitê (m)	komitee	[komite:]
projeto-lei (m)	seaduseelnõu	[seaduse:lʲnɜu]
orçamento (m)	eelarve	[e:larʋe]
política (f)	poliitika	[poli:tika]
reforma (f)	reform	[reform]
radical (adj)	radikaalne	[radika:lʲne]

força (f)	jõud	[jɜut]
poderoso (adj)	tugev	[tugeʋ]
partidário (m)	pooldaja	[po:lʲdaja]
influência (f)	mõju	[mɜju]

regime (m)	režiim	[reʒi:m]
conflito (m)	konflikt	[konflikt]
conspiração (f)	vandenõu	[ʋandenɜu]
provocação (f)	provokatsioon	[proʋokatsio:n]

derrubar (vt)	kukutama	[kukutama]
derrube (m), queda (f)	kukutamine	[kukutamine]
revolução (f)	revolutsioon	[reʋolutsio:n]

| golpe (m) de Estado | riigipööre | [ri:gipø:re] |
| golpe (m) militar | sõjaväeline riigipööre | [sɜjaʋææline ri:gipø:re] |

crise (f)	kriis	[kri:s]
recessão (f) econômica	majanduslangus	[majanduslangus]
manifestante (m)	demonstrant	[demonsʲtrant]
manifestação (f)	demonstratsioon	[demonsʲtratsio:n]
lei (f) marcial	sõjaseisukord	[sɜjasejsukort]
base (f) militar	sõjaväebaas	[sɜjaʋææba:s]

| estabilidade (f) | stabiilsus | [sʲtabi:lʲsus] |
| estável (adj) | stabiilne | [sʲtabi:lʲne] |

exploração (f)	ekspluateerimine	[ekspluate:rimine]
explorar (vt)	ekspluateerima	[ekspluate:rima]
racismo (m)	rassism	[rassism]

racista (m)	rassist	[rassisⁱt]
fascismo (m)	fašism	[faʃism]
fascista (m)	fašist	[faʃisⁱt]

245. Países. Diversos

estrangeiro (m)	välismaalane	[ʋælisma:lane]
estrangeiro (adj)	välismaine	[ʋælismaine]
no estrangeiro	välismaal	[ʋælisma:lʲ]
emigrante (m)	emigrant	[emigrant]
emigração (f)	emigratsioon	[emigratsio:n]
emigrar (vi)	emigreerima	[emigre:rima]
Ocidente (m)	Lääs	[lʲæ:s]
Oriente (m)	Ida	[ida]
Extremo Oriente (m)	Kaug-Ida	[kaug-ida]
civilização (f)	tsivilisatsioon	[tsiʋilisatsio:n]
humanidade (f)	inimkond	[inimkont]
mundo (m)	maailm	[ma:ilʲm]
paz (f)	rahu	[rahu]
mundial (adj)	ülemaailmne	[ʉlema:ilʲmne]
pátria (f)	kodumaa	[koduma:]
povo (população)	rahvas	[rahʋas]
população (f)	elanikkond	[elanikkont]
gente (f)	inimesed	[inimeset]
nação (f)	rahvus	[rahʋus]
geração (f)	põlvkond	[pɜlʲʊkont]
território (m)	territoorium	[territo:rium]
região (f)	regioon	[regio:n]
estado (m)	osariik	[osari:k]
tradição (f)	traditsioon	[traditsio:n]
costume (m)	komme	[komme]
ecologia (f)	ökoloogia	[økolo:gia]
índio (m)	indiaanlane	[india:nlane]
cigano (m)	mustlane	[musⁱtlane]
cigana (f)	mustlasnaine	[musⁱtlasnaine]
cigano (adj)	mustlaslik	[musⁱtlaslik]
império (m)	impeerium	[impe:rium]
colônia (f)	koloonia	[kolo:nia]
escravidão (f)	orjus	[orjus]
invasão (f)	kallaletung	[kalʲæletung]
fome (f)	näljahäda	[næljahæda]

246. Grupos religiosos mais importantes. Confissões

religião (f)	religioon	[religio:n]
religioso (adj)	religioosne	[religio:sne]

crença (f)	usk	[usk]
crer (vt)	jumalat uskuma	[jumalat uskuma]
crente (m)	usklik	[usklik]
ateísmo (m)	ateism	[atejsm]
ateu (m)	ateist	[atejsʲt]
cristianismo (m)	kristlus	[krisʲtlus]
cristão (m)	kristlane	[krisʲtlane]
cristão (adj)	kristlik	[krisʲtlik]
catolicismo (m)	katoliiklus	[katoli:klus]
católico (m)	katoliiklane	[katoli:klane]
católico (adj)	katoliiklik	[katoli:klik]
protestantismo (m)	protestantism	[protesʲtantism]
Igreja (f) Protestante	protestantlik kirik	[protesʲtantlik kirik]
protestante (m)	protestant	[protesʲtant]
ortodoxia (f)	õigeusk	[ɜigeusk]
Igreja (f) Ortodoxa	õigeusukirik	[ɜigeusukirik]
ortodoxo (m)	õigeusklik	[ɜigeusklik]
presbiterianismo (m)	presbüterlus	[presbʉterlus]
Igreja (f) Presbiteriana	presbüterlaste kirik	[presbʉterlasʲte kirik]
presbiteriano (m)	presbüterlane	[presbʉterlane]
luteranismo (m)	luteri kirik	[luteri kirik]
luterano (m)	luterlane	[luterlane]
Igreja (f) Batista	baptism	[baptism]
batista (m)	baptist	[baptisʲt]
Igreja (f) Anglicana	anglikaani kirik	[anglika:ni kirik]
anglicano (m)	anglikaan	[anglika:n]
mormonismo (m)	mormoonlus	[mormo:nlus]
mórmon (m)	mormoon	[mormo:n]
Judaísmo (m)	judaism	[judaism]
judeu (m)	juudalane	[ju:dalane]
budismo (m)	budism	[budism]
budista (m)	budist	[budisʲt]
hinduísmo (m)	hinduism	[hinduism]
hindu (m)	hinduist	[hinduisʲt]
Islã (m)	islam	[islam]
muçulmano (m)	moslem	[moslem]
muçulmano (adj)	moslemi	[moslemi]
xiismo (m)	šiiitlus	[ʃi:itlus]
xiita (m)	šiiit	[ʃi:it]
sunismo (m)	sunnism	[sunnism]
sunita (m)	sunniit	[sunni:t]

247. Religiões. Padres

padre (m)	vaimulik	[ʋaimulik]
Papa (m)	Rooma paavst	[roːma paːʊsʲt]
monge (m)	munk	[munk]
freira (f)	nunn	[nunn]
pastor (m)	pastor	[pasʲtor]
abade (m)	abee	[abeː]
vigário (m)	vikaar	[ʋikaːr]
bispo (m)	piiskop	[piːskop]
cardeal (m)	kardinal	[kardinalʲ]
pregador (m)	jutlustaja	[jutlusʲtaja]
sermão (m)	jutlus	[jutlus]
paroquianos (pl)	koguduse liikmed	[koguduse liːkmet]
crente (m)	usklikud	[usklikut]
ateu (m)	ateist	[atejsʲt]

248. Fé. Cristianismo. Islão

Adão	Aadam	[aːdam]
Eva	Eeva	[eːʋa]
Deus (m)	Jumal	[jumalʲ]
Senhor (m)	Issand	[issant]
Todo Poderoso (m)	Kõigevägevam	[kɜigeʊægeʊam]
pecado (m)	patt	[patt]
pecar (vi)	pattu tegema	[pattu tegema]
pecador (m)	patustaja	[patusʲtaja]
pecadora (f)	patustaja	[patusʲtaja]
inferno (m)	põrgu	[pɜrgu]
paraíso (m)	paradiis	[paradiːs]
Jesus	Jeesus	[jeːsus]
Jesus Cristo	Jeesus Kristus	[jeːsus krisʲtus]
Espírito (m) Santo	Püha Vaim	[pɵha ʊaim]
Salvador (m)	Päästja	[pæːsʲtja]
Virgem Maria (f)	Jumalaema	[jumalaema]
Diabo (m)	kurat	[kurat]
diabólico (adj)	kuratlik	[kuratlik]
Satanás (m)	saatan	[saːtan]
satânico (adj)	saatanlik	[saːtanlik]
anjo (m)	ingel	[ingelʲ]
anjo (m) da guarda	päästeingel	[pæːsʲtejngelʲ]
angelical	ingellik	[ingelʲik]

apóstolo (m)	apostel	[aposⁱtelʲ]
arcanjo (m)	peaingel	[peaingelʲ]
anticristo (m)	antikristus	[antikrisⁱtus]

Igreja (f)	kirik	[kirik]
Bíblia (f)	piibel	[pi:belʲ]
bíblico (adj)	piibli-	[pi:bli-]

Velho Testamento (m)	Vana Testament	[ʋana tesⁱtament]
Novo Testamento (m)	Uus Testament	[u:s tesⁱtament]
Evangelho (m)	Evangeelium	[eʋange:lium]
Sagradas Escrituras (f pl)	Pühakiri	[pʉhakiri]
Céu (sete céus)	Taevas, Taevariik	[taeʋas, taeʋari:k]

mandamento (m)	käsk	[kæsk]
profeta (m)	prohvet	[prohʋet]
profecia (f)	ettekuulutus	[etteku:lutus]

Alá (m)	Allah	[alʲæh]
Maomé (m)	Muhamed	[muhamet]
Alcorão (m)	Koraan	[kora:n]

mesquita (f)	mošee	[moʃe:]
mulá (m)	mulla	[mulʲæ]
oração (f)	palve	[palʲʋe]
rezar, orar (vi)	palvetama	[palʲʋetama]

peregrinação (f)	palverändamine	[palʲʋerændamine]
peregrino (m)	palverändur	[palʲʋerændur]
Meca (f)	Meka	[meka]

igreja (f)	kirik	[kirik]
templo (m)	pühakoda	[pʉhakoda]
catedral (f)	katedraal	[katedra:lʲ]
gótico (adj)	gooti	[go:ti]
sinagoga (f)	sünagoog	[sʉnago:g]
mesquita (f)	mošee	[moʃe:]

capela (f)	kabel	[kabelʲ]
abadia (f)	abtkond	[abtkont]
convento (m)	nunnaklooster	[nunnaklo:sⁱter]
monastério (m)	mungaklooster	[mungaklo:sⁱter]

sino (m)	kirikukell	[kirikukelʲ]
campanário (m)	kellatorn	[kelʲætorn]
repicar (vi)	kella lööma	[kelʲæ lø:ma]

cruz (f)	rist	[risⁱt]
cúpula (f)	kuppel	[kuppelʲ]
ícone (m)	ikoon	[iko:n]

alma (f)	hing	[hing]
destino (m)	saatus	[sa:tus]
mal (m)	kurjus	[kurjus]
bem (m)	headus	[headus]
vampiro (m)	vampiir	[ʋampi:r]

bruxa (f)	nõid	[nɜit]
demônio (m)	deemon	[de:mon]
espírito (m)	vaim	[ʋaim]

| redenção (f) | lunastamine | [lunasʲtamine] |
| redimir (vt) | lunastama | [lunasʲtama] |

missa (f)	jumalateenistus	[jumalate:nisʲtus]
celebrar a missa	teenima	[te:nima]
confissão (f)	pihtimus	[pihtimus]
confessar-se (vr)	pihtima	[pihtima]

santo (m)	püha	[pʉha]
sagrado (adj)	püha	[pʉha]
água (f) benta	püha vesi	[pʉha ʋesi]

ritual (m)	kombetalitus	[kombetalitus]
ritual (adj)	rituaalne	[ritua:lʲne]
sacrifício (m)	ohverdamine	[ohʋerdamine]

superstição (f)	ebausk	[ebausk]
supersticioso (adj)	ebausklik	[ebausklik]
vida (f) após a morte	hauatagune elu	[hauatagune elu]
vida (f) eterna	igavene elu	[igaʋene elu]

TEMAS DIVERSOS

249. Várias palavras úteis

ajuda (f)	abi	[abi]
barreira (f)	tõke	[tɜke]
base (f)	baas	[ba:s]
categoria (f)	kategooria	[katego:ria]
causa (f)	põhjus	[pɔhjus]
coincidência (f)	kokkulangevus	[kokkulangeʋus]
coisa (f)	asi	[asi]
começo, início (m)	algus	[alʲgus]
cômodo (ex. poltrona ~a)	mugav	[mugaʋ]
comparação (f)	võrdlus	[ʋɜrtlus]
compensação (f)	kompensatsioon	[kompensatsio:n]
crescimento (m)	kasv	[kasʋ]
desenvolvimento (m)	areng	[areng]
diferença (f)	erinevus	[erineʋus]
efeito (m)	efekt	[efekt]
elemento (m)	element	[element]
equilíbrio (m)	bilanss	[bilanss]
erro (m)	viga	[ʋiga]
esforço (m)	jõupingutus	[jɜupingutus]
estilo (m)	stiil	[sʲti:lʲ]
exemplo (m)	näide	[næjde]
fato (m)	tõsiasi	[tɜsiasi]
fim (m)	lõpp	[lɜpp]
forma (f)	vorm	[ʋorm]
frequente (adj)	sagedane	[sagedane]
fundo (ex. ~ verde)	foon	[fo:n]
gênero (tipo)	ala	[ala]
grau (m)	aste	[asʲte]
ideal (m)	ideaal	[idea:lʲ]
labirinto (m)	labürint	[labʉrint]
modo (m)	viis	[ʋi:s]
momento (m)	moment	[moment]
objeto (m)	ese	[ese]
obstáculo (m)	takistus	[takisʲtus]
original (m)	originaal	[origina:lʲ]
padrão (adj)	standardne	[sʲtandardne]
padrão (m)	standard	[sʲtandart]
paragem (pausa)	seisak	[sejsak]
parte (f)	osa	[osa]

partícula (f)	osake	[osake]
pausa (f)	paus	[paus]
posição (f)	positsioon	[positsio:n]
princípio (m)	põhimõte	[pɜhimɜte]

problema (m)	probleem	[proble:m]
processo (m)	protsess	[protsess]
progresso (m)	progress	[progress]
propriedade (qualidade)	omadus	[omadus]

reação (f)	reaktsioon	[reaktsio:n]
risco (m)	risk	[risk]
ritmo (m)	tempo	[tempo]
segredo (m)	saladus	[saladus]
série (f)	seeria	[se:ria]

sistema (m)	süsteem	[sʉsʲte:m]
situação (f)	situatsioon	[situatsio:n]
solução (f)	lahendamine	[lahendamine]
tabela (f)	tabel	[tabelʲ]
termo (ex. ~ técnico)	mõiste	[mɜisʲte]

tipo (m)	tüüp	[tʉ:p]
urgente (adj)	kiire	[ki:re]
urgentemente	kiiresti	[ki:resʲti]
utilidade (f)	kasu	[kasu]

variante (f)	variant	[ʋariant]
variedade (f)	valik	[ʋalik]
verdade (f)	tõde	[tɜde]
vez (f)	järjekord	[jærjekort]
zona (f)	tsoon	[tso:n]

250. Modificadores. Adjetivos. Parte 1

aberto (adj)	avatud	[aʋatut]
afetuoso (adj)	hell	[helʲ]
afiado (adj)	terav	[teraʋ]
agradável (adj)	meeldiv	[me:lʲdiʋ]
agradecido (adj)	tänulik	[tænulik]

alegre (adj)	lõbus	[lɜbus]
alto (ex. voz ~a)	vali	[ʋali]
amargo (adj)	mõru	[mɜru]
amplo (adj)	avar	[aʋar]
antigo (adj)	iidne	[i:dne]

apertado (sapatos ~s)	kitsad, tihe	[kitsad], [tihe]
apropriado (adj)	kõlblik	[kɜlʲblik]
arriscado (adj)	riskantne	[riskantne]
artificial (adj)	kunstlik	[kunsʲtlik]

| azedo (adj) | hapu | [hapu] |
| baixo (voz ~a) | vaikne | [ʋaikne] |

barato (adj)	odav	[odau]
belo (adj)	imeilus	[imejlus]
bom (adj)	hea	[hea]
bondoso (adj)	hea	[hea]
bonito (adj)	ilus	[ilus]
bronzeado (adj)	päevitunud	[pæeuitunut]
burro, estúpido (adj)	rumal	[rumalʲ]
calmo (adj)	rahulik	[rahulik]
cansado (adj)	väsinud	[uæsinut]
cansativo (adj)	väsitav	[uæsitau]
carinhoso (adj)	hoolitsev	[ho:litseu]
caro (adj)	kallis	[kalʲis]
cego (adj)	pime	[pime]
central (adj)	kesk-	[kesk-]
cerrado (ex. nevoeiro ~)	tihe	[tihe]
cheio (xícara ~a)	täis	[tæjs]
civil (adj)	tsiviil-	[tsiui:l-]
clandestino (adj)	põrandaalune	[pɜranda:lune]
claro (explicação ~a)	arusaadav	[arusa:dau]
claro (pálido)	hele	[hele]
compatível (adj)	ühtesobiv	[ʉhtesobiu]
comum, normal (adj)	tavaline	[tauraline]
congelado (adj)	külmutatud	[kʉlʲmutatut]
conjunto (adj)	ühine	[ʉhine]
considerável (adj)	märkimisväärne	[mærkimisuæ:rne]
contente (adj)	rahulolev	[rahuloleu]
contínuo (adj)	kauakestev	[kauakesʲteu]
contrário (ex. o efeito ~)	vastandlik	[uasʲtantlik]
correto (resposta ~a)	õige	[ɜige]
cru (não cozinhado)	toores	[to:res]
curto (adj)	lühike	[lʉhike]
de curta duração	lühiajaline	[lʉhiajaline]
de sol, ensolarado	päiksepaisteline	[pæjksepaisʲteline]
de trás	tagumine	[tagumine]
denso (fumaça ~a)	tihe	[tihe]
desanuviado (adj)	pilvitu	[pilʲuitu]
descuidado (adj)	hooletu	[ho:letu]
diferente (adj)	mitmesugune	[mitmesugune]
difícil (decisão)	raske	[raske]
difícil, complexo (adj)	keeruline	[ke:ruline]
direito (lado ~)	parem	[parem]
distante (adj)	kauge	[kauge]
diverso (adj)	erinev	[erineu]
doce (açucarado)	magus	[magus]
doce (água)	mage	[mage]
doente (adj)	haige	[haige]
duro (material ~)	kõva	[kɜua]

educado (adj)	viisakas	[ʋi:sakas]
encantador (agradável)	armas	[armas]

enigmático (adj)	salapärane	[salapærane]
enorme (adj)	tohutu	[tohutu]
escuro (quarto ~)	pime	[pime]
especial (adj)	spetsiaalne	[spetsia:lʲne]
esquerdo (lado ~)	vasak	[ʋasak]

estrangeiro (adj)	välismaine	[ʋælismaine]
estreito (adj)	kitsas	[kitsas]
exato (montante ~)	täpne	[tæpne]
excelente (adj)	eeskujulik	[e:skujulik]
excessivo (adj)	ülearune	[ᵾlearune]

externo (adj)	väline	[ʋæline]
fácil (adj)	lihtne	[lihtne]
faminto (adj)	näljane	[næljane]
fechado (adj)	kinnine	[kinnine]
feliz (adj)	õnnelik	[ɜnnelik]

fértil (terreno ~)	viljakas	[ʋiljakas]
forte (pessoa ~)	tugev	[tugeʋ]
fraco (luz ~a)	ähmane	[æhmane]
frágil (adj)	habras	[habras]
fresco (pão ~)	värske	[ʋærske]

fresco (tempo ~)	jahe	[jahe]
frio (adj)	külm	[kᵾlʲm]
gordo (alimentos ~s)	rasvane	[rasʋane]
gostoso, saboroso (adj)	maitsev	[maitseʋ]

grande (adj)	suur	[su:r]
gratuito, grátis (adj)	tasuta	[tasuta]
grosso (camada ~a)	paks	[paks]
hostil (adj)	vaenulik	[ʋaenulik]

251. Modificadores. Adjetivos. Parte 2

igual (adj)	ühesugune	[ᵾhesugune]
imóvel (adj)	liikumatu	[li:kumatu]
importante (adj)	tähtis	[tæhtis]
impossível (adj)	võimatu	[ʋɜimatu]
incompreensível (adj)	arusaamatu	[arusa:matu]

indigente (muito pobre)	kerjuslik	[kerjuslik]
indispensável (adj)	vajalik	[ʋajalik]
inexperiente (adj)	kogenematu	[kogenematu]
infantil (adj)	laste-	[lasʲte-]

ininterrupto (adj)	katkematu	[katkematu]
insignificante (adj)	tühine	[tᵾhine]
inteiro (completo)	terve	[terʋe]
inteligente (adj)	tark	[tark]

interno (adj)	sisemine	[sisemine]
jovem (adj)	noor	[no:r]
largo (caminho ~)	lai	[lai]
legal (adj)	seaduslik	[seaduslik]
leve (adj)	kerge	[kerge]
limitado (adj)	piiratud	[pi:ratut]
limpo (adj)	puhas	[puhas]
líquido (adj)	vedel	[vedelʲ]
liso (adj)	sile	[sile]
liso (superfície ~a)	tasane	[tasane]
livre (adj)	vaba	[vaba]
longo (ex. cabelo ~)	pikk	[pikk]
maduro (ex. fruto ~)	küps	[kups]
magro (adj)	kõhn	[kɜhn]
mais próximo (adj)	lähim	[lʲæhim]
mais recente (adj)	möödunud	[mø:dunut]
mate (adj)	matt	[matt]
mau (adj)	halb	[halʲb]
meticuloso (adj)	korralik	[korralik]
míope (adj)	lühinägelik	[luhinægelik]
mole (adj)	pehme	[pehme]
molhado (adj)	märg	[mærg]
moreno (adj)	tõmmu	[tɜmmu]
morto (adj)	surnud	[surnut]
muito magro (adj)	kõhetu	[kɜhetu]
não difícil (adj)	üsna lihtne	[usna lihtne]
não é clara (adj)	arusaamatu	[arusa:matu]
não muito grande (adj)	väheldane	[væhelʲdane]
natal (país ~)	kodu-	[kodu-]
necessário (adj)	vajalik	[vajalik]
negativo (resposta ~a)	negatiivne	[negati:une]
nervoso (adj)	närviline	[næruiline]
normal (adj)	normaalne	[norma:lʲne]
novo (adj)	uus	[u:s]
o mais importante (adj)	kõige tähtsam	[kɜige tæhtsam]
obrigatório (adj)	kohustuslik	[kohusʲtuslik]
original (incomum)	algupärane	[alʲgupærane]
passado (adj)	möödunud	[mø:dunut]
pequeno (adj)	väike	[væjke]
perigoso (adj)	ohtlik	[ohtlik]
permanente (adj)	alaline	[alaline]
perto (adj)	lähedane	[lʲæhedane]
pesado (adj)	raske	[raske]
pessoal (adj)	isiklik	[isiklik]
plano (ex. ecrã ~ a)	lame	[lame]
pobre (adj)	vaene	[vaene]
pontual (adj)	täpne	[tæpne]

possível (adj)	võimalik	[ʋɜimalik]
pouco fundo (adj)	madal	[madalʲ]
presente (ex. momento ~)	tõeline	[tɜeline]

prévio (adj)	eelmine	[e:lʲmine]
primeiro (principal)	peamine	[peamine]
principal (adj)	peamine	[peamine]
privado (adj)	era-	[era-]

provável (adj)	tõenäoline	[tɜenæoline]
próximo (adj)	lähedane	[lʲæhedane]
público (adj)	ühiskondlik	[ʉhiskontlik]
quente (cálido)	kuum	[ku:m]

quente (morno)	soe	[soe]
rápido (adj)	kiire	[ki:re]
raro (adj)	haruldane	[harulʲdane]
remoto, longínquo (adj)	kauge	[kauge]
reto (linha ~a)	sirge	[sirge]

salgado (adj)	soolane	[so:lane]
satisfeito (adj)	rahuldav	[rahulʲdau]
seco (roupa ~a)	kuiv	[kuiʋ]
seguinte (adj)	järgmine	[jærgmine]
seguro (não perigoso)	ohutu	[ohutu]

similar (adj)	sarnane	[sarnane]
simples (fácil)	lihtne	[lihtne]
soberbo, perfeito (adj)	suurepärane	[su:repærane]
sólido (parede ~a)	vastupidav	[ʋasʲtupidau]
sombrio (adj)	sünge	[sʉnge]

sujo (adj)	määrdunud	[mæ:rdunut]
superior (adj)	kõrgem	[kɜrgem]
suplementar (adj)	täiendav	[tæjendau]
tranquilo (adj)	vaikne	[ʋaikne]

transparente (adj)	läbipaistev	[lʲæbipaisʲteʋ]
triste (pessoa)	kurb	[kurb]
triste (um ar ~)	kurb	[kurb]
último (adj)	viimane	[ʋi:mane]
úmido (adj)	niiske	[ni:ske]

único (adj)	ainulaadne	[ainula:dne]
usado (adj)	kasutatud	[kasutatut]
vazio (meio ~)	tühi	[tʉhi]
velho (adj)	vana	[ʋana]
vizinho (adj)	naabri-	[na:bri-]

500 VERBOS PRINCIPAIS

252. Verbos A-B

abraçar (vt)	embama	[embama]
abrir (vt)	lahti tegema	[lahti tegema]
acalmar (vt)	rahustama	[rahusˈtama]
acariciar (vt)	silitama	[silitama]
acenar (com a mão)	lehvitama	[lehʋitama]
acender (~ uma fogueira)	süütama	[sɐ:tama]
achar (vt)	arvama	[arʋama]
acompanhar (vt)	saatma	[sa:tma]
aconselhar (vt)	soovitama	[so:ʋitama]
acordar, despertar (vt)	äratama	[æratama]
acrescentar (vt)	lisama	[lisama]
acusar (vt)	süüdistama	[sɐ:disˈtama]
adestrar (vt)	dresseerima	[dresse:rima]
adivinhar (vt)	ära arvama	[æra arʋama]
admirar (vt)	vaimustuma	[ʋaimusˈtuma]
adorar (~ fazer)	armastama	[armasˈtama]
advertir (vt)	hoiatama	[hojatama]
afirmar (vt)	kinnitama	[kinnitama]
afogar-se (vr)	uppuma	[uppuma]
afugentar (vt)	ära ajama	[æra ajama]
agir (vi)	tegutsema	[tegutsema]
agitar, sacudir (vt)	raputama	[raputama]
agradecer (vt)	tänama	[tænama]
ajudar (vt)	aitama	[aitama]
alcançar (objetivos)	saavutama	[sa:ʋutama]
alimentar (dar comida)	toitma	[tojtma]
almoçar (vi)	lõunat sööma	[lɜunat sø:ma]
alugar (~ o barco, etc.)	võtma	[ʋɜtma]
alugar (~ um apartamento)	üürima	[ɐ:rima]
amar (pessoa)	armastama	[armasˈtama]
amarrar (vt)	siduma	[siduma]
ameaçar (vt)	ähvardama	[æhʋardama]
amputar (vt)	amputeerima	[ampute:rima]
anotar (escrever)	üles kirjutama	[ɐles kirjutama]
anotar (escrever)	üles kirjutama	[ɐles kirjutama]
anular, cancelar (vt)	ära jätma	[æra jætma]
apagar (com apagador, etc.)	maha kustutama	[maha kusˈtutama]
apagar (um incêndio)	kustutama	[kusˈtutama]

apaixonar-se …	armuma	[armuma]
aparecer (vi)	ilmuma	[ilʲmuma]
aplaudir (vi)	aplodeerima	[aplode:rima]
apoiar (vt)	toetama	[toetama]
apontar para …	sihtima	[sihtima]
apresentar	tutvustama	[tutʋusʲtama]
(alguém a alguém)		
apresentar (Gostaria de ~)	esindama	[esindama]
apressar (vt)	kiirustama	[ki:rusʲtama]
apressar-se (vr)	kiirustama	[ki:rusʲtama]
aproximar-se (vr)	ligi tulema	[ligi tulema]
aquecer (vt)	soojendama	[so:jendama]
arrancar (vt)	ära rebima	[æra rebima]
arranhar (vt)	kriimustama	[kri:musʲtama]
arrepender-se (vr)	kahetsema	[kahetsema]
arriscar (vt)	riskima	[riskima]
arrumar, limpar (vt)	korda tegema	[korda tegema]
aspirar a …	püüdma	[pɯ:dma]
assinar (vt)	allkirjastama	[alʲkirjasʲtama]
assistir (vt)	assisteerima	[assisʲte:rima]
atacar (vt)	ründama	[rɯndama]
atar (vt)	kinni siduma	[kinni siduma]
atracar (vi)	randuma	[randuma]
aumentar (vi)	suurenema	[su:renema]
aumentar (vt)	suurendama	[su:rendama]
avançar (vi)	karjääri tegema	[karjæ:ri tegema]
avistar (vt)	märkama	[mærkama]
baixar (guindaste, etc.)	alla laskma	[alʲæ laskma]
barbear-se (vr)	habet ajama	[habet ajama]
basear-se (vr)	paiknema	[paiknema]
bastar (vi)	piisama	[pi:sama]
bater (à porta)	koputama	[koputama]
bater (espancar)	lööma	[lø:ma]
bater-se (vr)	kaklema	[kaklema]
beber, tomar (vt)	jooma	[jo:ma]
brilhar (vi)	helendama	[helendama]
brincar, jogar (vi, vt)	mängima	[mængima]
buscar (vt)	otsima …	[otsima …]

253. Verbos C-D

caçar (vi)	jahil käima	[jahilʲ kæjma]
calar-se (parar de falar)	vait jääma	[ʋait jæ:ma]
calcular (vt)	lugema	[lugema]
carregar (o caminhão, etc.)	laadima	[la:dima]
carregar (uma arma)	laadima	[la:dima]

casar-se (vr)	naist võtma	[naisˈt uɔtma]
causar (vt)	põhjustama	[pɔhjusˈtama]
cavar (vt)	kaevama	[kaeʋama]
ceder (não resistir)	alla jääma	[alˈæ jæ:ma]
cegar, ofuscar (vt)	pimestama	[pimesˈtama]
censurar (vt)	ette heitma	[ette hejtma]
chamar (~ por socorro)	kutsuma	[kutsuma]
chamar (alguém para ...)	kutsuma	[kutsuma]
chegar (a algum lugar)	jõudma	[jɜudma]
chegar (vi)	saabuma	[sa:buma]
cheirar (~ uma flor)	nuusutama	[nu:sutama]
cheirar (tem o cheiro)	lõhnama	[lɜhnama]
chorar (vi)	nutma	[nutma]
citar (vt)	tsiteerima	[tsite:rima]
colher (flores)	noppima	[noppima]
colocar (vt)	panema	[panema]
combater (vi, vt)	võitlema	[uɜitlema]
começar (vt)	alustama	[alusˈtama]
comer (vt)	sööma	[sø:ma]
comparar (vt)	võrdlema	[uɜrtlema]
compensar (vt)	hüvitama	[hʉʋitama]
competir (vi)	konkureerima	[konkure:rima]
complicar (vt)	keeruliseks tegema	[ke:ruliseks tegema]
compor (~ música)	looma	[lo:ma]
comportar-se (vr)	käituma	[kæjtuma]
comprar (vt)	ostma	[osˈtma]
comprometer (vt)	head nime kahjustama	[heat nime kahjusˈtama]
concentrar-se (vr)	kontsentreeruma	[kontsentre:ruma]
concordar (dizer "sim")	nõustuma	[nɜusˈtuma]
condecorar (dar medalha)	autasustama	[autasusˈtama]
confessar-se (vr)	üles tunnistama	[ʉles tunnisˈtama]
confiar (vt)	usaldama	[usalˈdama]
confundir (equivocar-se)	segi ajama	[segi ajama]
conhecer (vt)	tundma	[tundma]
conhecer-se (vr)	tutvuma	[tutʋuma]
consertar (vt)	korda tegema	[korda tegema]
consultar ...	konsulteerima	[konsulˈte:rima]
contagiar-se com ...	nakatuma	[nakatuma]
contar (vt)	jutustama	[jutusˈtama]
contar com ...	lootma ...	[lo:tma ...]
continuar (vt)	jätkama	[jætkama]
contratar (vt)	palkama	[palˈkama]
controlar (vt)	kontrollima	[kontrolˈima]
convencer (vt)	veenma	[ʋe:nma]
convidar (vt)	kutsuma	[kutsuma]
cooperar (vi)	koostööd tegema	[ko:sˈtø:t tegema]

coordenar (vt)	koordineerima	[ko:rdine:rima]
corar (vi)	punastama	[punasʲtama]
correr (vi)	jooksma	[jo:ksma]
corrigir (~ um erro)	parandama	[parandama]
cortar (com um machado)	ära raiuma	[æra raiuma]
cortar (com uma faca)	ära lõikama	[æra lɜikama]
cozinhar (vt)	süüa tegema	[sʉ:a tegema]
crer (pensar)	uskuma	[uskuma]
criar (vt)	looma	[lo:ma]
cultivar (~ plantas)	kasvatama	[kasʋatama]
cuspir (vi)	sülitama	[sʉlitama]
custar (vt)	maksma	[maksma]
dar (vt)	andma	[andma]
dar banho, lavar (vt)	vannitama	[ʋannitama]
datar (vi)	kuupäevastatud	[ku:pæeʋasʲtatut]
decidir (vt)	otsustama	[otsusʲtama]
decorar (enfeitar)	ehtima	[ehtima]
dedicar (vt)	pühendama	[pʉhendama]
defender (vt)	kaitsma	[kaitsma]
defender-se (vr)	ennast kaitsma	[ennasʲt kaitsma]
deixar (~ a mulher)	maha jätma	[maha jætma]
deixar (esquecer)	jätma	[jætma]
deixar (permitir)	lubama	[lubama]
deixar cair (vt)	pillama	[pilʲæma]
denominar (vt)	nimetama	[nimetama]
denunciar (vt)	peale kaebama	[peale kaebama]
depender de ...	sõltuma ...	[sɜlʲtuma ...]
derramar (~ líquido)	maha valama	[maha ʋalama]
derramar-se (vr)	pudenema	[pudenema]
desaparecer (vi)	ära kaduma	[æra kaduma]
desatar (vt)	lahti laskma	[lahti laskma]
desatracar (vi)	kaldast eemalduma	[kalʲdasʲt e:malʲduma]
descansar (um pouco)	puhkama	[puhkama]
descer (para baixo)	laskuma	[laskuma]
descobrir (novas terras)	avastama	[aʋasʲtama]
descolar (avião)	õhku tõusma	[ɜhku tɜusma]
desculpar (vt)	vabandama	[ʋabandama]
desculpar-se (vr)	vabandama	[ʋabandama]
desejar (vt)	soovima	[so:ʋima]
desempenhar (papel)	mängima	[mæŋgima]
desligar (vt)	välja lülitama	[ʋælja lʉlitama]
desprezar (vt)	põlgama	[pɜlʲgama]
destruir (documentos, etc.)	hävitama	[hæʋitama]
dever (vi)	pidama	[pidama]
devolver (vt)	tagasi saatma	[tagasi sa:tma]
direcionar (vt)	suunama	[su:nama]

dirigir (~ um carro)	autot juhtima	[autot juhtima]
dirigir (~ uma empresa)	juhtima	[juhtima]
dirigir-se (a um auditório, etc.)	pöörduma	[pø:rduma]
discutir (notícias, etc.)	arutama	[arutama]
disparar, atirar (vi)	tulistama	[tulisⁱtama]
distribuir (folhetos, etc.)	levitama	[leʋitama]
distribuir (vt)	laiali jagama	[laiali jagama]
divertir (vt)	lõbustama	[lɜbusⁱtama]
divertir-se (vr)	lõbutsema	[lɜbutsema]
dividir (mat.)	jagama	[jagama]
dizer (vt)	ütlema	[ʉtlema]
dobrar (vt)	kahekordistama	[kahekordisⁱtama]
duvidar (vt)	kahtlema	[kahtlema]

254. Verbos E-J

elaborar (uma lista)	koostama	[ko:sⁱtama]
elevar-se acima de ...	esile kerkima	[esile kerkima]
eliminar (um obstáculo)	kõrvaldama	[kɜrʋalˈdama]
embrulhar (com papel)	sisse pakkima	[sisse pakkima]
emergir (submarino)	pinnale tõusma	[pinnale tɜusma]
emitir (~ cheiro)	levitama	[leʋitama]
empreender (vt)	ette võtma	[ette ʋɜtma]
empurrar (vt)	tõukama	[tɜukama]
encabeçar (vt)	etteotsa asuma	[etteotsa asuma]
encher (~ a garrafa, etc.)	täitma	[tæjtma]
encontrar (achar)	leidma	[lejdma]
enganar (vt)	petma	[petma]
ensinar (vt)	koolitama	[ko:litama]
entediar-se (vr)	igavlema	[igaʋlema]
entender (vt)	aru saama	[aru sa:ma]
entrar (na sala, etc.)	sisse tulema	[sisse tulema]
enviar (uma carta)	saatma	[sa:tma]
equipar (vt)	seadmetega varustama	[seadmetega ʋarusⁱtama]
errar (enganar-se)	eksima	[eksima]
escolher (vt)	valima	[ʋalima]
esconder (vt)	peitma	[pejtma]
escrever (vt)	kirjutama	[kirjutama]
escutar (vt)	kuulama	[ku:lama]
escutar atrás da porta	pealt kuulama	[pealⁱt ku:lama]
esmagar (um inseto, etc.)	puruks litsuma	[puruks litsuma]
esperar (aguardar)	ootama	[o:tama]
esperar (contar com)	ootama	[o:tama]
esperar (ter esperança)	lootma	[lo:tma]
espreitar (vi)	piiluma	[pi:luma]

esquecer (vt)	unustama	[unusˡtama]
estar	lamama	[lamama]
estar convencido	veenduma	[ʋe:nduma]
estar deitado	lesima	[lesima]
estar perplexo	nõutu olema	[nɜutu olema]
estar preocupado	muretsema	[muretsema]
estar sentado	istuma	[isˡtuma]
estremecer (vi)	võpatama	[ʋɜpatama]
estudar (vt)	uurima	[u:rima]
evitar (~ o perigo)	vältima	[ʋælˡtima]
examinar (~ uma proposta)	läbi vaatama	[lˡæbi ʋa:tama]
exigir (vt)	nõudma	[nɜudma]
existir (vi)	olemas olema	[olemas olema]
explicar (vt)	seletama	[seletama]
expressar (vt)	väljendama	[ʋæljendama]
expulsar (~ da escola, etc.)	välja heitma	[ʋælja hejtma]
facilitar (vt)	kergendama	[kergendama]
falar com ...	rääkima, vestlema ...	[ræ:kima], [ʋesˡtlema ...]
faltar (a la escuela, etc.)	puuduma	[pu:duma]
fascinar (vt)	võluma	[ʋɜluma]
fatigar (vt)	väsitama	[ʋæsitama]
fazer (vt)	tegema	[tegema]
fazer lembrar	meelde tuletama	[me:lˡde tuletama]
fazer piadas	nalja tegema	[nalja tegema]
fazer publicidade	reklaamima	[rekla:mima]
fazer uma tentativa	püüdma	[pʉ:dma]
fechar (vt)	kinni panema	[kinni panema]
felicitar (vt)	õnnitlema	[ɜnnitlema]
ficar cansado	väsima	[ʋæsima]
ficar em silêncio	vaikima	[ʋaikima]
ficar pensativo	mõttesse jääma	[mɜttesse jæ:ma]
forçar (vt)	sundima	[sundima]
formar (vt)	haridust andma	[haridusˡt andma]
gabar-se (vr)	kiitlema	[ki:tlema]
garantir (vt)	tagama	[tagama]
gostar (apreciar)	meeldima	[me:lˡdima]
gritar (vi)	karjuma	[karjuma]
guardar (fotos, etc.)	alles hoidma	[alˡes hojdma]
guardar (no armário, etc.)	ära koristama	[æra korisˡtama]
guerrear (vt)	sõdima	[sɜdima]
herdar (vt)	pärima	[pærima]
iluminar (vt)	valgustama	[ʋalˡgusˡtama]
imaginar (vt)	endale ette kujutama	[endale ette kujutama]
imitar (vt)	imiteerima	[imite:rima]
implorar (vt)	anuma	[anuma]
importar (vt)	sisse vedama	[sisse ʋedama]

indicar (~ o caminho)	näitama	[næjtama]
indignar-se (vr)	pahane olema	[pahane olema]
infetar, contagiar (vt)	nakatama	[nakatama]
influenciar (vt)	mõjuma	[mɜjuma]
informar (~ a policia)	teatama	[teatama]

informar (vt)	teavitama	[teaʋitama]
informar-se (~ sobre)	teada saama	[teada sa:ma]
inscrever (na lista)	sisse kirjutama	[sisse kirjutama]
inserir (vt)	vahele panema	[ʋahele panema]

insinuar (vt)	vihjama	[ʋihjama]
insistir (vi)	nõudma	[nɜudma]
inspirar (vt)	innustama	[innusʲtama]
instruir (ensinar)	instrueerima	[insʲtrue:rima]

insultar (vt)	solvama	[solʲʋama]
interessar (vt)	huvitama	[huʋitama]
interessar-se (vr)	huvi tundma	[huʋi tundma]
intervir (vi)	vahele segama	[ʋahele segama]
invejar (vt)	kadestama	[kadesʲtama]

inventar (vt)	leiutama	[lejutama]
ir (a pé)	minema	[minema]
ir (de carro, etc.)	sõitma	[sɜitma]
ir nadar	suplema	[suplema]

ir para a cama	magama heitma	[magama hejtma]
irritar (vt)	ärritama	[ærritama]
irritar-se (vr)	ärrituma	[ærrituma]
isolar (vt)	isoleerima	[isole:rima]

jantar (vi)	õhtust sööma	[ɜhtusʲt sø:ma]
jogar, atirar (vt)	viskama	[ʋiskama]
juntar, unir (vt)	ühendama	[ʉhendama]
juntar-se a ...	ühinema	[ʉhinema]

255. Verbos L-P

lançar (novo projeto, etc.)	käiku laskma	[kæjku laskma]
lavar (vt)	pesema	[pesema]
lavar a roupa	pesu pesema	[pesu pesema]
lavar-se (vr)	pesema	[pesema]

lembrar (vt)	mäletama	[mæletama]
ler (vt)	lugema	[lugema]
levantar-se (vr)	üles tõusma	[ʉles tɜusma]
levar (ex. leva isso daqui)	ära viima	[æra ʋi:ma]

libertar (cidade, etc.)	vabastama	[ʋabasʲtama]
ligar (~ o radio, etc.)	sisse lülitama	[sisse lʉlitama]
limitar (vt)	piirama	[pi:rama]
limpar (eliminar sujeira)	puhastama	[puhasʲtama]
limpar (tirar o calcário, etc.)	puhastama	[puhasʲtama]

lisonjear (vt)	pugema	[pugema]
livrar-se de ...	vabanema	[ʋabanema]
lutar (combater)	võitlema	[ʋɜitlema]
lutar (esporte)	võistlema	[ʋɜisⁱtlema]

marcar (com lápis, etc.)	ära märkima	[æra mærkima]
matar (vt)	tapma	[tapma]
memorizar (vt)	meelde jätma	[me:lⁱde jætma]
mencionar (vt)	meelde tuletama	[me:lⁱde tuletama]

mentir (vi)	valetama	[ʋaletama]
merecer (vt)	väärt olema	[ʋæː rt olema]
mergulhar (vi)	sukelduma	[sukelⁱduma]
misturar (vt)	vahele segama	[ʋahele segama]

morar (vt)	elama	[elama]
mostrar (vt)	näitama	[næjtama]
mover (vt)	ümber paigutama	[ʉmber paigutama]
mudar (modificar)	muutma	[mu:tma]

multiplicar (mat.)	korrutama	[korrutama]
nadar (vi)	ujuma	[ujuma]
negar (vt)	eitama	[ejtama]
negociar (vi)	läbirääkimisi pidama	[lⁱæbiræːkimisi pidama]

nomear (função)	määrama	[mæːrama]
obedecer (vt)	alluma	[alⁱuma]
objetar (vt)	vastu vaidlema	[ʋasⁱtu ʋaitlema]
observar (vt)	jälgima	[jælⁱgima]

ofender (vt)	solvama	[solⁱʋama]
olhar (vt)	vaatama	[ʋaːtama]
omitir (vt)	vahele jätma	[ʋahele jætma]
ordenar (mil.)	käskima	[kæskima]

organizar (evento, etc.)	korraldama	[korralⁱdama]
ousar (vt)	julgema	[julⁱgema]
ouvir (vt)	kuulma	[ku:lⁱma]
pagar (vt)	maksma	[maksma]

parar (para descansar)	peatuma	[peatuma]
parar, cessar (vt)	katkestama	[katkesⁱtama]
parecer-se (vr)	sarnanema	[sarnanema]
participar (vi)	osa võtma	[osa ʋɜtma]
partir (~ para o estrangeiro)	ära sõitma	[æra sɜitma]

passar (vt)	mööda sõitma	[møːda sɜitma]
passar a ferro	triikima	[tri:kima]
pecar (vi)	pattu tegema	[pattu tegema]
pedir (comida)	tellima	[telⁱima]

pedir (um favor, etc.)	paluma	[paluma]
pegar (tomar com a mão)	püüdma	[pʉːdma]
pegar (tomar)	võtma	[ʋɜtma]
pendurar (cortinas, etc.)	riputama	[riputama]
penetrar (vt)	sisse tungima	[sisse tungima]

pensar (vi, vt)	mõtlema	[mɜtlema]
pentear-se (vr)	kammima	[kammima]
perceber (ver)	märkama	[mærkama]
perder (o guarda-chuva, etc.)	kaotama	[kaotama]

perdoar (vt)	andeks andma	[andeks andma]
permitir (vt)	lubama	[lubama]
pertencer a ...	kuuluma	[ku:luma]
perturbar (vt)	segama	[segama]

pesar (ter o peso)	kaaluma	[ka:luma]
pescar (vt)	kala püüdma	[kala pʉ:dma]
planejar (vt)	planeerima	[plane:rima]
poder (~ fazer algo)	võima	[uɜima]

pôr (posicionar)	paigutama	[paigutama]
possuir (uma casa, etc.)	valdama	[ualʲdama]
predominar (vi, vt)	ülekaalus olema	[ʉleka:lus olema]
preferir (vt)	eelistama	[e:lisʲtama]

preocupar (vt)	muret tegema	[muret tegema]
preocupar-se (vr)	muretsema	[muretsema]
preparar (vt)	ette valmistama	[ette ualʲmisʲtama]
preservar (ex. ~ a paz)	säilitama	[sæjlitama]

prever (vt)	ette nägema	[ette nægema]
privar (vt)	ilma jätma	[ilʲma jætma]
proibir (vt)	keelama	[ke:lama]
projetar, criar (vt)	projekteerima	[projekte:rima]
prometer (vt)	lubama	[lubama]

pronunciar (vt)	hääldama	[hæ:lʲdama]
propor (vt)	pakkuma	[pakkuma]
proteger (a natureza)	valvama	[ualʲuama]
protestar (vi)	protesteerima	[protesʲte:rima]

provar (~ a teoria, etc.)	tõestama	[tɜesʲtama]
provocar (vt)	provotseerima	[prouotse:rima]
punir, castigar (vt)	karistama	[karisʲtama]
puxar (vt)	tõmbama	[tɜmbama]

256. Verbos Q-Z

quebrar (vt)	murdma	[murdma]
queimar (vt)	ära põletama	[æra pɜletama]
queixar-se (vr)	kaebama	[kaebama]
querer (desejar)	tahtma	[tahtma]

rachar-se (vr)	pragunema	[pragunema]
ralhar, repreender (vt)	sõimama	[sɜimama]
realizar (vt)	teostama	[teosʲtama]
recomendar (vt)	soovitama	[so:uitama]
reconhecer (identificar)	ära tundma	[æra tundma]
reconhecer (o erro)	tunnistama	[tunnisʲtama]

recordar, lembrar (vt)	meenutama	[me:nutama]
recuperar-se (vr)	terveks saama	[terʋeks sa:ma]
recusar (~ alguém)	ära ütlema	[æra ɯtlema]

reduzir (vt)	vähendama	[ʋæhendama]
refazer (vt)	ümber tegema	[ɯmber tegema]
reforçar (vt)	kindlustama	[kintlusʲtama]
refrear (vt)	tagasi hoidma	[tagasi hojdma]

regar (plantas)	kastma	[kasʲtma]
remover (~ uma mancha)	eemaldama	[e:malʲdama]
reparar (vt)	parandama	[parandama]
repetir (dizer outra vez)	kordama	[kordama]

reportar (vt)	ette kandma	[ette kandma]
reservar (~ um quarto)	broneerima	[brone:rima]
resolver (o conflito)	korda ajama	[korda ajama]
resolver (um problema)	lahendama	[lahendama]

respirar (vi)	hingama	[hingama]
responder (vt)	vastama	[ʋasʲtama]
rezar, orar (vi)	palvetama	[palʲʋetama]
rir (vi)	naerma	[naerma]
romper-se (corda, etc.)	katki minema	[katki minema]

roubar (vt)	varastama	[ʋarasʲtama]
saber (vt)	teadma	[teadma]
sair (~ de casa)	välja minema	[ʋælja minema]
sair (ser publicado)	ilmuma	[ilʲmuma]

salvar (resgatar)	päästma	[pæ:sʲtma]
satisfazer (vt)	rahuldama	[rahulʲdama]
saudar (vt)	tervitama	[terʋitama]
secar (vt)	kuivatama	[kuiʋatama]
seguir (~ alguém)	järgnema ...	[jærgnema ...]

selecionar (vt)	välja valima	[ʋælja ʋalima]
semear (vt)	külvama	[kɯlʲʋama]
sentar-se (vr)	istuma	[isʲtuma]
sentenciar (vt)	süüdi mõistma	[sɯ:di mɜisʲtma]
sentir (vt)	tundma	[tundma]

ser diferente	silma paistma	[silʲma paisʲtma]
ser indispensável	vajalik olema	[ʋajalik olema]
ser necessário	tarvis olema	[tarʋis olema]

ser preservado	säilima	[sæjlima]
ser, estar	olema	[olema]
servir (restaurant, etc.)	teenindama	[te:nindama]
servir (roupa, caber)	paras olema	[paras olema]

significar (palavra, etc.)	tähendama	[tæhendama]
significar (vt)	tähendama	[tæhendama]
simplificar (vt)	lihtsustama	[lihtsusʲtama]
sofrer (vt)	kannatama	[kannatama]
sonhar (~ com)	unistama	[unisʲtama]

sonhar (ver sonhos)	und nägema	[unt næqema]
soprar (vi)	puhuma	[puhuma]
sorrir (vi)	naeratama	[naeratama]
subestimar (vt)	alahindama	[alahindama]
sublinhar (vt)	alla kriipsutama	[alˡæ kri:psutama]
sujar-se (vr)	ära määrima	[æra mæ:rima]
superestimar (vt)	ümber hindama	[ɯmber hindama]
supor (vt)	eeldama	[e:lˡdama]
suportar (as dores)	välja kannatama	[ʋælja kannatama]
surpreender (vt)	üllatama	[ɯlˡætama]
surpreender-se (vr)	imestama	[imesˡtama]
suspeitar (vt)	kahtlustama	[kahtlusˡtama]
suspirar (vi)	ohkama	[ohkama]
tentar (~ fazer)	püüdma	[pɯ:dma]
ter (vt)	omama	[omama]
ter medo	kartma	[kartma]
terminar (vt)	lõpetama	[lɜpetama]
tirar (vt)	maha võtma	[maha ʋɜtma]
tirar cópias	paljundama	[paljundama]
tirar fotos, fotografar	pildistama	[pilˡdisˡtama]
tirar uma conclusão	kokkuvõtet tegema	[kokkuʋɜtet tegema]
tocar (com as mãos)	puutuma	[pu:tuma]
tomar café da manhã	hommikust sööma	[hommikusˡt sø:ma]
tomar emprestado	laenama	[laenama]
tornar-se (ex. ~ conhecido)	saama	[sa:ma]
trabalhar (vi)	töötama	[tø:tama]
traduzir (vt)	tõlkima	[tɜlˡkima]
transformar (vt)	transformeerima	[transforme:rima]
tratar (a doença)	ravima	[raʋima]
trazer (vt)	kohale vedama	[kohale ʋedama]
treinar (vt)	treenima	[tre:nima]
treinar-se (vr)	treenima	[tre:nima]
tremer (de frio)	värisema	[ʋærisema]
trocar (vt)	vahetama	[ʋahetama]
trocar, mudar (vt)	vahetama	[ʋahetama]
usar (uma palavra, etc.)	tarvitama	[tarʋitama]
utilizar (vt)	kasutama	[kasutama]
vacinar (vt)	vaktsineerima	[ʋaktsine:rima]
vender (vt)	müüma	[mɯ:ma]
verter (encher)	valama	[ʋalama]
vingar (vt)	kätte maksma	[kætte maksma]
virar (~ para a direita)	pöörama	[pø:rama]
virar (pedra, etc.)	ümber pöörama	[ɯmber pø:rama]
virar as costas	nägu ära pöörama	[nægu æra pø:rama]
viver (vi)	elama	[elama]
voar (vi)	lendama	[lendama]

voltar (vi)	**tagasi tulema**	[tagasi tulema]
votar (vi)	**hääletama**	[hæ:letama]
zangar (vt)	**ärritama**	[ærritama]
zangar-se com ...	**vihastama**	[ʊihasʲtama]
zombar (vt)	**pilkama**	[pilʲkama]